카네기 처세론

카네기 처세론

2021년 4월 15일 1쇄 발행
2023년 6월 25일 2쇄 인쇄
2023년 6월 30일 2쇄 발행

저   자 | 데일 카네기
편   역 | 이승원
발 행 인 | 이규인
발 행 처 | 도서출판 창
편   집 | 뭉클
등록번호 | 제15-454호
등록일자 | 2004년 3월 25일
주   소 | 서울특별시 마포구 대흥로4길 49, 1층(용강동 월명빌딩)
전   화 | (02) 322-2686, 2687   팩시밀리 | (02) 326-3218
e - m a i l | changbook1@hanmail.net

ISBN : 978-89-7453-435-6 (03320)
정가 14,000원

Dale Carnegie

인생의 대가(代價)를 읽어라!
인생을 공짜로 알아서는 안 된다.
'누워서 떡 먹기'란 말처럼 생각하기에 따라선 가장 손
쉽고도 어려운 일이 되듯이…….
우리가 한낱 음식을 먹기 위해서도 손과 입놀림의 노
력이 필요하지 않은가.

카네기 처세론

데일 카네기 지음 | 이승원 편역

Reading The Price Tags Of Life

창
Chang
Books

인생의 대가(代價)를 읽으라

와이즈 하트 씨는 현장을 뛰어다니는 기자(記者)들 중 그 어느 누구보다도 가장 왕성한 활동력으로 여러 곳을 다니고 많은 사람들과 접했으리라 믿는다.

그는 보통보다 한 걸음 더 앞선 사람, 즉 성공의 열쇠를 보고 그것을 자기 것으로 살릴 수 있는 행복한 사람이 있다는 소리만 들으면 어떠한 곳이든 찾아가서 그 사람과 인터뷰했으며 간혹 시간이 없을 경우에는 편지로 상담하곤 했었다.

거기에는 세 가지 목적이 있었다.

첫째는, 어떻게 성공했는가를 알아보는 것.

둘째는, 성공한 사람들이 얻은 교훈 가운데 일반 사람들에게 도움이 되고 보탬이 되는 교훈을 발견하는 것.

셋째는, 성공한 사람들의 공통된 성향과 실천 방법, 다시 말해 성공의 원인과 기술을 밝히는 것이다.

그가 이 일을 시작한 지는 이십오 년이나 된다. 그동안 바다와 육지, 또 하늘을 날아 유럽 전 지역과 미국의 양 대륙을 쏘다닌 길은 몇백만 마일에 가깝다.

또한 직접 인터뷰하거나 서신(書信)을 주고받은 사람의 수는 약 일만 명 가량이나 되고, 그 결과는 그때그때마다 신문이나 잡지를 통해서 언론에 발표하였다.

이 탐구 여행을 계속하는 가운데 그는 자신의 목적을 위하는 일 자체에 대해서 더욱 깊은 흥미를 갖게 되었다. 교훈도 많이 얻었으며 그것을 점차 구체화할 수 있었다.

그는 성공한 사람들에 대하여 한 사람 한 사람을 비교하거나 또는 한 사람과 전체를 대치(代置)시켜 비교 검토할 수 있는 입장에 있었으므로, 모든 성공의 원인이 되는 근본 원리(根本原理)가 무엇이며, 그 원인을 찾아내어 이러한 근본 원리를 명료한 형태로 정리하고 표현하여 일반 사람들에게 보다 나은 삶, 알찬 인생의 길을 인내해 주어야겠다는 사명을 느끼게 되었다.

그러나 이것은 좀처럼 실행되지 않았다. 자료는 풍부히 그의 손안에 있었지만 이것을 만족하게 꾸며 줄 밑받침에 그 무엇인가 부족한 것이 있음을 느꼈기 때문이다. 그것은 마치 강력한 탐조등(探照燈)에 전기가 통할 준비는 다 되었지만 스위치가 보이지 않는 경우와 흡사했다.

마침 이러한 때에 그는 대디 라이트 박사를 알게 되었다.

그는 사람들에게 라이트 박사에 대한 얘기를 듣고 디트로이트 시로 박사를 찾아갔다. 대디(아버지란 말을 친근히 부르는 뜻)는 애칭(愛稱)이고, J. 프랭클린 라이트 박사가 본명이다. 박사는 〈인생 안내〉라고 불리는 협회(協會)의 창립자로서, 그의 유명한 성격(性格) 교육 방법은 교육자·법률가·의사·학생 등 수많은 사람들로부터 열렬한 지지를 받으며 그들에게 많은 영향력을 미치고 있었다.

대디 라이트 박사의 인물됨과 사업의 내용을 여기에 자세히 이야기할 틈은 없지만, 사실 와이즈 하트 씨는 이 라이트 박사한테서 얻은 감명과 박사의 독특한 사상 표현 방법에서 그가 찾고자 하던 초점(焦點)을 발견하였던 것이다. 라이트 박사는 와이즈 하트 씨의 탐조등에 불을 켜는 열쇠를 준 것이다.

박사와 만난 후로 그의 머릿속에서 사라지지 않는 두 가지 문구가 있었다고 한다. 하나는 박사가 지은 소책자의 제목에 적힌 〈인생의 대가를 읽으라〉

라는 말이고, 또 하나는 〈인생 공학(engineering)〉이란 말이었다.

이 두 마디를 생각할 때마다 그는 이십오 년 동안 찾아다니면서 만난 위대한 성공한 사람들이나 무명(無名)의 훌륭한 인물들은 모두 '인생의 대가'를 읽는 것을 배운 사람들이라 믿었다.

그들의 생활 기록은 그 어느 것을 보나 이 책 가운데에 쓰인 성공의 근본 원리를 내포하고 있었으며, 그들은 모두가 인생의 훌륭한 '건축 기사'들이었다.

여기에 성공의 열쇠가 있었다.

탐조등의 스위치를 넣는 열쇠.

이 새로운 관점에서 지금까지의 그 많고 많은 성공한 사람들로부터 알게 된 사실들을 다시 거르고 추린 것이, 이 책 〈지혜롭게 살아가는 처세론(Reading the Pricde Tags of Life)〉이다. 내용은 성공한 사람들이 인생 행로를 걸어 나가는 태도와 기술이고, 이 사회에서 결정적인 힘을 가진 생활 원리의 생생한 활동사진이라 볼 수 있다.

이 내용을 잘 음미하여 평소의 생활 태도 및 처세의 귀감으로 삼는 자에겐 반드시 얻는 것이 있을 것이다.

나는 진심으로 독자에게 그것을 기대한다.

차례

책머리에 - 인생의 대가(代價)를 읽으라 4

지혜롭게 살아가는 처세론

1. 성공(成功)이란? 17

2. 일에 재미를 붙여라 21
　　생애를 건 목적을 향하여 24
　　인내와 끈기, 좌절을 맛보며 26
　　일의 상황에 따라 목표를 정하라 28
　　자신을 세상에 알려라 30
　　생애를 바친 일의 열정 32
　　가까운 데 구원의 손길이 있다 35
　　자기가 하고 싶은 일 37

3. 희망을 크게 하고 이상을 높게 들어라 41
　　긍정적인 사고 43

인생의 밝은 빛을 찾아라　44

이 사람을 보라　46

감사한 마음으로 첫발을　48

노동자에서 학자로　51

엑스(X)선과 전력 반송　53

생동하는 활발한 인생관　54

4. 인생 행로의 지표(指標)　57

먼저 한 약속　60

확고한 자신감　61

성공한 사람 특유의 인생관　63

인생의 대가와 정가표　64

성숙한 미래의 모습　68

5. 새로운 인생의 건축사　71

학업과 현장 지식을 위하여　74

하나의 목적을 찾아라　75

마음속에 그린 꿈을 이루기 위해　77

차례

항상 새로운 인생 건축　79

6. 현명한 직업 선택　81

숨은 재능을 찾아내라　83

취미와 적성을 찾아라　85

기회를 포착하라　86

큰 기회는 자기 손 안에 있다　88

지도자가 되기 위한 다섯 가지 조건　90

7. 무한한 능력과 집중력　93

하고자 하는 노력 여하에 따라서　96

자기 능력의 상종가는　98

정신적 안정을 위하여　100

정신 집중 훈련　101

8. 나의 인생 계획서　103

내가 할 수 있는 제일 좋은 일　105

경험에서 얻은 인생의 대가　107

인생이라는 건축설계   109

당신의 필요충분 조건은   111

당신의 계획안을 작성하라   113

나의 인생 계획서   114

말보다 실천 ─ 행(行)하라   116

이상(理想)을 높여라   116

9. 친절과 정직한 가격을 밑천으로   119

나만이 가진 무형(無形)의 상품   122

사람을 편하고 즐겁게 하라   123

손님과 함께하는 경진대회   127

동심(童心)으로 돌아가다   130

정직이라는 가격과 친절서비스   131

초지일관의 자세로   134

10. 인생은 공짜가 아니다   137

어머니는 슬퍼했다   139

추방당하는 갱단   141

차례

더 깊은 악(惡)의 소굴　143

자백하지 않는 사나이　145

잘못을 반성하고　151

대도(大盜)에서 소시민으로 고향에 오다　153

어둠에 빛을, 희망을 주는 전도사　155

내일은 하나의 희망이다　157

11. 적극적인 자만이 행운을 성취한다　　161

에디슨의 방향 전환　163

웃음거리였던 포드의 자동차　167

행운은 결정적인 때 오는가　169

행운의 주인공들　172

행운은 어디에도 있다　174

끊임없는 노력이 행운을 얻는다　175

광명은 사소한 곳에서　178

행운이 행운을 낳는다　180

12. 성격과 개성의 정가표   183

그 자리에 꼭 필요한 사람   186

근면과 적극적인 창의성   187

성격적 특성의 분류   189

일에 자신감을 가져라   191

그대 자신의 장점을 살려라   193

자기 자신을 믿어라   196

사랑받을 수 있는 사람   197

남을 유쾌하게 하는 사람   200

남의 비난을 새겨 들어라   203

자기 생각과 타인의 생각   207

목적을 이루려는 사람의 기지(機智)   210

교묘한 회화술(會話術)   212

소박함의 승리   214

13. 자기 자신의 개성(個性)을 살려라   219

일에 대한 계획표를 만들어라   220

차례

독창성과 창의력을 산다　223

부지런하고 꾸밈없는 탐구 욕구　226

일에 대한 열성과 창의성　230

기억력을 높이려면　236

정확한 관찰과 판단력　241

남의 의견에 귀 기울여라　244

마음을 열어야 출세한다　246

솔직함이 더욱 빛난다　249

솔직한 고백과 신뢰받는 사람　252

솔직한 용기가 높이 평가된다　256

14. 자기 교양(敎養)의 가치　261

예술과 생활의 공존성　264

자기 작품의 진가(眞價)는　266

쉬지 말고 무엇이든 배워라　268

프랑스 중세 미술품을 얻다　271

여행에서 얻은 고미술품　273

15. 뜨거운 열정과 노력으로   277

참고 견디는 자만이 마음을 얻는다   279

뜨거운 열정과 노력으로   281

천재의 일곱 가지 특징   284

우리가 나아갈 길   285

16. 가정의 행복을 위하여   287

마음씨 고운 여인   288

남편과 취미 생활을 같이 하라   293

남자도 때론 혼자 있고 싶어 한다   298

가정 이외의 일에도 관심을 갖자   305

즐겁고 안락한 우리 집   309

DALE CARNEGIE

1
성공(成功)이란?

1. 성공(成功)이란?

당신 스스로가 성공했다고 생각하지 않으면 아무 소용이 없다. 세상 사람 모두가 당신이 성공했다고 해도 그것은 무가치한 것이다. 성공이라는 것은 당신 자신이 내적으로 느껴야 한다. 성공은 반드시 세상 사람들의 인정을 필요로 하지는 않는다.

그동안 사회적으로 명성을 떨치고 소위 성공했다고 하는 사람들의 발자취를 더듬어 볼 때,

"그들은 모두가 특별난 사람이야."

라고, 당신은 부러운 소리로 말할는지 모르겠다.

그렇다. 그들은 모두 보통 사람들의 일상적인 일과와는 다르게 매사 계획하고 실천하며 하루의 일을 반성하는 특별난 사람이다. 당신 또한 성공하기 위해 그에 적합한 생활의 대가(代價)를 지불했다면 당신도 역시 특별난 사람, 뛰어난 사람인 것이다.

일찍이 '이 세상에 이름이 알려지지 않은 위대한 사람은 얼마든지 있다'라고 벤저민 프랭클린이 말한 바 있다. 나도 역시 그러한 인물들을 많이 알고 있다. 이 책 속에 밝힌 이름난 사람들과 같이, 또 비록 그들처럼 세상에

알려지지 않고 비교적 평범(平凡)한 일에 종사하고 있지만 훌륭한 인물들의 실례(實例)를 들고자 한다.

도대체 성공이란 무엇인가?

"성공이란 것은, 그대가 원하고 바라는 것을 잡는 것이다. 훌륭한 대학교수가 되는 게 꿈인 사람도 있을 것이고, 험난한 세상의 질서를 바로잡고 권세를 휘둘러 모두로부터 추앙(推仰)받는 위대한 정치 지도자가 되기를 바라는 사람도 있을 것이고, 백만장자처럼 돈을 모아서 여생(餘生)을 안락하게 보내기를 희망하는 사람도 있을 것이고, 또는 세계적으로 이름난 음악·예술인(藝術人)이 되겠다거나 혹은 운동 선수가 되어 평화의 제전 올림픽에서 월계관을 써 보겠다든가 아무튼 구하는 것을 얻게 되는 것, 자기 것으로 하는 것, 이것이 바로 성공이다."

말할 것도 없이 당신이 소유하고 있는 재물, 곧 그동안 당신이 모아 놓은 돈의 액수만 가지고서는 당신의 성공을 저울질할 수는 없다. 백만장자에 비한다면 당신이 벌었다는 돈의 액수는 참으로 보잘것없는 것이지만 당신은 백만장자보다도 훨씬 더 성공한 사람이 되어 있는지도 모른다.

만약에 돈을 모은다는 일념(一念) 하나로 오로지 돈만을 목적으로 하고, 그 목적을 위하여 어떠한 희생과 수단 방법도 두려워하지 않는다면 당신은 금방 부자가 될 것이다.

이러한 목적을 추구하여 인생의 한창 좋은 시절을 소비하고, 친구와 건강을 희생하는 사람들도 적지 않다. 돈만을 알고 그 외의 것은 아무것도 돌아보지 않는다는 것은 결국 매우 불행한 사람이 되기 쉬운 길이지만, 돈을 위한 그 목적은 어쨌든 이루게 된다.

당신이 행복을 원하거든, 최후의 목표를 선택하는 것이 중요하다. 당신의 목표는 당신의 야심을 재는 자(尺)이며, 또한 당신의 일이 얼마만큼 이 사회를 위하여, 인류를 위하여 보람 있는 것인가를 결정한다. 훌륭한 일을 하면 당신이 필요한 돈은 충분히 보답될 것이고, 돈 이상으로 여러 가지 귀한 것도 얻을 것이다.

목적으로서 가치(價値) 있는 목적을 선택하고, 결과에 대하여는 마음을 쓰지 말고, 이것을 달성하는 데 필요한 대가를 치르도록 노력하여야 한다.

매섭고 추운 젊은 날의 노력한 겨울이 지나가고 나면 따뜻하고 안락한 봄이 오듯이, 결과는 스스로 보답을 받게 될 것이다.

성공(成功)에 대해 일찍이 H. G. 웰스는 말했다.

"부(富)와 명성(名聲), 지위(地位)와 권세(權勢) 같은 것은 성공을 저울질할 수 있는 아무런 척도(尺度)가 못 된다. 성공을 저울질할 수 있는 오직 하나의 척도는 우리들이 이미 일궈온 노력과, 그리고 목적한 바가 실현되기를 바라는 일들 사이의 거리인 것이다."

그러므로 성공이라는 것은, 자기만족뿐만이 아니라 자기와 자기의 가족과 이웃에 대한 사랑과 성실을 희생함이 없는, 남에게 알려지고 소문나기보다는 자신의 만족이 이웃과 사회의 표상이 될 때 그야말로 값진 결실이 되는 것이다.

DALE CARNEGIE

2
일에 재미를 붙여라

- 생애를 건 목적을 향하여

- 인내와 끈기, 좌절을 맛보며

- 일의 상황에 따라 목표를 정하라

- 자신을 세상에 알려라

- 생애를 바친 일의 열정

- 가까운 데 구원의 손길이 있다

- 자기가 하고 싶은 일

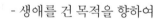

2. 일에 재미를 붙여라

> 자기가 하고 싶은 일을 향하여 전력을 기울일 때 비로소 마음의 평화도, 정신의 만족도 얻어지는 것이다. 그래야만 그대의 머리는 더욱 민첩해지며 가장 큰 행복을 얻는다.

눈보라 치는 십이월 어느 날, 〈내셔널 매거진〉지(誌)의 원고 청탁을 받고 산기슭 비탈길을 차로 달리고 있었다. 현실 세계와는 다르게 은둔자와 같이 생활하고 있다는 렉스 브라샤를 방문하기 위해서였다. 그는 19세기에 명성을 날렸던 유명한 대조류학자였다.

잡지사의 편집장은 나에게, '어쩌면 별로 기상천외한 흥밋거리 자료는 없을지 몰라도 혹간 특이한 소재가 있다면 잡지에 실어드리겠습니다'라는 귀띔을 했던 터였다.

나는 이 깊은 산중에 어떠한 조류학자가 있는가 하고, 호기심 반(牛) 의심 반 뒤섞인 마음으로 맹렬한 눈보라를 헤치고 자동차의 액셀러레이터를 밟았다.

막상 마주친 그 조류학자는 오십 대 중반으로 훤칠한 키에 햇빛에 얼굴이 검게 그을렸지만 은근하고 점잖은 태도로 예의를 갖춘 사람이었다. 찾아온 뜻을 정중히 밝히자 그는 안채에서 걸어나와 묵묵히 자신의 연구실로 나를 안내해 주었다.

그곳은 두꺼운 콘크리트벽으로 둥근 돔(dom)처럼 만들어진 건물인데 그동안 그가 정성스럽게 제작한 조류(鳥類)의 그림을 화재(火災)에 대비하기 위해서 그와 같이 설비했다는 것이었다.

나는 그날 한나절 동안 벽난로도 없는 차가운 콘크리트벽 연구실 안에서, 끝도 없이 내보이는 작은 새들의 수채화 그림을 정신없이 바라보았다.

그림도 제각각이어서 신문지 절반 크기인 것에서부터 대여섯 배나 되는 크기의 도배용지에 그린 그림이 무려 천여 장이나 되었으며 거기에는 가지각색의 여러 조류(鳥類)들이 각각의 형태로 그려져 있었다. 즉 큰 것, 작은 것, 수놈과 암놈, 그리고 날개를 펴고 창공을 비상하는 모양에서 알을 품고 있는 모양, 새끼에게 먹이를 나눠주고 있는 모양 등등 가지각색의 생태가 그려져 있었는데, 모두가 새들의 자연의 모습 그대로를 사생(寫生)한 것으로 작은 깃털 하나에서 눈알의 움직임까지도 생생하게 그려져 있었다.

나는 무슨 영적인 감응에 빨려들 듯이 기적적인 일에 홀린 것과 같은 심정으로 그 그림들을 보았다. 그 아름다운 날개의 털이며 지금 막 날개를 퍼득이고 날아가듯, 또는 지저귀는 소리가 생생히 들릴 듯한 맵시는 손으로 만져보고 싶은 충동조차 느끼게 했다.

나는 브라샤를 방문하기 전, 당대의 조류학자 존 버로스의 저서를 흥미있게 읽은 바 있으며 조류 보호청 관리인 허버트 조브를 만나서 자세한 이야기를 들었다. 조브는 조류(鳥類)의 생태 사진 촬영에 그 일생을 바치고 있는 사람인데, 브라샤의 그림에 대해서 '세계에서 제일 아름다운 것, 자연의 새보다 더 아름다운 그림'이라고 칭찬하던 평을 새삼 느꼈다.

나는 브라샤에게 어떻게 이러한 그림을 그리게 되었는지 그 유래를 물어보기로 하였다.

생애를 건 목적을 향하여

브라샤가 일곱 살 되던 해, 월가의 금융계에서 물러난 그의 아버지는 취미로 시작한 조류(鳥類) 연구에 심취하게 되었고 노후에는 교외(郊外)로 나가 표본된 새를 박제(剝製)하고 있었다.

아버지는 가끔 어린 브라샤에게 횃대 위에 얹어 놓은 박제된 새들의 이야기를 들려주곤 하였다.

그리고 아들에게 새에 대한 취미를 기르라고 하였지만, 브라샤는 새보다는 장난하며 노는 것을 좋아할 뿐 새에 대해서는 도통 관심을 두지 않아 아버지를 실망시켰다. 그러나 아버지가 세상을 떠나기 조금 전부터는 그도 차츰 새에 대하여 흥미를 갖게 되어 아버지를 매우 기쁘게 하였다. 그가 열 살 때 아버지는 세상을 떠났다.

그때에 브라샤는 처음으로 돌아가신 아버지가 엘 대학에 바친 여러 가지의 아름다운 박제된 새들과 같은 새들을 자기 손으로도 한번 모아 보리라 생각하였다.

그때부터 브라샤는 돌아가신 아버지의 서재에 틀어박혀 박제 기술을 배우고, 새들과 새의 알을 부화시켜 기르기 시작하였다. 그가 성장하면서 이렇게 하여 모은 박제 표본(標本)의 수는 무려 백오십여 종이나 달하고 브룩클린 박물관의 한 방을 독차지하게 되었다. 그때 그의 나이 열일곱 살이었다.

그러나 아버지의 유산을 정리한 결과, 예상보다도 유산은 얼마 되지 않았다. 브라샤와 어머니는 생활 유지를 걱정하지 않을 수 없었다.

그래서 그는 어떤 큰 장식품상에서 동판을 조각하는 일꾼으로 취업하였다. 그는 천성으로 그림을 잘 그렸다. 틈만 나면, 나무나 새나 얼굴이나 꽃들을 그리고 있었다. 휴일이면 어김없이 이젤을 들고 들판에 나가 스케치를 하였다.

그로부터 브라샤는 어느새인지도 모르게 야생하는 작은 참새들을 전부 알고 싶은 욕망을 가지게 되었다. 지금 살고 있는 이 동부 해안 지방에서 볼 수 없는 참새의 모양은 사진을 구해 살펴보았다. 오듀본이나 그밖에 당시까지의 모든 조류학자들이 제작한 사진이나 그림의 복제(複製)를 모았다.

그러던 중 이 대륙에 존재하는 모든 조류들의 생활과 그 모습들을 생생하게 그려내어 크게 모으면 굉장한 것이 될 것이라는 생각을 하게 되었다. 그러나 이 어처구니없을 정도의 야심을 어떻게 실현해야 옳을지 막막하기만 하였다.

"어쩌면 이 일은 한평생이 될 것이다."

라고 그는 생각했다. 그러나 부질없는 짓거리라고 짓누르는 또 하나의 걱정이 있었다. 그것은 여기 필요한 경비는 자기에게도 없지만 친척이나 그밖의 다른 연고자들에게도 없다는 것이었다.

또한 이것은 한 사람의 손으로 이루어질 일 같지도 않았다. 자기 자신에게는 지식도 경험도 없었다. 자연과학 박물관의 조류학자들은 한평생이 걸려도 그러한 야망을 도저히 바랄 수 없는 불가능한 일이라고 하였다.

그래도 그는 한 번 결심한 이 생각을 단념할 수가 없었다. 나무나 숲을 볼 때마다 거기서 지저귀는 참새들이 무능한 자신에게,

"무엇이 불가능해? 자신의 일생으로 못할 것이라면 두 사람분 세 사람분의 일생을 자기 자신 속에 집어넣으면 되지 않느냐?"

라며 조롱하는 것만 같았다.

그는 자기 자신의 생애(生涯)를 건 대목표를 향해, 여기 필요한 비용을 속으로 계산하여 보았다. 현재 받고 있는 월급을 기준으로 해서 매일 열다섯 시간씩 일한다고 치면, 이십 년가량으로 이 목적에 도달할 수가 있으리라는 생각이 들자, 그는 드디어 이 목적을 향해 돌진할 것을 굳게 다짐하였다.

인내와 끈기, 좌절을 맛보며

브라샤는 당시 지페니 장식품상에서 동판을 조각하고 있었는데, 수입을 더욱 늘리기 위하여 일을 바꾸어서 당분간 사진을 다루게 되었다. 다시 그후에는 경마장을 상대로 하는 어떤 출판사의 표지 제작자가 되어서 전력을 다하여 일하고 돈을 모았다. 그 돈이 수천 달러에 이르자 그는 미련없이 그 일을 집어치우고, 메인주(洲)에 가서 낡은 범선(帆船) 한 척을 사들이고 그 이

름을 할로프라 지었다. 그리고 익숙한 뱃사공 한 사람을 고용하여, 이 자에게 안내와 주방장 역할을 겸하게 하여 함께 생활하기로 하였다. 나머지 돈 육백 달러로는 식량과 마실 것을 사서 배에 저장하고, 뱃머리를 남쪽으로 하여 출범하였다.

그때는 1859년 팔월의 일이었다. 동부 해안가를 남하하여 철따라 몰려드는 새들이 있어 보이는 강 어귀에 들어가서, 자연 생활 그대로의 새들 모습을 찾아서 스케치하고, 특히 색다른 새만을 하루에 오십 매나 그린 날도 있었다. 이렇게 자연의 새들 모습을 연구하고 스케치하는 일은 대단히 많은 인내심을 요구하였다.

늪지대에 들어가 새들에게 들키지 않도록 소리없이 보트를 저어 가기도 하고, 온몸을 감추고 기다리지 않으면 안될 때도 있었다. 혹은 산속 깊이 헤쳐 들어가서 숲속에 몸을 숨기고, 스케치를 할 수 있는 거리까지 새가 가까이 오는 것을 날 저물 때까지 기다리지 않으면 안 되었다.

그럼에도 여간한 세심한 주의가 없으면 스케치하는 연필 소리에도 놀라서 가까이 왔던 새는 날아가 버리는 것이었다.

이러한 끈기와 인내로 시작한 탐구의 항해가 이 년이나 계속되었다. 그후 사 년간을 브룩클린의 집안에 들어앉아서, 스케치한 사백 장의 새 그림을 수채화로 그려냈다. 그리고 사 년이 지나는 마지막 되던 어느 날 최후에 그린 것과 처음 시작할 때 그린 것과 비교하여 보고, 그는 최초로 갖는 기쁨과 허무한 실망을 동시에 맛보았다.

최근에 가까우면 가까울수록 그때에 그린 것이, 처음의 그것보다 훨씬 더 생생하여 진짜같이 보였다. 그래서 그는 지금까지 그린 것 자체가 완성품으로 남길 만한 가치가 없는 것으로 판단하여 그림 전부를 불살라 버렸다. 그리하여 붓을 다시 가다듬어 이번에는 만족할 만한 그림이 그려질 것이라는 자신 아래, 한 장 한 장 다시 그려 나갔다.

살아 움직이는 것을 그대로 옮기듯 정성을 다하여서 오 년이란 세월이 걸려 1905년에는 일단 그 전부를 완성 지을 수가 있었는데, 또다시 이번에도 전번과 같은 실망과 기쁨을 맛보아야 했다. 오 년 전 1900년에 볼 때엔 살아서 움직일 것 같이 보이던 그림이, 오 년 후인 오늘 다시 들여다보니, 결코 그런 것이 못되었던 것이다. 이번에도 그는 또다시 오 년 동안의 피땀 어린 전부의 작품 중에서 겨우 열 장만을 남기고 맘에 들지 않는 나머지는 미련 없이 전부 불살라 버렸다.

일의 상황에 따라 목표를 정하라

브라샤는 다시금 생각하지 않을 수 없었다. 처음 생각하기에는 한 이십 년 정도면 해낼 수 있다고 믿었던 것이 일의 준비만으로 십육 년이라는 기간을 허송세월했던 것이다. 그러나 그는 결코 슬퍼하거나 비관하지 않았다.

비록 십육 년이라는 세월이 흘러가긴 했지만 거기에 연연하여 미련을 두지 않았다. 그래서 이번에는 코네티컷의 켄트 근방에 있는 보그홀에 아무렇게나 내버려 둔 황폐한 목장이 있다는 소문을 듣고 그곳으로 찾아가 보았다.

인적이 드문 그곳에는 숲이 무성하고 우거진 나무들이 햇빛을 가리고 있는 임야와 목초지(木草地), 그리고 늪지대가 있어서 각종 무수한 새들이 철따라 번식하고 있었다.

그는 이 황량한 자연 속에 내버려져 있는 움막을 수리하고 거기에 기거하면서 생동(生動)하는 새들을 그리기로 하였다. 이번에는 완전한 것이 그려지리라는 자신감 아래서 재출발하였다.

비축해 두었던 돈은 이미 다 떨어졌다. 그는 멀리 떨어진 시내에 나가 거리 청소부가 되어 하루에 일 달러 이십오 센트의 일당을 벌기도 하였고, 농부들의 일을 거들기도 하고 목공(木工)도 하였으며 닥치는 대로 일을 하여 식량과 도구(畵具) 비용을 벌어들였다.

샛별을 보며 일터로 가고 밤이 깊어서야 자리에 누웠다. 그래도 하루를 거르지 않고 화필을 손에서 떼지 않았다.

십 년이라는 세월은 이리하여 흘러갔다. 여름철의 긴긴 낮에는 오랜 시간을 그릴 수 있었다. 그러나 추운 겨울철에는 해가 짧아 그렇게 많이 그리지를 못하였다.

기온이 영하로 내려가는 추운 날씨에는 모포를 뒤집어쓰고서 그림을 그렸다. 땔나무는 얼마든지 있었지만, 수채화라는 것은 숨 돌릴 사이도 아껴가며 재빨리 붓을 움직여야만 했다. 잠시라도 한눈팔다가 색깔이 번지면 얼룩이 가는 수가 있었다.

그렇기 때문에 불을 피우고 있다가는 거기에 자주 눈이 가야 하며, 나무를 지피려면 붓손을 멈춰야 하니, 차라리 모포를 뒤집어쓰고 일을 하는 편이 한결 나았다. 손이 곱아서 움직이지 않게 되면 비로소 나무를 지피어 불을 피우고 언 손을 녹였다.

차차 일이 진행됨에 따라서 목표도 더욱 뚜렷하게 확대되었다.

〈북미(北美)의 새〉라는 최초의 목표에서 〈북아메리카의 새와 숲〉이라고 정정하였다. 각양 각색의 나무와 관목(灌木)들이, 새들의 그림과 마찬가지로 아름답고 정확하게 묘사되어 갔다.

브라샤가 실제로 이 일에 착수한 지, 삼십사 년 구 개월 삼 주일째 되는 시월, 어느 맑게 개인 날 오후에 이 일은 대미(大尾)를 장식하여 끝을 맺었다.

그러나 이 위대한 브라샤의 화집을 출판하여 줄 출판업자를 찾기가 힘들었다.

자신을 세상에 알려라

브라샤는 삼십오 년에 걸쳐 완성하였지만 그 새의 화집을 출판하여 줄 출판업자를 구하지 못했다. 그의 작품을 보러 오는 사람은 몇 있었으나, 이 그림이 후세에 남겨질 대역작이라는 것을 충분히 인정하더라도 원색(原色)으로 된 원고를 복제 출판하려면 그 당시에 적어도 오십만 달러라는 거액(巨額)을 투자하지 않으면 안 되었기 때문에 이것을 선뜻 맡아줄 사람이 없었던 것이다.

이리하여 사십 년 가까운 세월을 소비하고, 있는 정력을 다 바쳐서 완성한 도보(圖譜)도 일반의 조류 애호가의 손에까지 미칠 수는 없을 것 같았다.

마침 보스턴에서 열린 미국 조류학자협회의 대회에, 어떤 조류학자가 새를 좋아하는 변호사 한 사람을 동반하여 출석하였다. 대회의 회장(會場)에는 브라샤의 작품이 여러 점 전시되어 있었다. 철새를 비롯하여 검은머리 종달새·멧새·뇌조(雷鳥) 등.

변호사와 조류학자는 여러 그림을 관람하던 중 겨울 철새 뇌조(雷鳥) 앞에서 걸음을 멈추었다. 조류학자는 이 뇌조(雷鳥)의 그림을 열심히 들여다보고 있다가 변호사를 돌아보며 말하였다.

"자네는 이 그림을 믿을 수 있겠나?"

"무슨 속임수가 있는 것 같지 않아? 확대경으로 한번 조사해 봐야겠네."

조류학자는 어디서인지 확대경을 빌려 가지고 와서 뇌조의 그림에 붙이듯이 대고 머리털 꼭대기부터 꼬리 끝까지 면밀하게 들여다보더니, 그는 확대경을 놓고서 그만 놀라움에 떨리는 목소리로 말하였다.

"틀림없는 그림일세. 이렇게 사실과 똑같이 그려냈으리라고는 도저히 생각할 수 없었네."

"아니, 무엇을 알아보려고 그랬나?"

"나는 이 브라샤라는 화가는 어떠한 방법을 써서 새의 깃털을 종이에 붙였는가 했다네."

그런 일이 있은 지 얼마 후, 변호사는 이 이야기를 〈내셔널 매거진〉에 기고(寄稿)하였다. 그래서 이 잡지사의 편집장은 나더러 보그홀에 있는 브라샤를 방문하여 달라고 부탁하였던 것이다.

나의 브라샤 방문기(訪問記)는 다음 해 이월에 〈내셔널 매거진〉 지상에 발표되었다. 그후 수개월이 지난 다음, 나는 어느 겨울에 보그홀에 들러 보왔다.

그러자 노상 도로 표지판에 〈치카데이 베레의 길(道)〉이라는 이름이 쓰여 있는 것을 보았다. 브라샤에게서 그 사정을 들어본 바에 의하면, 나의 방문기가 잡지에 실리자 급기야 호기심을 가진 사람들과 새를 좋아하는 사람들, 그리고 조류학자들의 자동차 행렬이 끊이지 않는단다.

그중에는 상원의원이나 주지사의 차도 섞여 있었다.

이로부터 매일같이 방문객이 끊일 사이가 없게 되어 드디어 이곳 지방 관청이 도로를 넓히고 모래와 자갈을 깔고 목장도 손질하여 〈치카데이 목장〉이라 이름 짓고 이 이름을 따서 도로 표지판을 세웠다는 것이다.

생애를 바친 일의 열정

그 다음 얼마 후 내가 뉴욕의 어느 출판업자와 동반하여 방문하였다. 그 출판업자는 브라샤의 그림을 보고 난 뒤 대충 계산으로 이것을 올 컬러 원색으로 출판하려면 육십만 달러의 비용이 든다고 말하였다. 그리고 이 출판업자도 전번 사람들과 마찬가지로 이 불후(不朽)의 대작(大作)에 손대는 것을 포기하고 말았다.

그리고 다시 해는 흘렀다. 나는 오랫동안 〈치카데이 베레〉를 찾아볼 기회가 없었다. 그런데 여행 도중 켄트펄 공원에 우연히 들러본즉, 그곳에 큰 석조 건물을 건축하고 있음을 보았다.

사연은 이랬다. 그것은 〈브라샤의 미술관〉, 브라샤의 새들과 숲속의 그림을 진열하기 위하여 특별히 만들어지고 있는 전시관(展示館)이라는 것이었다. 나는 이것은 참말로 잘되었다고 기뻐하여, 그 길로 곧 치카데이 베레로 달려갔다.

산 중턱 예전의 낡아빠진 움막집은 개보수가 되어 훌륭한 집이 되어 있었고, 스튜디오의 내부에는 회화구와 그 밖의 재료와 도구들로 가득 차 있었다. 나의 얼굴을 보자 곧 브라샤는 밝은 웃음빛을 띠며 얼마전 출판업자를 구하였다고 말하는 것이었다.

그리고 나를 자기의 방으로 안내하여 열두 권으로 된 도보(圖譜)를 보여 주었다. 각 권(各卷)이 모두 세로가 십삼 인치, 가로가 십팔 인치, 두께가 이 인치 이상이나 되며, 날씬한 가죽으로 양장본하여 영구히 보존할 수 있도록 장정을 꾸민 고급 호화판 도록(圖錄)이었다.

각 권마다 백여 장씩의 그림을 넣어서, 처음 나의 눈을 놀라게 한 그 아름다웠던 새의 자태가 선명하게 살아 움직이듯 인쇄되어 있었다. 그 한 책의 표지(表紙) 안쪽에는 〈아메리칸 도서관협회보〉의 비평문까지 발췌해 실었는데, 거기에는 이런 말이 쓰여 있었다.

"본 서(本書)는 오듀본의 〈아메리카의 조류(鳥類)〉 이래로 가장 가치 높은 불멸·불후(不朽)의 명저(名著)이다. 양자의 크나큰 공적은 여러 점에서 비슷한 것이 있다. 그 생애를 바친 일에의 열정뿐만 아니라, 선(線)의 무궁한 변화와 색채의 조화(調和), 그리고 구상(具象)의 세련미 등은 예술적 가치를 넘은 작품으로 보아 비할 바 없는 걸작이다. 현재의 것은 부유한 독지가(篤志家)에 의하여 큰 도서관에나 기증할 수 있는 것이지만 보급판이 출판되어서 일반의 도서관에도 비치할 수 있는 날이 올 것을 절실히 기대하는 바이며 또한 그것을 믿는다."

그리고 책의 뒷장에는 다음과 같은 글이 또 적혀 있었다.

"1930년 코네티컷주(州) 켄트 근교(近郊)의 〈치카데이 베레〉에서 제작함."

나는 '출판업자가 누구냐?'고 물었다. 그러자 그는 '렉스 브라샤!'라고 하여 나는 다시금 놀랐다. 사정은 이랬다.

나의 방문기가 잡지에 소개되어 커다란 반향(反響)을 일으키자, 브라샤는 어떠한 수단을 써서라도 이것을 출판하여 세상에 내놓는다면 반드시 베스트셀러가 될 것이라고 판단하였다. 그리하여 예약 신청 방식으로 독자를 모집해 브라샤 자신의 손으로 직접 출판하기로 한 것이었다.

맨 처음에 친구 열 명이 천 달러씩 내 주어서 합계 일만 달러의 자금으로, 출판업자가 제작비로 오십만 달러 이상이나 든다고 손을 뗀 대사업에 저작자 본인 스스로 출판하기로 결심을 굳혔던 것이다. 그는 우선 네 장의 원색판 견본을 첨부한 〈독자 모집 예약 동의서〉를 만들고 이것을 조류(鳥類)에 흥미를 가지고 값비싼 책값을 치를 수 있는 능력의 소유자 삼백 명을 골라서 발송하였다.

삼백 명 가운데 구십오 명의 독자가 책 한 권이 나오는 대로 일백 달러씩을 지불하겠다고 예약하였다. 브라샤는 여기에 용기백배하여 일에 착수하였다.

일백여 년 전 존 제임스 오듀본이 당시 아메리카에 있는 사백팔십구 종의 새들을 수채화로 그려서 방대(尨大)한 도보(圖譜)로 출판하였을 때에는 원화를 동판(銅版)으로 하여 여기에 손으로 일일히 채색을 하였던 것이다. 브라샤의 경우에는 더욱 발달된 인쇄술 덕택으로 팔백칠십 장의 그림과 이백일 종의 원화를 정교한 흑백 그라비아 인쇄로 하고, 여기에 브라샤 자신이 붓을 들어 채색을 하였다. 대단한 정력과 시간이 소요되는 작업이었다.

그런데 1929년의 대공황(大恐慌) 사태로 말미암아 구십오 명의 예약자 중 육십여 명이나 약속을 이행하지 못하게 되었다. 브라샤의 마음은 뒤집히는 듯하였다. 그러나 그는 여기에 굴하지 않고 일을 계속하였으며, 그러는 동안에 뜻하지 않게도 역경이 호전되어 서광(瑞光)이 비치게 되었다.

가까운 데 구원의 손길이 있다

경제 공황을 거치는 동안 브라샤는 출판 비용을 다시금 계산해 보았더니, 예약 판매키로 한 책값 일백 달러로는 생산 원가에도 못 미치는 가격이었다. 도보(圖譜)의 생산 원가(生産原價)는 자그마치 일백오십사 달러가 든다는 사실을 새삼 깨닫게 되었다.

예약 취소가 많은 것이 오히려 다행한 일이다. 그래서 그는 예약자 전부에게 이러한 불경기의 영향과 기타의 이유로 예약을 취소할 사람은 사양 없이 취소해도 좋다고 반환서를 보냈다.

그리고 지금까지 한 권 일백 달러의 가격을 이백오십 달러로 인상(引上)하고 열두 권을 한꺼번에 주문하는 사람에게 이천오백 달러로 하여 다시 예약자를 모집하였다. 응모자는 적었지만, 그래도 조금씩 접수되었다.

예약금은 무려 사만 달러, 육만 달러까지 늘어갔다. 이틀이나 사흘씩을 두고서 새를 좋아하는 신사나 사업가들의 예약 주문이 날아들어 와서 브라샤의 사업은 어음으로도 할 수 있게 되었다.

그런데 그만 계산 착오로 은행의 계정이 부족하여 여하한 일이 있어도 이천오백 달러를 당장 입금시켜야 할 급한 사정이 생겼다.

브라샤는 이 급한 고비를 넘길 궁리에 골몰하다가 번뜩 어떤 생각이 머리에 떠올라 예약자 명부를 들추었다. 그의 눈에 띄인 것은, 보잉과 케록이라는 두 사람의 이름이었다. 보잉은 비행기 회사의 사장이며 케록은 유명한 곡물상(穀物商)이었다. 브라샤는 급히 두 사람에게 전보를 쳤다.

두 사람의 회답은 곧 왔다. 브라샤는 위기를 면했다. 이러한 일이 있은 지 며칠 후 점잖은 신사 한 분이 그를 찾아왔다. 약 이십 리쯤 떨어진 곳에 살고 있는 시인(詩人) 크링턴이었다. 크링턴은 미소를 띠며 말하였다.

"나는 예약자의 한 사람입니다. 나의 친구로 에반스라는 뉴욕의 의사(醫師)에게 당신 이야기를 하였더니 그도 예약을 하겠다고 하는데, 받아 주시렵니까? 받아 주신다면 선금으로 여기 일천이백 달러의 수표(手票)를 준비하여 왔습니다."

이리하여 브라샤의 두 번째 예약 모집은 성공을 거두었고, 1928년 가을 제1회의 예약 사업에 착수한 지 삼 년 칠 개월을 거쳐 1932년에 비로소 그 전부를 완성하였다.

오늘날에 있어서 이 책의 시가(時價)는 열두 권 한 묶음에 사오천 달러가 넘고 새를 좋아하는 사람들이 그 그림이 가득 실린 책 — 그 당시 도판(圖版)

은 백 권이 있을 뿐이었다 — 을 손에 넣으려면 사오천 달러란 큰 액수를 치러야 한다.

자기가 하고 싶은 일

어느날 밤, 브라샤의 집에서 난로를 사이에 두고 흐뭇한 이야기를 하고 있었을 때 나는 브라샤에게,

"당신은 인생의 대가를 어떻게 생각하는가?"

질문하여 보았다.

그는 파이프에 엽초를 눌러 담고서 천천히 한 모금 빨고 난 뒤 조용한 어조로 다음과 같이 말하였다.

내가 스스로 어려운 일을 골라잡은 것 같이 당신은 생각하고 있지만, 그것은 정반대이다. 내가 이 일을 택한 것이 아니다. 인생에는 여러 가지 일이 있어서 이러한 일들이 누군가를 붙잡고 그 사람을 밀었다 당겼다 하면서 그 사람을 통하여 일이 완성되도록 하는 것이다. 사람이 일을 택하는 것이 아니라 일이 사람을 잡는 것이다. 나는 지금의 이 일이 나를 붙잡은 것으로 믿고 있다.

복잡한 현실을 살아가는 이 세상 사람 누구든지 한 번 이러한 경험에 마주치면 이 일과 더불어 인생을 걸고 나가지 않으면 마음의 평화도 만족도 얻

지 못한다는 것을 필연코 깨닫게 된다.

나의 체험에서 무엇인가 다른 사람들에게 도움이 될 만한 결론을 당신이 끄집어 내기를 원한다면 나는 이렇게 말하고 싶다.

그대가 하고 싶은 욕망을 절실히 느끼는 일, 그 일을 해 보아야 한다. 그 것을 추구하는 것이 좋다. 그대가 하고 싶은 일인데 그 수행의 곤란과 자기 자신의 역량 부족을 두려워하는 마음으로 일을 포기하는 것은 그대의 인생에서 가장 좋은 부분을 잘라 버리는 것과 마찬가지다. 인생에서 진실로 실패자라는 것은 자기가 하고 싶었던 일을 하지 않는 사람인 것이다. 자기가 하고 싶은 일을 향하여 전력을 기울일 때 비로소 마음의 평화도, 정신의 만족도 얻어지는 것이다. 그래야만 그대의 머리는 더욱 민첩해지며 가장 큰 행복이 얻어진다.

그대가 추구하고 붙잡은 일이 중요한 일이면 그대 힘에 벅찬 것으로 생각도 할 것이며, 또한 일의 앞길에 대해서도 신념을 가지지 못하는 불안도 느낄 것이다. 그러나 이것 때문에 주저해서는 안 된다. 무엇보다도 미리 앞서 낙담은 금물이다.

물론 약간의 두려움은 가질 것이지만 단념해 버리면 안 된다. 자기가 먼저 할 수 있는 단계의 일부터 시작하여 일을 계속함에 따라서 나머지 곤란한 부분도 해낼 수 있는 힘을 키우도록 할 것이다.

이렇게 온몸을 내던져 부딪쳐 나가는 데에는 물론 용기와 담력이 있어야 한다. 얼마 동안은 마음이 내키지 않는 불안한 마음도 있었을 것이다. 그러나 일이 진전됨에 따라 마음은 가라앉게 마련이다.

일단 그대의 불요불굴의 정신이 나타나고 그대의 열성과 노력이 인정되면 그에 따라 당신에게 구원의 손길은 앞에서 내밀어지는 것이다. 예기치 않았던 곳에서 도우려는 손길이 찾아드는 것이다.

　당신의 생각에 사소한 곤란을 당할 때면 사소한 구원의 손길이 여러 곳에서 모여들고 또한 큰 곤궁에는 큰 구원의 손길도 나타나는 것이다. 이렇게 자신의 마음속에서 위안을 찾고자 한다면 그대의 인생은 이미 두려움이 없는 것이다.

DALE CARNEGIE

3

희망을 크게 하고
이상을 높게 들어라

- 긍정적인 사고

- 인생의 밝은 빛을 찾아라

- 이 사람을 보라

- 감사한 마음으로 첫발을

- 노동자에서 학자로

- 엑스(X)선과 전력 반송

- 생동하는 활발한 인생관

3. 희망을 크게 하고 이상을 높게 들어라

> 언제나 자신이 해야 할 새로운 일거리가 존재한다는 것을 인식하고 자신만
> 이 해야 한다는 결의를 다져라. 자기만이 이것을 하기 위해 뽑힌 자라는 신
> 념은, 당신의 행동에 더욱 강한 힘이 될 것이다.

돌프 M. 바인더 박사는 뉴욕 대학의 생화학자(生化學者)였다. 그의 연구 발표에 의하면, 백오십 파운드의 몸무게가 나가는 사람을 물질로 계산했을 때 그 값은 겨우 일 달러도 못 미치는 구십팔 센트밖에 안된다고 했다. 이것은 그 당시의 값으로 따지자면 살이 약간 찐 중돼지(豚) 값보다도 훨씬 못 미치게 싼 셈이 된다. 그 물질을 분석해 보면 다음과 같다.

> 새장 하나 청소할 정도의 석회분(石灰分).
>
> 장난감 대포를 한 방 쏠 수 있을 정도의 칼륨.
>
> 약(藥) 한 봉지 분량의 산화마그네슘.
>
> 성냥개비 이천 개 정도의 인(燐).
>
> 못 한 개 정도의 철(鐵).

/////// 컵 한 잔에 찰 만한 설탕(糖分).

/////// 세숫비누 다섯 장 정도의 지방(脂肪).

그저 이러한 정도로서, 어디에 가도 구십팔 센트만 주면 모두 다 살 수 있다는 것이다. 이것이 우리들 사람이 물질로서 값을 매겨 매매될 수 있는 가격이다. 그러나 우리들이 인생에서 얻고자 하는 것은, 우리들 자신이 치를 수 있는 대가(代價)가 결코 이 정도에 그치지 않는다는 것이다.

긍정적인 사고

우리가 인생에서 얻고자 하는 부(富)와 명예 그리고 성공, 친구와 사랑, 건강과 행복 등 — 여러 가지 귀중한 것을 얻기 위하여 치르는 대가(代價)로 육체의 물질 가치 등 이상의 어떠한 것을 바쳐야만 된다는 것은 아니다.

그것은 단적으로 말할 수 없는 여러 요소(要素)를 들 수 있겠다. 그러나 그 중에서도 가장 으뜸으로 치는 것 — 이것 없이는 다른 어떠한 것이라도 아무 소용이 없게 되는 것이 하나 있다. 곧, 성공(成功)을 바라는 사람이 무엇보다 먼저 알아야 할 것이 있다.

어느 날 우연한 기회로 알게 된 청년이었다. 그는 여러 가지 점에서 매우 뛰어난 재주가 많은데도 불구하고, 늘상 출세할 수 있는 좋은 기회가 없다고 한탄만 하고 있었다.

나는 그를 직업 알선업체에 관계하고 있는 친구에게 소개하여 주었더니 그 친구로부터 반 년쯤 지나서 다음과 같은 편지가 왔다.

"부탁한 대로 그 청년을 서너 곳에 알선하여 주었더니 모두가 뜻대로 잘되지가 않았다네. 그는 어떤 점에서 보면 사실 매우 우수한 청년이네. 그러나 공동체에서의 기본 질서가 돼먹지 않았네. 어려서부터 어떠한 환경에서 자랐는지는 모르겠지만 젊은것이 벌써부터 이 세상을 비웃는 버릇에서 벗어나지 못하고 있는 것이 큰 화근덩어리일세. 어디에 소개하여 주어도 그는 ― 내 마음에 맞지가 않는 부질없는 일이야, 희망을 가질 수 없는 하찮은 직업이야 ― 라고 생각하고 있네. 다음에라도 사람을 소개하려면, 회의적(懷疑的)이지 않은 긍정적인 사람, 곧 산타클로스를 믿는 사람을 보내 주길 바라네."

인생의 밝은 빛을 찾아라

간단한 편지 속에 한 개의 커다란 성공의 열쇠가 엿보인다.

'산타클로스'를 믿어라.

이 거룩하고 진실된 믿음에 당신이 굳은 신념을 가지고 있지 않다면, 당신이 가지는 그 외의 모든 것, 즉 학문과 친구도, 약과 돈도 별로 신통한 도움이 되지 않을 것이다. 아니, 오히려 그런 것조차 얻을 수 있을는지 의심스럽다.

산타클로스 — 행복의 신(神)을 믿는다는 것은, 허무맹랑하다거나 김빠진 맥주와 같은 낙천주의는 아니다. 그것은 긍정적인 사고의 원리(原理)이며, 또한 움직이고 약동하는 활발한 인생관이다. 그것은 세상에 활기찬 젊음과 봄을 가져오며 희망과 생장을 용솟음치게 하는 인생관이다. 그러한 희망은 이십 대의 청년이나 육십 대의 노인도 모두 한결같이 가져야 하고 또한 가질 수 있는 인생관이다.

이와 반대되는 것은 회의주의의 인생관이다. 회의주의는 사람을 그늘지게 하고 어두운 성격으로 만든다. 이러한 침울한 태도는 모든 것을 올바르게 보기보다는 이그러진 것으로 보아 매사(每事) 부정적이며 비관적인 무기력(無氣力)을 낳는다.

뿐만 아니라 모든 것을 믿지 않게 되고 스스로를 파멸시키는 냉소(冷笑)와 허무(虛無)에 사로잡힌다. 황량한 어둠 속에 묻혀서, 입신출세할 기회를 엿볼 수 있는 눈을 가리게 하는 흑점(黑點)만을 더욱 넓힐 뿐이다. 부정적인 인생관에 사로잡히면 당신은 당신의 재능을 충분히 펼칠 수가 없을 뿐더러 정녕 당신의 체력과 에너지 그리고 당신이 가질 수 있는 희망과 열성을 당신의 인생에 약동시키지를 못할 것이다. 당신의 사고는 항상 눅눅하고 그늘진 어둠 속에 파묻혀 헤매게 될 뿐이다.

당신은 '아직도 산타클로스를 믿는다는 것은 터무니없는 맹랑한 짓'이라고 말하는가? 당신이 안하무인 격으로 잘난 체하고 아는 체하는 비꼬인 신념이 그렇게 말한다면 이 이상 더 이 책을 읽을 필요가 없다. 아예 쓰레기통에 내던지거나 서점에 도로 갖다주어 돈을 찾아오는 것이 좋겠다.

나는 그동안 이 나이가 되기까지 허다한 범죄와 부도덕한 타락, 혹은 파멸 등의 실례를 보고 들을 기회를 많이 가졌었다. 이러한 인생의 어두운 면에 빠지고 비참한 파멸의 구렁으로 떨어져가는 사람들에게 예외 없이 공통되어 있는 것은 그들이 모두 인생의 밝은 빛을 믿지 않았다는 사실이다.

또한 내가 친히 만나 본 일이 있는 여러 성공한 사람들은 인생에 대하여 무엇인가 영구적인 가치가 있는 일을 하고, 확고한 지위에 오른 사람들은 모두가 단순한 논리 — 산타클로스를 믿는 사람들이었다. 이러한 사람들 가운데에 나에게 부정적인 태도라든가 근본적으로 회의주의에 빠진 듯한 인상을 준 사람은 한 사람도 없었다. 적어도 성공했다고 하는 사람들은 모두 그 성공을 쌓아 올리는 동안에도 웃음을 잃지 않고 범사(凡事)에 감사하는 마음으로 낙천적인 인생관을 지니고 있었다는 것을 확언해 두는 바이다.

이 사람을 보라

반민주주의적인 나라 터키의 군대에서 도망쳐 나와 대서양 항로의 삼등 선객이 된 열다섯 살의 미하엘이 하염없이 흘러가는 배의 갑판 위에 서서 지나온 일을 회고하는 한편, 아는 사람이라곤 아무도 없는 미지(未知)의 세계 미국에서의 앞날을 생각하니 가슴이 조이고 두려움을 떨치지 못하고 있었다. 그때 돌연 세찬 바닷바람이 불어와 쓰고 있던 모자마저 바닷물에 날리고 말았다.

뉴욕의 맨해튼 부두에 내린 미하엘은 브로드웨이 쪽으로 걸어가면서 잃어버린 모자 대신에 땀 냄새가 나고 촌스러운 수건을 자기 나라 식으로 머리에 동이고 때묻은 붉은 터키 모자를 얹어 썼다. 큰 네거리에 이르자, 그는 자신의 머리 위 하늘에 거미줄처럼 무수히 쳐 놓은 전선에 눈이 휘둥그래졌다. 그저 놀란 입을 다물지 못하고 멍하니 하늘만 쳐다보고 있었다.

'도대체 이 무수한 전선들은 어디서부터 온 것이며 또 어디로 가는 것일까? 그리고 이 많은 사람들 모두가 바쁘게 왔다 갔다 하는 이 놀라운 혼잡! 어쩌면 이렇게도 요란하고 화려할까?'

높은 건물들을 쳐다보니 눈이 빙빙 도는 것만 같았다.

그저 말문을 열지 못하고 멍하니 서 있는 미하엘의 모습을 본 길가 구두닦는 꼬마가 심술궂게 생긴 때묻은 얼굴에 흰 이를 드러내며 웃으면서 이 이상한 소년의 위아래를 훑어보고 있었다. 거기에 신문 파는 꼬마도 가까이 왔다. 그러자 장난꾸러기 구두닦이는 갑자기 주먹을 휘둘러 터키 모자를 동댕이쳐 버렸다. 삽시간에 일은 벌어졌다. 그러나 미하엘은 침착하게 짐을 어깨에서 내려놓았다. 의사 소통이 안 되는 그가 당장 할 수 있는 것이란 세계 어느 곳에서나 통용되는 말, 즉 주먹을 쓰는 것이었다.

그는 두 주먹에 힘을 모아 이 무례한 인사에 대답하고자 겨누었다. 신문 파는 아이들과 구두닦이 아이들이 졸지에 모여들어 좋은 구경거리가 생겼다는 듯 두 소년의 둘레를 크게 에워쌌다. 두 소년의 싸움은 그 가운데서 벌어졌다.

결국 미하엘의 한주먹에 구두닦이가 쓰러지고 미하엘은 그가 완전히 항복함을 다짐받은 후에야 비로소 그를 놓아주고 천천히 길 위에 굴러떨어진 터키 모자를 집어 머리 위에 얹었다. 둘러쌌던 구경꾼들도 이 기이한 외국 소년의 태도에 감탄해 마지않았다. 그런데 어떤 신사 한 사람이 그 인파들 속에서 쑥 나서더니 미하엘의 팔목을 붙들었다.

미하엘은 사복을 한 이 나라의 헌병이나 경찰인 줄 알고 깜짝 놀랐다. 그러나 신사는 성내는 것 같지도 않고 쌀쌀하거나 비웃는 태도도 아니었다. 오히려 동정하는 듯한 태도로 나하고 같이 가자고 말하는 것 같았다. 미하엘은 그 신사와 같이 부둣가로 되돌아가 통역을 부탁하였다. 통역은 미하엘에게 그 신사의 말을 이렇게 일러 주었다.

"이 신사는 아까 네가 보여 준 행동을 흡족하게 여긴다고 하신다. 그래서 너만 좋다면 일거리를 부탁하고 싶단다. 이분은 델라웨어 시(市) 근처에 큰 농장을 가지고 계신데, 네가 거기 가고 싶은 마음이 있다면 노잣돈을 내주시겠다고 하시는구나."

감사한 마음으로 첫발을

이렇게 미하엘은 미지의 세계, 미국에서의 첫 번째 일자리를 농장에서 시작하였다.

그곳 농장에는 많은 노동자들이 있어서 함께 식사할 수 있는 큰 식당이 있었다. 미하엘은 이른 봄의 살을 에는 추위를 식당의 난롯가에서 녹이며 한동안은 고향을 향한 그리움에 고통스러워하기도 했지만 그것도 오래가지는 않았다. 자신의 나약한 생각을 잊으려고 일에 열중하다 보니 차차 일에 재미가 붙어 모든 것이 새로운 흥미와 즐거움으로 변해 있었다.

미하엘은 언제나 즐거운 마음으로 빨간 터키 모자를 머리에 얹고 고향 노래를 부르며 파릇파릇 싹트는 푸른 들을 사슴처럼 가볍게 뛰어다니며 말과 소떼를 몰았다. 항상 웃음을 잃지 않고 지칠 줄 모르고 뛰어다니는 미하엘은 여러 사람들의 귀여움을 받았다. 농장 감독의 딸 열두 살 난 소녀도 그를 오빠처럼 따랐다.

어느 날 밤 그가 난롯가에 앉아 있으려니까 소녀가 가까이 다가와 그의 팔을 잡아당겼다. 이 소녀의 어머니가 식당 문 앞에 서서 웃으며 바라보고 있다. 두 모녀는 미하엘을 자기 집으로 데리고 가서 그에게 영어를 가르쳐 주기 위해 부르러 왔던 것이었다.

이렇게 그는 영어를 배우기 시작하였다.

미하엘은 마음속으로 '감독님께서도 외국 사람인 나를 자기 가족처럼 친절히 대해 주시는구나' 하며 감사한 마음을 잃지 않았다.

이제 미하엘에게 있어 고향이 그립던 마음은 안개처럼 사라졌다.

그의 영어 숙달은 급속도로 늘어서 모녀를 기쁘게 하였다.

두 달이 지나니 그럭저럭 영어로 자기 의사를 상대편에게 알아듣게끔 말하게 되었다.

어디 그뿐인가, 돈도 사십 달러가량 모였다. 그래서 그는 농장 감독에게 자기는 이곳 미국에 농장 일을 하러 온 것이 아니라 무엇이고 좀더 훌륭한 일을 하기 위해서 온 것이라고 자기 포부를 처음으로 밝혔다.

사실은 본래 농장 일보다는 뉴욕이라는 대도시에서 무언가 새로운 일을 찾아보려는 생각이었던 것이다. 감독은 그를 놓치기 아까워했지만 결국은 동의하고 그를 격려하여 떠나 보내었다.

뉴욕에 가는 도중에 여비가 모자라 델라웨어의 한 군데, 메릴랜드의 한 농장에서 일을 하고 뉴저지에서는 어떤 완고한 침례교도의 농가에서 일을 하였다.

이 주인이 주일날, 그를 억지로 교회에 끌고 갔었다. 그는 침례교 신자가 될 생각은 조금도 없었다. 그래서 이 귀찮은 성화를 피하기 위하여 다음날 이른 아침 해도 뜨기 전에 그곳을 빠져나와 들을 지나고 산을 넘어서 오전 아홉 시경에는 프린스턴 시에 들어섰다.

배고픔과 피로에 지쳐 비틀거리면서 빵과 샌드위치 고기를 사가지고 프린스턴 대학교의 뒤뜰 한구석에 기어들어가, 나무 그늘 밑에서 그것을 허겁지겁 먹었다. 샌드위치를 마구 먹으면서 눈으로는 교실에 드나드는 학생들의 모습을 살펴보았다. 그러고 있는 동안 어느새 그냥 잠이 들어 버렸다.

그는 자기가 대학생이 된 양 화려하고도 의기양양한 꿈을 꾸었다.

서늘한 기운에 갑자기 꿈에서 깨어나 현실에 부닥치자 뉴욕에 가려는 욕망은 더욱더 간절히 용솟음쳤다. 이 꿈을 꼭 실현시켜 보려는 새로운 희망과 결심 때문에 용기백배하였다.

노동자에서 학자로

뉴욕에서는 맨처음 비스킷 공장에서 일하고 다음엔 주물(鑄物)공장의 직공이 되고 다시 슈퍼마켓 점원이 되었다.

그는 쉴사이 없이 무엇인가를 찾기에 전력을 다하였다. 정신적인 면뿐만 아니라 경제적인 면의 향상도 그는 게을리하지 않았다. 될 수 있는 대로 돈을 절약하여 학교에 다니게 되었으며 손에 넣을 수 있는 방법을 다하여 서적을 탐독하고 영어 독해를 풀이하는 힘과 쓰는 힘을 숙지했건만 아직도 회화(會話)에는 익숙하지 못하였다.

그래서 그는 무리를 해서라도 틈을 내어 공연 무도장에 가서 바르고 명석하게 말하는 이름난 배우들의 대사(臺詞)를 열심히 들었다.

여러 책을 읽은 가운데 그는 과학 문명에 흥미를 가지기 시작했다. 신문에 나타나는 과학에 관한 기사는 하나도 빠짐없이 읽었다. 당시 토머스 에디슨의 이름이 차츰 높아지던 때였다. 에디슨이 멘로파크의 연구실에서 하고 있는 일에 관한 보도 기사는 큰 것, 작은 것을 가리지 않고 메모해 두는 습관을 길렀으며, 또한 영국인 물리학자 존 레일리의 강연에 관한 보도도 빠짐없이 주의해 듣고 있었다.

일을 끝마친 후에는 건강과 견문을 넓히기 위하여 거리를 활보하는 것을 그는 일과(日課)로 삼았다. 뉴욕의 뒷골목이라고 불리우는 고트랜드 가에서 오십구 번가까지 가는 길 오는 길을 따로따로 하여 수 마일이나 되는 길을 거닐었다. 그 사이에 상점 진열장 안을 들여다보고는 그 안에 진열되어 있는 책이나 사진들을 바라보면서 현재 미국에서 이름난 유명 인사들의 이름과 직업들을 머릿속에 새겨두었다.

이러한 산보도 그에게는 효과적인 일종의 공부가 되었다.

여러모로 이러한 과정을 모두 한 단계씩 거치고 미국에 건너온 지 오 년만인 스물한 살 때에 미하엘은 삼백오십일 달러의 저금이 생기고 콜롬비아 대학에 입학하는 영예를 안을 수 있었다. 물론 학교 밖에서 생활비를 얻기 위한 노동은 계속하지 않으면 안 되었다.

일 학년 시절은 그의 열악한 경제 사정으로 말미암아 동료들과 어울리는 데 쓰라린 고생도 많았고 공부벌레라고 학생들 사이에선 따돌림당하기 십상이었고 인기가 좋지 못했다. 그러는 동안 그는 특히 수학과 희랍어 두 학과에서 수석을 차지하고 일 학년을 마칠 수 있었다.

해마다 이 대학의 명물의 하나로 열리는 챔피언 쟁탈전이 크게 벌어졌다. 그 해 승부는 레슬링으로 일 학년생과 결승을 다투게 되었다. 일 학년의 대표 선수는 당시 위세를 떨치던 명망가(名望家)의 자제였으며 훌륭한 체격을 가진 청년이었다. 이 학년생들은 소문만 듣고도 싸우기 전에 이미 풀이 죽어버린 형편이었다. 그 자를 당할 만한 사람이 없을 것만 같았다.

일찍이 미하엘은 주물 공장 시절 직공들과 레슬링을 배워 본 일이 있어서 다소 기술에 대한 상식이 있었기에 자진하여 선수로 나갈 것을 청했다. 급우(級友)들은 수학과 희랍어 수석인 이 친구에게 레슬링 선수권을 맡기는 것이 불안 천만이었지만 그렇다고 신통한 별다른 선수감도 없다 보니 결국은 미하엘에게 맡기지 않을 수가 없었다.

드디어 시합이 시작되었을 때 구경꾼들은 모두가 눈이 휘둥그래져서 자기 눈을 의심하지 않을 수 없었다. 미하엘 자신 또한 자기 자신의 힘에 놀라지 않을 수 없었다. 상대 선수의 황소 같은 거구가 너무나 쉽게 정복되었기 때문이다.

미하엘은 학우들로부터 단연 인기를 끌게 되었다. 뿐만 아니라 수입도 훨씬 늘게 되었다. 그것은 레슬링을 가르쳐 달라는 학생들의 청을 받아들인 보수가 수학과 희랍어를 가르치던 아르바이트 수입보다도 많아졌기 때문이다.

우수한 성적으로 콜롬비아 대학을 졸업한 그는 더욱 학업에 정진하기 위하여 영국의 케임브리지 대학과 독일의 베를린 대학에 유학을 하게 되었다. 학업을 끝마치고 다시 콜롬비아 대학에 돌아와 그때 새로이 마련된 전기공학 강의(講義)를 맡게 되었다.

엑스(X)선과 전력 반송

애초에 미하엘이 전공한 부문은 물리학이지 전기학은 아니었다. 그러나 그의 박학한 과학 지식의 덕택으로 전기 공학 강의도 그에게는 그다지 곤란한 것이 아니었다. 동시에 그는 스스로 전기에 대한 흥미를 가지게 되어 특히 전기의 동조와 희박, 가스 내에 있어서의 전기 주파수 연구에 특별한 관심을 가지고 있었다.

그 연구 결과로 무선 전신의 심장이라 할 부분을 발명하였다. 그중 한 가지는 오늘날 라디오에 널리 쓰이고 있는 파장 조절 방법이다. 또 한 가지는 무선 전신 수신소에서의 고주파 전류(電流)의 조정에 의한 수신 방법이다. 이 방법은 후에 진공관 증폭기의 출현으로서 널리 보급되었다.

엑스선(X線)을 병원의 외과에서 응용하는 것을 창안(創案)한 것 또한 일개 떠돌이 소년에 지나지 않았던 미하엘 바로 그였다. 어느 날 폭발 사고로 팔에 백여 개 이상이나 되는 파편이 박힌 브레스 고트에게 엑스선 사진을 찍은 것도 그였으며, 그 사진 한 장으로 의사는 파편 전부를 찾아서 빼내는 데 성공하였음도 물론이다.

엑스선 다음에 미하엘은 전력 반송(搬送)에 관한 연구에 손을 대었다. 그 결과로 발명된 것이 오늘날 전화선을 땅 속으로 매설하기 위하여 널리 사용되고 있는 방법이다. 이 발명은 해당 분야 전문가들로부터, 전화가 처음 발명되어서부터 그후의 모든 전화에 관한 여러 가지 개량 총계(總計)보다도 더 위대한 발명이라고 격찬을 받았다.

이 발명으로 말미암아 그는 미국 전역에 걸쳐 전신전화회사로부터 막대한 특허료(特許料)를 받았음도 물론이다.

생동하는 활발한 인생관

이토록 놀라운 성공을 이루게 된 원인을 미하엘 박사는 다음과 같이 설명한다.

6 긍정적이며 낙천적인 그리고 생동하는 활발한 인생관'이란 말이 나에 대해서 얘기되지만 참으로 이러한 것들이 없었더라면 오늘의 나는 없었을 것이다. 나는 항상 새로운 성공을 향한 길에 도전하며 그것을 좇기에 전심전력하였다. 그리고 나는 그 결과로 얻은 것은 지불하는 노력보다는 훨씬 큰 것이라는 신념을 굳게 가지고 살아왔다.

나는 그것을 단언하는 바이며, 지금도 그 신념은 더욱더 굳건하게 나의 사고를 지배한다. 나는 여러 번 매우 곤란한 처지에 부닥치곤 하였지만 실패가 두려워서 내 노력을 포기하거나 뒷걸음친 일은 한 번도 없었다.

우리의 욕구(欲求)를 행동으로 이끄는 것은 이 활동적인 인생관을 바탕으로 한다. 맨 처음 얼핏 보기에는 우리들의 행동은 그 최종 목적에 비교하면 너무나도 보잘것없는 것으로 보일 때도 있었지만 자신은 그 노력의 단계에서 낳은 것이다. 점차 향상됨에 따라 자기 능력에 대한 확신이 강화되며 그 업적도 차차 최후 목적에 가까워짐을 스스로 깨닫게 되었다.

아무튼 사람은 자기 자신보다도 위대하고 강력한 어떤 것의 존재를 믿지 않으면 안 된다. 자기 개인의 힘으로는 자기가 바라는 바를 달성하지 못한다.

여러 가지 힘이 어떻게 보면 가히 기적적(奇蹟的)인 방식이라고도 할 그때그때의 도움으로 나타나서 우리들을 원조한다. 우연이라는 것 또한 있는 것이다. 내가 미국에 상륙하자마자 어려운 곤경에서 나를 목장일로 이끌어 준 은인이 있듯이, 당신의 팔을 붙들고 당신의 목적을 이루기 위해서 취할 새로운 다음의 길로 당신을 인도하여 줄 사람이 당신 곁에 가까이 있을지도 모를 일이다.

내가 보건대 사람의 공통된 가장 큰 약점이란 것은 '바라는 것이 작다'는 것이다. 우리들은 작은 것에도 곧 만족하기 쉽다. 보다 더 높고 더 큰 앞날에의 열렬한 기대가 우리들의 굳은 신조(信條)가 아니면 안 된다. 희망을 크게 하고 이상을 높게 들어라.

언제나 자신이 해야 할 새로운 일거리가 존재한다는 것을 인식하고 자기 자신만이 이것을 해야 한다는 결의를 가져라. 자기만이 이것을 해내기 위하여 뽑힌 자라는 신념은, 당신의 행동에 더욱 강한 힘이 될 것이다.

이 세상에서 가장 가엾은 사람은 출발을 할 줄 모르는 사람이다. 이러한 사람은 자기와 자기 자신의 능력에 대한 확신을 갖지 못하고 '하늘은 스스로 돕는 자를 돕는 은혜와 힘을 가지고 있다'는 것을 믿지 않는 자들이다.

DALE CARNEGIE

4

인생 행로의 지표(指標)

- 먼저 한 약속

- 확고한 자신감

- 성공한 사람 특유의 인생관

- 인생의 대가와 정가표

- 성숙된 미래의 모습

DALE CARNEGIE

4. 인생 행로의 지표(指標)

자신이 처한 현실에 소극적으로 안주하기보다 편협되고 회의적인 자신의 생활 태도를 고치고자 노력할 때, 당신은 성공의 가장 큰 요건이 되는 긍정적이고 확신적이며 활동적인 살아 있는 인생관을 획득할 것이다.

프랭크 보이드는 활동적인 삶에 대한 좋은 본보기가 된다고 할 만한 인물이다. 그는 어떠한 곤란한 막다름에 직면해서도 두려워함이 없이 의연하게 자기의 나아갈 길을 개척하였다.

수년 전 그는 어떤 광산용 전기회사의 판매원이었다. 그때 그의 월급은 이백오십 달러였는데 어느 날 사장이 그를 불러서 말하였다.

"프랭크 군. 대단히 안됐지만 이번에 전 사원의 봉급을 십오 퍼센트 정도 내리지 않으면 안 되게 되었네. 자네가 이해하게."

"아, 그러세요. 그러나 저도 대단히 미안한 말씀을 드려야 되겠습니다. 어쩌면 말씀대로 못하게 될 것 같습니다."

"프랭크 군, 사원 전부란 말일세. 물론 나의 수입도 십오 퍼센트 삭감하기로 했지. 그러지 말고 회사의 딱한 사정을 이해해 주게. 자네에겐 아마 아

내와 어린 자식이 셋 있다고 들었는데 회사를 그만두고 어떻게 하려고 그
러는가?"

"저도 좋아서 얼씨구나 하고 회사를 그만두겠다는 것이 아닙니다."

"물론 잘 알지. 그러니 그러지 말고 한 이삼 일 잘 생각해 보게."

프랭크 보이드는 이틀 동안 아무리 곰곰히 생각해 본들 지금 받고 있는
월급이 깎이는 데는 동의할 수가 없었다.

그는 항상 아내와 의논하여 한 푼도 에누리 없이 가계 예산을 세우고 있
었기 때문에 월급이 깎이면 어떤 결과가 되리라는 것이 뻔했기 때문이었다.
월급의 십오 퍼센트란 가족의 한 달 의상비에 해당된다. 이것을 깎아서 앞
으로 벌거숭이가 될 것을 각오해야 할 것인가? 또 월급의 십 퍼센트는 교회
와 그 밖의 여러 곳에 자선비(慈善費)나 기부금으로 지출하게 되어 있는데 그
것을 줄이기 또한 정녕 싫었다.

결국 보이드는 회사를 그만둘 도리밖에 없다고 이를 악물었다. 그만둘
바에야 하루속히 그만두고 딴 일자리를 찾아야 한다. 그는 회사의 자기 책상
을 정리하면서, 앞일을 생각하니 못내 섭섭하고 불안한 마음을 견디기가 힘
들었다. 너무나 급작스런 일이었기 때문에 금후 어디로 가서 일해야 좋을지
도 정신이 어지러울 정도로 아득하여 전혀 머리에 떠오르지 않았다.

특히 자기 하나만을 믿고 있는 처자식들을 생각하니 가슴이 무겁기만 했
다. 지금이라도 굽신거리며 사장에게 가서 사직서를 취하해 볼까 하는 마음
도 번뜩 일어났다. 그러나 그는 그렇게 하지 않았다. 그렇게 한다는 것은 자
존심이 허락하지 않을 뿐만 아니라 그동안 그와 그의 가족들의 평화로웠던
생활 방침이 엉망진창으로 뒤엎어질지도 모를 일이었다.

먼저 한 약속

퇴근 시간이 되어 그가 사무실을 나오려고 문 있는 곳까지 이르렀을 때 그를 뒤에서 부르는 사람이 있었다.

"잠깐만요, 보이드 씨. 그랜드 씨한테서 전화입니다."

그랜드는 보이드의 옛 친구이자 경쟁 회사의 판매 부서장이었다. 전화 내용은 이랬다. 그랜드가 이번에 새로 물건을 팔기로 계약한 회사에 기계를 설치하여 주는 일로, 구 개월 기한으로 매달 이백오십 달러(이것은 보이드가 받고 있었던 지금까지의 금액과 같은 액수이다)로 일을 좀 보아 주지 않겠는가 하는 것이었다.

"자네가 말하는 조건과 일이라면 더 말할 나위 있겠나. 자네의 부탁인데 그렇게 함세."

이리하여 보이드는 때때로 찾아드는 우연의 도움으로 9개월간의 일거리를 우선 확보하게 되었다.

그러자 때마침 전화를 끊고 난 직후 보이드는 사장의 부름을 받았다.

"프랭크 군, 자네의 주장은 사실 옳았네. 내가 다시 생각을 돌려서 생각한 결과 오백 달러가 넘는 자에게만 월급을 감봉키로 했으니 자네는 안심해도 되겠네. 그리고 프랭크 군! 자네의 수완에 비하면, 지금까지의 월급이 너무 적은 것 같았으니 지금부터 삼백 달러로 할 터인데 마음에 들지 모르겠네그려."

보이드는 여기에 대하여 호의는 고맙지만 방금 전 다른 곳과 약속을 이미 해 버렸으니 대단히 유감이지만 말씀대로 하지 못하게 되었다며, 그 사유를 정중히 설명했다.

"그것 참, 정말 아깝게 되고 말았네그려. 그러나 먼저 한 약속은 지켜야 되니 내가 단념하기로 하지. 다음에 기회가 있을 때에는 내 청을 꼭 들어주기 바라네."

그가 막상 다른 곳으로 떠난다 하니, 사장은 당황한 빛을 감추지 못하고 그를 아까워했다.

확고한 자신감

구 개월이라는 한시적인 일거리가 거의 끝날 무렵, 먼저 있던 회사로부터 보이드 앞으로, '얼마를 주면 돌아오겠는가?'라는 전보가 날아왔다.

그리고 보이드는 한시적인 일을 무사히 마치고 월급이 일백 달러 인상되는 조건으로 먼저 있던 회사에 돌아왔다.

그리고 일 년 후, 회사의 판매 성적이 또다시 악화되기 시작했다. 사장이 보이드를 불러들였다. 그리고 이번에는 다음과 같은 제의를 해왔다.

"프랭크 군, 자네가 판매부 전체를 맡아서 움직일 자신이 있겠는가?"

"네. 할 수 있으리라 믿습니다."

사장은 지금까지 판매부장의 의견을 무시한 채 자기가 직접 판매에 간섭하는 습성이 있었다. 보이드는 사장과 회사의 판매 실적에 대하여 여러 가지 의견을 주고받고 자기가 잘 알고 있는 회사의 그릇된 여러 방침의 몇 가지를 들어 자세히 그것을 설명하였다.

묵묵히 듣고만 있던 사장이 말하였다.

"자네의 그 개선 방책을 실행함에 있어 회사로서는 자네에게 어떻게 대우해 주면 되겠나?"

"연봉(年俸)으로 일만 달러를 주십시오."

보이드는 태연히 대답하였다. 사장은 책상을 탁 치고 나서 껄껄 웃으면서,

"자네의 그 자신감에는 정말 놀랄 수밖에 없겠군. 좋아, 그리고 다른 조건이라든가 더 바랄 것은 없겠나?"

보이드는 이에 대하여 매우 진지하게 그리고 냉정한 어조로, 봉급은 연액 일만 달러에서 동전 한 푼도 에누리해서는 안된다는 것과 판매부서에 관한 전적인 책임을 맡겨 주어야 한다는 것, 그리고 종전에 자주 사장이 판매부서장을 제쳐 놓고 판매원을 간섭하던 버릇을 없애고 판매원은 직접 부서장의 지휘와 명령을 받게 할 것 등을 말하였다.

"알았네. 좋아, 자네는 연봉 일만 달러와 전체를 책임지고 맡아서 금후 일 년 동안 일하여 보게. 자네의 의견을 들어 보니 정말 자네는 이 일을 잘해 나갈 것으로 믿어지네. 그러나 내게도 요구할 조건이 없지는 않으니 우리 이렇게 하면 어떻겠나. 만일 자네가 지금부터 일 년 후에 하루의 평균 매상고를 현재의 이천 달러에서 사천 달러로 올리면 말할 것이 없겠지만, 그렇지 못할 경우 자네는 벌거숭이 빈 깡통이 된다는 것을 명심하게."

그렇게 하여 판매부가 보이드의 직접 지배하에 옮겨진 후 일 년 동안 판

매 실적은 사장이 지시한 액수를 훨씬 넘는 하루 평균 칠천 달러를 돌파하고 그후 더욱더 눈부신 발전을 계속하고 있었다. 그와 동시에 그의 보수 또한 만족스럽게 늘어났음도 엄연한 사실이다.

성공한 사람 특유의 인생관

보이드는 자신이 하고 싶었던 판매 부서장이 되자, 온갖 정성과 힘을 다하여 맡은 일에 대한 새로운 창의성과 주도면밀하고 생생한 효과적인 방법 등 총동원해서 일에 열중하였다.

그는 우선 보너스 정책을 생각해 내어 판매원이 판매 성적에 따라 특별 보너스를 받을 수 있게 하였다.

그가 이 안을 사장에게 제출하자, 사장은 그 안을 보자마자,

"판매원에게 보너스를 주다니, 터무니없는 소릴세. 그런 돈은 한 푼도 지불할 수가 없네!"

보이드는 사장의 완고하고 몰이해한 태도에 금방 물러설 그런 위인이 아니었다. 그는 쉽사리 포기하지 않고 머리를 짜내어 다른 방법을 생각해 냈다. 이번엔 보너스안(案)을 경쟁안으로 수정하여 판매액을 올린 자에게는 보너스가 아니라 상금을 주고 표창하는 형식을 취했다. 그로부터 열흘쯤 후 보이드는 이 안을 사장에게 보였다. 사장은 자세히 검토한 후,

"자네, 이것은 먼젓번 보너스안과 결국은 피장파장이 아닌가. 그러나 이

편이 조금은 나은 안이군. 자네가 꼭 굳이 해야만 된다고 희망하면 한 번 시험삼아 해보기로 합시다. 상당한 출혈이 예상되지만 지난번에 낸 안보다는 부담도 적어질 것 같네. 다만 이것이 실패하여 결손을 내게 되면 자네는 각오해야 하네."

상금과 표창제를 실시하자 회사는 분위기가 되살아나고 일 년에 일만칠천 달러의 순이익이 늘어났으며, 이 년 뒤에는 십만 달러의 이익을 얻었다. 노련한 판매원들의 월수입 또한 칠에서 십 퍼센트가 늘어났다.

말할 것도 없이 경쟁 제도는 회사 중역들에게도 환영을 받게 되어 지금에 와서는 항구적인 제도로서 인정을 받기에 이르렀다.

평범하고 안이한 사람이라면 큰 실망에 빠지게 될 만한 중대한 일에 직면하여 보이드는 어찌 이러한 결연한 태도로 지난날의 낡은 관습을 타파하고 살아 있는 경쟁력으로 침체된 현실을 뚫고 나아갈 수가 있었을까? 내가 먼저 지적한 긍정적이며 건설적인 명랑한 인생관, 곧 성공한 사람 특유의 인생관은 보이드의 특징이었던 것이다. 어떻게 보이드는 이러한 인생관, 이처럼 거리낌 없는 자신감을 행동으로 보일 수가 있었을까?

인생의 대가와 정가표

보이드는 이미 삼십 년 전에 여러 진로의 인생 문제를 펴 놓고 여기에 대한 자신의 해답을 얻고 있었다. 인생의 여러 가지 의문은 모든 사람이 이삼

십 대에 들어서면서부터 반드시 부딪치는 중요한 문제인 것이다.

그는 자기가 바라는 지위를 얻기 위하여 치르지 않으면 안될 대가(代價)를 생각하고, 이것을 치르기 위해서는 한때의 고생스러운 노력은 응당 있어야 할 것으로 생각했으며, 이것을 이겨 나가는 데 두려워하지 않겠다고 결심하고 있었던 것이다.

즉, 그는 어떻게 인생의 대가와 그 정가표에 따라 인생에서 소망하는 것을 얻기 위한 대가를 지불할 준비를 항상 하고 있었던 것이다.

보이드는 기타의 여러 일과 함께 철저한 예산 수입 지출표를 세우고, 그에 합당한 자기의 생활을 유지해 나가는 데 얼마만한 수입이 필요한가 하는 것을 뚜렷이 하고 있었다. 그리고 한 번 약속한 일이라면 어떠한 비공식적인 약속이라도 경중을 가리지 않고, 법률상의 약속과 마찬가지로 정확하게 이행하는 각오를 항상 가지고 있었다. 자기의 책임과 직무에 대하여는 끊임없이 여러 문제점을 가려서 그 적절한 처리 방법의 연구에 성실하였으며, 자기의 지위가 오를 때의 준비를 항상 갖추고 있었다. 그렇기 때문에 여하한 경우에 마주쳐도 그는 똑바로 자기가 마음먹은 대로 돌진할 수 있었던 것이다.

다음은 보이드 자신이 문제점을 가려내고 자신의 해답을 내린 여러 항목(項目)들이다. 이를 이용하여 당신 자신의 해답을 끌어내 접목시켜 본다면, 당신 인생에 있어 중요한 여러 문제와 당신 자신과의 현재 관계를 명확히 깨닫는 데 도움이 될 것으로 믿는다.

다음에 열거하는 세 가지 안을 살펴보고 당신 자신과 접목시켜 해답을 얻기로 해보자.

❶ 나는 무엇을 위해 태어났으며, 어떠한 종교적(宗敎的) 신념을 가지고 있는가.

❷ 나는 내 삶의 뚜렷한 목적을 가지고 있는가, 즉 앞날에 닥칠 이삼 년 내지 십 년간에 달성시킬 목표를 명확히 말할 수 있는가.

❸ 친구나 동료, 윗사람에게 얼마나 성실하고 숨김이 없는가.

❹ 나는 도덕적으로 솔직·결백한가.

❺ 나의 목적을 이루기 위해서 나는 얼마만 한 노력과 최선을 다하고 있는가.

❻ 나는 머지않아 닥칠 어떠한 일에도 적극적으로 대처하기 위하여 학구적 노력과 연구를 게을리하고 있지 않은가.

제 2 안(案)　　신체적인 조건

❶ 빠른 두뇌 회전을 위하여 신체 에너지의 사용을 절약하지 않으면 안 될 육체적인 결점이 있는가.

❷ 신체 발육 상태 중 신장(身長)에 비해서 체중은 정상을 유지하는가.

❸ 음식 섭취는 어떠하며 과음·과식은 하고 있지 않은가.

❹ 매일 밤 잠은 잘 자는가.

❺ 운동은 충분한가, 과도한 운동이라든가 운동을 하는 데 게으른 점은 없는가.

❻ 몸과 마음에 영향을 끼칠 좋지 못한 습성은 없는가. 그리고 주변 환경은 바른 생활에 도움이 되는가.

제 3 안(案)　　품성(品性)

❶ 나는 쉽사리 실망하거나 낙담하지 않는 성격의 소유자인가.

❷ 생활상의 여건에 따라 극단적으로 낙관하거나 비관하지는 않는가.

❸ 실망이나 낙담했을 때에도 일을 평상시와 같이 계속할 수 있겠는가.

❹ 맡은 일에 최선의 노력을 다 기울이고 있는가.

❺ 어제의 그르친 일 때문에 오늘의 일에 방해가 되거나 의기소침해 하는 일은 없는가.

❻ 결단을 신속하고 명확하게 내릴 수 있는가.

❼ 확신할 수 있는 해답을 구할 때까지 문제에 생각을 집중할 수 있는가.

❽ 동료나 윗사람에 대하여 얼마나 솔직하고 떳떳한가.

❾ 자신이 생각하건대 본인은 여러 가지로 생각이 깊고 신중하며 위기를 승리로 역전시킬 수 있는 지략(智略)이 있고, 편애하는 마음보다는 공동체적 질서를 지키고 주변 모두에게 똑같은 친절을 베푸는가.

❿ 다른 의견이 있을 수 있는 경우에 편파적으로 다른 사람의 의견만을 붙좇는 일은 없는가.

⓫ 나는 일에 대하여 빈틈이 없고, 또한 일하는 태도가 훌륭하다고 평가하거나 평가받고 있는가.

⓬ 장래를 위해 수입의 몇 퍼센트나 저축하고 있는가.

❸ 나의 교양과 품위 유지 차원에서 수입의 몇 퍼센트를 정해서 쓰고 있는가.

❹ 기술과 집중력·결단성·인내력·깊은 생각·믿음성 등에서 현재의 내 위치에 가장 필요한 것은 무엇인가. 그리고 나는 이러한 능력을 얼마나 지니고 있는가.

❺ 현재 진행 중인 일은 나의 일생의 사업으로서 과연 희망이 있는가.

❻ 그러한 희망이 없다면, 일생을 걸고 할 사업으로서 따로 나에게 적합한 일이 있는가.

❼ 나는 앞서의 각 물음에 대하여 왜 그러한 답변을 하였는가. 그리고 답변에 불성실하지는 않았는가.

❽ 나는 과연 내 인생의 궁극의 목적을 달성할 수 있는 인물인가.

마지막 물음에 대한 해답은 전체 해답을 종합한 결과이다.

성숙한 미래의 모습

이상의 문제에 대한 해답은 당신을 뒤돌아보는 계기가 되었을 뿐만 아니라 앞으로의 당신에 대하여 어떤 지침이 되었을 것이다. 그것은 당신의 인생 행로에 있어서의 중요 문제에 대한 당신 자신의 현재 위치를 알려 주었을 것이며 또는 앞으로의 새로운 행동지침을 주었을지도 모르겠다. 어쨌든 위와 같은 각 조목은 얼핏 보면 아무것도 아닌 성싶지만, 실은 그렇지 않은 것이다. 이러한 뜻을 잘 생각하고 여기에 대한 답변을 줄 수 있도록 자기의 생활 태도를 고치고자 노력을 시작할 때, 당신은 성공의 가장 큰 요건이 되는 긍정적이고 확신적이며 활동적인 살아 있는 인생관을 획득할 것이다.

당신은 이미 세상을 비꼬아 보거나 회의적인 두려움에 빠질 필요는 없게 된다. 당신은 이제 높고 큰 희망을 앞날에 기대할 수 있게 된다.

삼 개월마다 한 번씩 주기적으로 각 조목에 따라 다시금 해답을 주어 보라. 그리하여 삼 개월 전의 해답과 이번의 해답을 비교해 보라. 이것을 끊임없이 해마다 되풀이할 때 당신은 자신이 처한 현실의 안주보다 향상된 미래의 위치가 보다 성숙한 모습으로 한발 더 성큼 다가오는 것을 느낄 수 있을 것이다.

DALE CARNEGIE

5
새로운 인생의 건축사

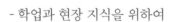

- 학업과 현장 지식을 위하여

- 하나의 목적을 찾아라

- 마음속에 그린 꿈을 이루기 위해

- 항상 새로운 인생 건축

5. 새로운 인생의 건축사

> 인생의 대가를 읽고 여기에 대한 지불을 하기 위하여 꾸준히 노력할 때, 인생 건축의 본 문제를 해결하는 기초 공사가 행해지는 것이다. 우리들은 우리들 자신의 인생 건축을 항상 새롭게 하지 않으면 안 된다.

거대한 미국의 뉴욕 시가지 맞은편 허드슨강을 사이에 두고 자리잡은 뉴저지주의 파리세드 한 모퉁이의 경치 좋다고 하는 그곳에 서서 눈 아래 수백 피트의 저쪽을 내려다보고 있노라면, 지금 한창 수백 명의 인부들이 마치 개미떼처럼 분주히 오고 가며 어깨 위에 무엇을 메고 나르고 또는 줄을 당기며 제각각 부산하게 움직이는 모습이 새까만 한 덩어리의 무리가 되어 열심히 들 일하고 있는 것이 보였다.

이렇게 높은 데서 내려다보니 모든 광경은 정녕 개미집을 들쑤셔 이를 유리상자 속에 넣고 들여다보는 것과 흡사했다.

그곳에서 바라보이는 것은 한낱 숲속의 딱정벌레처럼, 미세한 입자처럼 보이지만 실은 굉장히 큰 평저선(平底線:바닥이 평평한 배)이 발동선에 끌리어 잠함(潛函:지하수의 분출을 막고 그 속에서 일할 수 있게 만든 함) ― 이 있는 쪽으로 소리도 없이 미끄러져 간다.

이 잠함은 비록 아이들 장난감만 하게 보이긴 했지만 실은 토목건축에서 기초 공사를 하는 데 없어서는 안 될 대단히 큰 전함에 비유됐다. 평저선으로 운반하여 온 시멘트와 자갈은 이 잠함 속에서 콘크리트로 되어 허드슨강의 수면(水面) 아래, 팔십오 피트의 땅바닥에 깔려 있는 암반(岩盤) 위에 그 주추(주춧돌)를 놓는 것이었다.

옆에서 젊은 기사(技士)가 설명해 주었다.

"저 주추를 하나 놓는 데 수천 평방야드의 시멘트가 사용됩니다. 저것이 만들어지면 인간이 그동안 만들어 왔던 한 덩어리의 물체로서는 역사상 최대의 것이 됩니다. 그리고 그 주추 위에는 수면 위로 육백 피트 높이의 철탑(鐵塔)이 서게 되지요. 강 건너 저 뉴욕에도 똑같은 높이의 철탑이 설 것이며, 양편의 철탑과 철탑 사이에는 굵기가 전신주의 둘레만 한 강철 로프가 매어져서 조지 워싱턴 다리를 매어 달 것입니다. 이 강철 로프의 끝에서 끝까지의 길이는 천오백 피트이고, 앞으로 새로 샌프란시스코의 금문만(金門灣)에 만들어질 다리를 제하면 세계에서 제일 긴 다리가 될 것이며, 다음가는 다리의 길이보다도 두 배나 더 긴 다리인 셈입니다."

그후 조지 워싱턴 다리는 세계의 이목을 집중시키며 훌륭히 준공되었다. 그 외관을 먼 발치에서 바라보면, 오히려 단순하고 경쾌한 구조가 탐스러울 만큼 아름다운 인상을 주었다.

길이가 삼천오백 피트의 강철 로프를 하늘 높이 걸고 여기에 매어진 다리 위를 자동차가 달리고 수많은 사람들이 수시로 왕래하고 있다.

이 위대한 치적 뒤에는 여러 장해 — 높이와 거리에 의한 풍압(風壓), 물과 열(熱) 그리고 한랭(寒冷) 등을 극복하는 데 수많은 기술자와 무수한 노동자가 참가하였다.

그러나 어떤 의미로 보면 그 모태는 오트마 H. 암만의 위대한 머리로 만들어졌다고 해도 과언이 아니다.

학업과 현장 지식을 위하여

암만은 스위스의 샤프하우젠이라는 전통 있는 한적한 시골 마을에서 자라났다. 어렸을 때부터 그림에 소질을 살려 장래는 그림을 그리는 화가가 되겠다는 희망을 품고 있었다.

샤프하우젠의 마을은 마을 한가운데를 뚫고 라인강이 흐르고 있어 거기에 세계에서 제일 긴 나무다리가 놓여 있었다. 그 길이는 사백 피트, 폭이 십팔 피트가 되며, 이 다리를 만든 사람은 위리히 그류벤만이라고 하는 교육도 별로 받지 않은 시골 목수에 불과한 사람이었다. 다리는 순전히 나무로만 만들어진 것인데 흔히 보통 볼 수 있는 시골 조그마한 냇물 위에 놓인 나무다리를 연상하면 짐작할 수 있을 정도의 것이다. 그런데 이 다리에는 대들보가 없다. 냇물 위에 걸린 조그마한 나무다리를 어떤 마술사가 엿가락을 늘이듯 길게 뽑아서 놓은 것 같다. 이 다리를 멀리서 바라보면 쓸쓸해 보일 정도로 소박하기 그지없다. 소년 암만이 어린 손에 스케치북과 연필을 들고 사생하러 돌아다닌 풍경 가운데 이 다리도 들어 있었다. 그리고 자주 이 다리를 그리는 가운데 더욱더 이 다리의 소박한 아름다움에 매력(魅力)을 느껴 점차 건축에 흥미를 품게 되었다.

열두 살부터 열일곱 살까지의 중학생 시절에도 스케치북은 손에서 놓지 않았다. 그러나 건축가가 되어 보려는 욕망은 차츰 그의 가슴속에 싹트고 있었다. 대학교에 들어가서는 수학이 매우 재미있었다.

별로 힘들이지 않았건만 수학은 언제나 학급에서 제일이었다. 특히 정밀과학에의 흥미는 더욱 커서 대학 졸업 후 공학 연구를 위하여 스위스의 공과대학에 들어갔다. 그러나 이때는 아직 공학의 어느 부문을 전공하느냐에 대해서는 결심이 서지 않았다. 공과대학 이 학년 여름 방학 때, 그는 어떤 작은 교량회사에서 일하였다.

그것은 우연한 결과였다. 여름 방학 때의 실습은 실은 어떤 공장이고 상관없었던 것이다. 그는 교량회사의 공장에서 교량 건축이란 어떠한 것인가에 대해 얼마간의 실제 지식을 얻었다. 교량의 목재가 세워져 가는 것을 보고 자기가 직접 교각의 일부를 제작 감독해 보기도 하고 설계도 하였다.

하나의 목적을 찾아라

암만은 고향에 돌아와서 위리히 그류벤만이 만든 나무다리를 다시금 쳐다보았다.

어쩌면 교각도 세우지 않고 저리도 길게 아담하게 놓았을까? 더구나 한

낯 시골 목수의 손으로 저토록 훌륭하게 만들었다니 상상이 되지 않았다. 그는 새로운 눈으로 이 다리를 바라보며 감탄해 마지않았다.

공과대학에 힐가드라는 교수가 있었다. 그 교수는 북태평양 철도회사의 철교 건축기사로서 미국에서 많은 성공을 거두어 이름을 날리고 최근에 귀국하였는데, 학생들에게 종종 미국의 교량 건축의 실상을 들려주곤 하였다.

"미국은 젊은 나라다. 미국에서는 모든 일이 이곳 유럽보다도 훨씬 능률적으로 행하여지고 있다. 지금 한창 커 나가는 그들은 여러 가지 개척되지 않은 큰 문제들을 앞에 놓고 있다. 그렇기 때문에 그들은 열심히 연구하고 있으며 건설사업에 박차를 가하고 있다. 기계 사용도 이곳보다 훨씬 앞서고 또 기술자가 자유롭게 자기가 연구한 결과를 발휘할 수 있는 여유도 많이 있다. 유럽에서는 백발 노인이 아니면 맡기지 않을 만한 큰 사업을 젊은 친구들이 무한한 가능성으로 얼마든지 해내고 있다."

교수의 미국 예찬론은 교실 안에서나 밖에서나 그칠 줄 몰랐다. 한편으로 교수를 미국 숭배의 과대망상증이라고 비웃었다. 그렇지만 힐가드 교수는 새롭고 진실한 배움을 위하여 마음으로 그 견문을 피력하는 데 조금도 거리낌 없이 당시 미국의 대표적 다리인 브루클린 다리의 사진이라든지 그 밖에 오하이오강, 미시시피강들의 사진을 보여주며, 또한 최근 허드슨강에도 큰 다리를 놓는다는 말이 떠돌고 있다는 등의 이야기를 들려주었다.

힐가드 교수의 말은 하나하나 암만의 머리에 하나의 사상을 심게 되었다. 그는 하나의 목적을 발견했다. 미국의 이러한 큰 교량 건축 사업에 자기도 참가해 보리라는 결심을 굳게 하였다.

그러나 그는 생각뿐이었지 즉시 출발할 수가 없었다. 그는 이제 겨우 스물을 갓 넘은 학업을 마치지 못한 청년이었기 때문이다. 암만은 공과대학을 마치자 스위스의 건축회사에 들어가 설계라든지 현장 감독 일을 했으며, 독일의 건축회사에서도 초청을 받아 교량 건축의 설계와 현장 공사의 일에 종사하였다.

그렇게 암만은 차차 실제 경험을 쌓아 오래 두고 바라던 꿈, 신대륙에 건너가서 큰 교량 건축에 참여하는 데 자신이 생겼던 것이다.

1903년의 일이었다. 미국에서는 서부의 대철도사업이 시작되어 뉴욕의 이스트강에 대철교가 걸리게 되고 마침내 허드슨강에도 거창한 철교가 걸리리라는 소문이 높아지고 있었다.

마음속에 그린 꿈을 이루기 위해

"이러한 소문을 접하게 되어 나의 가슴은 흥분되었다. 나의 흥미를 가장 끈 것은 허드슨강 다리의 길이였다. 이 길이야말로 문제 중에서도 가장 큰 문제였기 때문이다."

라고 암만은 당시의 일을 기쁨에 겨운 듯 회고하였다.

당시만 해도 허드슨강에 다리를 놓는다는 것은 한낱 허황한 꿈에 지나지 않았다. 다리를 놓는 일이 실제로 착수되는 것은 언제의 일일지 알 수 없는 노릇이었다. 그러나 이 꿈을 이루어 보려는 생각에 암만은 희비가 엇갈려 어쩔 줄을 몰랐다.

그의 눈 속에는 라인강에 걸린 그 길고 긴 나무다리와 새로이 세워질 허드슨강의 철교의 모습이 뚜렷하게 보이는 듯하였다. 미국에 건너갈 때는 마침내 올 곳에 왔다고 그는 굳게 다짐하였다. 이러한 결심을 힐가드 교수에게 상의하자 교수는,

"어떠한 일을 하더라도 흔쾌히 가게! 가서 경험을 얻어야 한다. 그곳에 가거든 눈과 귀를 크게 열고 말을 아껴야 할 것이네."

라는 충언을 들려주고 몇 통의 소개장도 써 주었다.

이러한 사연을 지금까지 일하고 있던 회사에 말하자 회사에서는,

"그런 맹랑한 일로 가는 것을 그만두게. 여기에 그냥 있는 것이 훨씬 안정되고 좋을 것일세."

하고 월급을 올려 주며 만류했다. 그러나 그의 결심은 돌이킬 수가 없었다.

1904년 봄, 고향을 떠나 그는 뉴욕에 도착하였다. 뉴욕에 도착한 그는 경험이 되는 일이라면 무엇이든 해냈다. 그의 이름이 점차 미국 내에서 알려지자 유럽에서도 그를 유리한 조건으로 초빙하려는 신청도 많았지만 모두 거절하였다. 그리고 1907년에 추락 사건을 일으킨 세인트로렌스강의 퀘벡 다리에서 일어난 사고의 원인을 연구하는 데 전력을 기울였다. 그러는 동안 그가 오래 두고 마음속에 그리던 꿈이 이루어질 때가 도래했다. 뉴욕 시 항만부에서 착수한 대사업인 허드슨강의 조지 워싱턴 다리 건설의 주임기사로 뽑히게 되었던 것이다. 그리고 이 대공사를 무난히 마무리한 후, 계속해서 샌프란시스코의 금문만(金門灣)다리의 설계와 시공(施工)의 고문으로 발탁되었다.

항상 새로운 인생 건축

암만에게 이루어진 일련의 성공들은 어느 하나도 우연히 일치한 것은 없다. 그에게 나름대로 여러 가지 출세할 수 있었던 기회가 많았던 것은 사실이지만, 그러나 그것은 누구에게나 한두 번 찾아온다는 운명의 혜택일 따름이었다. 그것은 오직 곁눈을 팔 틈도 없이 자기 목적을 향하여 매진하는 사람만이 그 기회를 잡을 수 있는 것이다.

암만은 유럽에서 준비하던 시기에 일체 딴것에는 눈을 돌리지 않고, 오직 미국에 건너가서 대교량을 건설하겠다는 것만을 변함없는 목표로 삼았던 것이다. 그의 머릿속에 항상 그려져 있던 것은 오직 세계 최대의 교량이었으며, 이 대교량을 건설하기 위해 대서양을 건너갔던 것이다.

미국에 건너와서도 그는 항상 그 이상을 바라보고 일했으며, 자기의 나아갈 길을 그 큰 목적에다 겨누고 모든 경험을 이 목적을 이루기 위하여서만 얻으려고 하였던 것이다.

인생의 대가를 읽고 여기에 대한 지불을 하기 위하여 꾸준히 노력할 때, 인생 건축의 본 문제를 해결하는 기초 공사가 행하여지는 것이다.

교량의 건축 기술에 요구되는 대가라는 것은 건설 현장의 여러 조건을 빈틈없이 측정하는 능력, 그 시공에 필요한 재료와 기술을 사용하는 능력들이다.

이 일은 인생 건축에 있어서도 마찬가지다. 교량 건축가라 하여 다리를 놓는 기술과 수완만이 능란하다고 충분한 것이 아니라, 그와 동시에 인생 건축도 알아 두어야만 성공은 완전히 자기 것이 된다.

　우리들은 우리들 자신의 인생 건축을 항상 새롭게 하지 않으면 안 된다. 자신에게 주어진 일을 다른 사람이 해 줄 리도 없고 할 수도 없는 까닭이기 때문이다.

DALE CARNEGIE

6

현명한 직업 선택

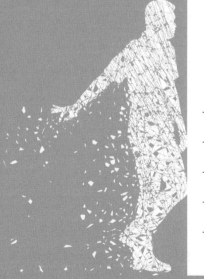

- 숨은 재능을 찾아내라

- 취미와 적성을 찾아라

- 기회를 포착하라

- 큰 기회는 자가 손안에 있다

- 지도자가 되기 위한 다섯 가지 조건

6. 현명한 직업 선택

아는 것을 곧 행(行)하라. 그리고 그동안 얻은 지식을 활용하라. 실행함으로써 더욱더 많이 알아야 될 것이 발견되는 것이다. 자기가 결심한 것에 대하여 자기의 능력을 의심하지 말라.

제너럴 전기회사에서 전기의 마술사라고 불리며 수많은 기술자를 고용하고 있는 찰스 P. 스타인메츠에게 기자들이,

"성공할 수 있는 사람과 그렇지 못한 사람을 당신은 어떻게 구분하십니까?"

라고 질문하였을 때, 그는 다음과 같이 대답하였다.

> 우리에게 있어 그저 눈앞에 닥친 월급이 오른다든가 큰 부자가 된다든가 하는 일반적인 목적을 달성하기 위한 그저 그것뿐인 수단으로 직업에 종사하는 사람을 나는 그다지 흥미로워하지 않는다. 나는 오로지 일을 위해 태어나고 일을 위하여 일하는 사람을 좋아한다. 자기 일을 즐겨서 더욱더 그 일을 크게 하려는 생각을 가진

사람은 싫다고 해도 향상된다. 일이라는 것은 거기에 종사하는 사람을 태운 발동기와 같은 것으로, 그 발동기를 더욱더 완전하고 힘 있는 것으로 만들려고 노력하는 사람은 그 발동기가 약동함에 따라 점차 더 전진할 것이고, 발동기를 소홀히 여기는 사람은 발동기와 같이 한자리에 정지할 수밖에 없을 것이다."

이 같은 스타인메츠의 말을 바꾸어 보면, '인생의 건축사로서 사람은 그 일에 온갖 정열을 쏟아붓지 않으면 안 된다'라는 뜻이 된다. 누구나 흥미 없는 일에는 열심일 수가 없다. 그렇기 때문에 사람은 자기의 적성과 취미에 알맞은 직업을 구하여야만 된다. 자기 자신의 적성과 취미에 알맞은 일이라면 누구나 흥미를 느낄 수 있기 때문이다.

숨은 재능을 찾아내라

바트 에베렛은 중학교 졸업을 눈앞에 두고 있었다. 취업 상담원이 배부한 조사표에 자기의 희망하는 직업과 여러 사항을 써냈다. 그는 희망하는 직업으로 졸업하면 판매원이 되겠다고 썼다. 그는 자기 성격이 과연 그러한 직업에 적합한지 어떤지는 전혀 알지 못했다.

그렇다고 판매원이 매우 흥미가 있어서 그런 것도 아니었다. 그러면 왜 그러한 직업을 지망하였는가 하면 단지 아버지가 목재 파는 세일즈맨으로서 성공하고 있었으며 형 또한 보험회사 설계사로 성공하여 안정을 누리고 있기 때문이었다.

그런데 학교의 담임선생은 이 조사를 보고 알 수 없는 일이라고 고개를 갸우뚱했다. 선생은 에베렛의 성품 됨됨이를 잘 알고 있었기 때문이다. 왜냐하면 에베렛은 천성이 음악적이라 할 만큼 그의 유쾌한 음악으로 학교 전체의 분위기를 자유자재로 요리하는가 하면 언제나 즐겁게 리드했으며 〈음악 밴드부〉를 조직하여 지휘하고 있었다.

그가 콧노래를 하거나 휘파람을 불면 모든 학생들이 모여들어 그 노래를 합창하고 장단을 맞추어 춤을 추었다. 그의 적성은 훌륭한 오케스트라나 밴드의 지휘자가 될 소질을 가지고 있었다. 담임선생한테서 이런 말을 전해들은 취업 상담원은 에베렛한테 조용히 타일렀다.

"학생, 학생은 왜 그 훌륭한 음악 재능을 버리고 판매원이란 취업을 택하는가? 아까운 보물이 땅 속에 묻히는 것과 매일반이 아닌가. 각 학교에서 음악 밴드의 지휘자를 구하여 달라는 신청도 많은데 우리들은 그러한 자격자가 많지 않아 애쓰고 있는 형편일세. 다시 잘 생각해 보는 것이 어떻겠는가?"

이러한 조언으로 바트는 자신을 뒤돌아보게 되고 다시금 자신의 적성과 취미를 되살려 거기에 알맞은 직업을 골라 열심히 하였다. 학업을 마친 그는 얼마 후 훌륭한 대학 밴드 지휘자가 되었다.

취미와 적성을 찾아라

클리블랜드에 위크스라는 중년의 의사가 있었다. 그는 부모님이 바라는 대로 별생각 없이 의과대학에 들어갔고 의사가 되어 있었다. 다른 사람에게는 말하지 않았지만 내심 자기 적성과는 상반되는 직업임을 항상 느끼고 있었다. 해가 갈수록 그는 더욱더 하는 일에 흥미를 잃어 왔다.

위크스의 집은 대대로 많은 재산이 있었기 때문에 의사라는 직업에 그다지 열중하지 않아도 넉넉히 먹고사는 데 지장이 없었다. 그래서 시간의 대부분을 골프나 그 밖의 운동으로 보내고 환자를 보는 것은 그저 형식적으로 시간이 있으면 하는 정도였다.

어느 날 골프 링크스의 식당에서 점심을 먹으며 친구에게 자기의 고민을 털어놓으며 의사 생활의 무의미함을 호소하였다.

"친구, 뭘 그렇게 고민하나. 그러면 의사를 그만두면 되지."

"틀렸어, 틀려. 다시 무엇을 붙들기에는 이미 나이가 너무 많은 것이 한이란 말일세."

"어허, 이 사람 좀 보게. 집에 재산이 넉넉하지 않은가. 급히 덤빌 것 없이 천천히 새 일을 찾아 고를 수가 있지 않겠는가."

"무엇을 하여야 될지 나도 모르겠단 말이야. 그러나 이대로 의사 노릇을 하고 있는 것이 인생의 낭비라는 것만은 확실하지."

"무엇이고 자네에게 적합한 것을 찾아보게. 마침 내가 잘 아는 취업 전문가가 있는데, 거기 찾아가서 한번 상의하여 보게."

위크스는 그 친구로부터 소개장을 얻어 테일러 박사를 찾아갔다. 테일러 박사는 그의 성격·습관·취미·기호·생활 등을 자세히 물어 보고 충분히 검토한 결과, 위크스는 사업가로서의 감성이 뛰어나며 만능 스포츠맨이라는 것을 알았다.

그래서 이것을 토대로 하여 적당하다고 생각되는 여러 가지 직업을 내보인 중 '스포츠 기구를 제조하는 사업은 어떻습니까'라고 물었는데, 이것이 위크스 마음을 크게 움직였다.

그는 곧 의사라는 직업을 과감히 버리고, 우선 경험을 얻기 위하여 스포츠 기구를 파는 어떤 상회의 판매원으로 얼마 동안 일하였다. 그리고 몇년 후 자신의 적성과 취미에 맞는, 미국에서 제일 가는 운동기구 제조회사의 중역으로 오늘도 즐거운 마음으로 활약하고 있다.

기회를 포착하라

셸든 벤다는 시골에 있었기 때문에 농업 전문학교를 졸업하였지만 농사 일에는 전혀 생각이 없어서 마지못해 어떤 은행의 계산원으로 취직하였다. 일이 년 후에 그는 자기가 선택한 일이 잘못되었다는 것을 깨달았다. 그래서 취업 전문가에게 상의하러 갔다. 거기서 그는 판매원이 되었으면 좋겠는데, 그러나 여기저기 뛰어다녀야 하는 일은 질색이라고 솔직히 말했다. 전문가는 벤다가 판매원이란 직업에 대하여 자기 적성을 올바로 보지 못하고 있음을 알고 두 가지 질문을 했다.

"당신은 실망하거나 곧잘 낙담하거나 하지 않습니까?"

여기에 대한 대답은 '예스'였다.

"실망도 낙담도 곧잘 하지만 이번에는 틀림없겠지, 하는 희망을 가지고 다음 일에 용기를 내어 나아갈 수는 있습니까?"

여기에 대한 답변도 '예스'였다. 벤다는 이 두 가지 질문과 거기에 대한 자기의 답변을 깊이 생각해 보고 난 뒤 결국 자기는 판매원이 될 소질이 있다는 것을 알게 되었다. 그리하여 어떤 상품회사의 판매원이 되었다. 일 년 반 후에는 그 회사의 한 지점장이 되었다. 그런데 어느 날 그는 또다시 취업 전문가를 찾아가서 금후 방침에 대해서 한 가지 문제가 생겼다고 상의하였다.

"즉 이런 것입니다. 어떤 농기구 제조회사에서 만든 일손을 덜어주는 전기 농기구의 팸플릿을 들여다보고 있다가 나도 이런 것을 직접 팔 수가 있지 않겠는가 하는 마음이 들기 시작했습니다. 어떻게 하면 좋겠습니까?"

이렇게 그는 농기구 판매원으로 옮겼다. 그것은 그가 팔고 싶은 물건이었다. 삼 년 동안에 그는 서부 지방의 모 대회사의 판매부장으로 놀랄 만한 수완을 나타내어 자기의 온갖 능력을 집중하고, 발휘할 수 있는 일을 그곳에서 발견하였던 것이다.

큰 기회는 자기 손 안에 있다

랄프 휴라는 피츠부르크 대학을 졸업하자, 어머니와 누이동생을 돌보기 위해 백화점에서 장갑 파는 일에 종사하였다.

처음에는 흥미가 있었지만 이 년쯤 계속하다 보니 점차 싫증이 났다. 한 자리에만 줄곧 있으려니 장갑에 대하여 더 이상 알 것도 없을 뿐더러 도무지 새로운 흥미란 있을 리 만무하고 그저 지루하게만 느껴졌다.

그래서 그는 어디 마땅한 곳을 찾던 중 제철회사에나 옮겨 볼까 생각했다. 이 생각을 모교(母校)의 취업 상담원에게 이야기하였더니, 그 상담원은 휴라에 대하여 자세히 검토한 결과 휴라는 결코 철강업에 알맞은 특별한 무슨 자질이나 적성이 있는 인물이 아니라는 것을 알게 되었다. 분명히 그는 그저 현재의 일에 싫증이 났을 뿐이었다.

그래서 휴라에게 몇 가지 설문조사를 해 보았다. 장갑에는 대체 몇 종류의 가죽이 사용되는가, 그러한 가죽의 생산지는 어디인가, 장갑 제조업자들은 어떻게 하여 굵은 손가락에나 가느다란 손가락에도 꼭 들어맞게 만들어 내는가라는 설문이 포함되어 있었다. 휴라는 대답을 못하였다. 그래서 그는 직업을 바꾸기 전에 좀 더 장갑에 대해 연구해 보려는 생각이 들었다.

그런 뒤에 그는 편지로 장갑 제조업자에게 물어보기도 하고, 제조공장에 실제 견학도 자주 하게 되었다. 그리고 장갑 재료가 되는 가죽의 동물의 생태 연구도 시작하였다.

어느 날, 그는 모교의 취업 상담원에게 유쾌한 보고서를 써 보냈다. 그 내용은 다음과 같다.

어떤 귀부인에게 북쪽 나라에서 잡은 암사슴의 가죽으로 만든 고급 장갑 한 켤레를 팔았다. 그런데 그 부인은 지금 당장 필요한 것이 아니어서 거절하였는데, 암사슴에 대해서 여러 가지 재미있는 이야기를 들려주었더니, 여기에 호기심이 끌리어 그 고급 장갑을 사가지고 갔다는 일의 보고였다.

이런 일이 있고부터, 휴라는 자신이 선택한 직업에서 커다란 장래성이 있음을 깨달았다. 현재 그는 미국에서 가장 손꼽히는 장갑과 여기 따르는 가죽 제품의 권위자가 되었다.

이와 같은 사례는, 자신이 하고 있는 현재 일에도 커다란 미래 보장의 열쇠가 숨겨져 있는데, 이것을 찾아내는 데 필요한 노력을 충분히 시도해 보지도 않고, 곧 싫증을 일으키는 사람이 이 세상에는 적지 않다는 것을 말하는 좋은 예가 된다.

큰 기회는 자기 손 가운데 있는 것인데도 그것을 알지 못해 놓쳐 버리는 일이 종종 있는 것이다.

지도자가 되기 위한 다섯 가지 조건

헨리 포드에게 전에 나는, '경제계에서 그래도 내로라할 만한 지도자가 되려면 어떠한 수양을 하면 좋겠는가'라고 질문한 일이 있다. 그때 포드는 다음과 같이 말하였다.

＊　　　＊　　　＊

나는 다섯 가지로 요약하여 말할 수 있겠는데 그것은 경제계의 지도자가 되려는 데만 필요한 것이 아니라 이 세상에 나서서 무엇이고 명성을 떨칠 만한 성공한 사람이 되려는 데도 마찬가지가 될 것이다.

첫째는, 매사 침착하게 대하라는 것이다.

자기 자신과 자기 주변을 언제나 깨끗하게 정리·정돈할 것. 이것을 할 수 있는 사람은 반드시 뛰어난 사람이 될 것이다. 공동체적인 질서와 정리·정돈, 그리고 침착하다는 것은 사람의 능률을 발휘하는 데 크나큰 효과를 나타낸다.

자기와 자기가 쓰고 있는 도구들을 언제나 깨끗하게 하고 있는 사람은 언제나 새롭고 좋은 일을 할 수 있다. 정신 사나울 정도로 지저분하다거나 어지럽게 하고 있다는 것은 원재료(原材料)의 낭비와 정신적·육체적인 낭비, 그 두 가지가 존재하고 있다는 것을 의미한다.

둘째는, 논문을 쓰거나 새 기계를 설계하거나 어떤 생산 방법을 개량한다거나, 무엇이고 새로운 일을 시작할 때는 먼저 그것을 지금까지 해 온 사람들의 일을 충분히 살려 연구·비교, 검토할 것이다.

경험을 위하여 나(포드)는 언젠가 어떤 일류의 기계 설계사를 써서 직물 기계의 개량을 부탁한 일이 있었다.

나는 그 기사에게 지금껏 있는 어떠한 직물기계보다 훌륭한 기계를 만들어 내도록 부탁했었다. 그런데 이 기사는 딴 기계에 대해서는 일류였지만 직물기계의 설계는 처음이어서 그 기사한테 나는 현재 세상에 있는 직물기계의 예비적 연구는 전혀 하지 말고 백지에서 당신이 출발하여 달라고 약속했었다.

그 기사는 나와 약속대로 지금껏 세상에 나와 있는 기계는 거들떠보지도 않고 완전히 백지 상태에서 커다란 노력과 막대한 경비의 후원을 받으며 일을 하였었다. 그런데 이러한 수많은 시일과 수십만 달러의 비용을 써 가지고 결국 만들어 낸 것은 여태껏 세상에서 쓰이고 있는 직물기계에 비하여 별로 우수하지도 않고 그저 평범한 것에 불과했다. 그 기사의 노력은 허사였던 것이다.

이처럼 새로운 일을 선택하려면 그 일에 대해서 선인(先人)들이 한 일을 충분히 연구하고 비교 검토해야만 된다. 먼젓번의 경험자가 끝낸 데서부터 출발해야 한다. 이렇게 하여야만 비로소 여태까지 이루어진 것보다 앞으로 나아갈 수가 있는 것이다.

셋째는, 어떤 사람들은 그 일생을 연구하는 것으로만 보내는 사람이 있다. 연구하는 것은 중요하지만 그것을 실행에 옮기는 것이 더욱 중요하다.

아는 것을 곧 행(行)하라. 그리고 그동안 얻은 지식을 활용하라. 실행함으로써 더욱더 많이 알아야 될 것이 발견되는 것이다.

넷째는, 자기가 결심한 것에 대하여 자기의 능력을 의심하거나 두려워하지 말라. 물론 사람에게는 능력의 한도라는 것이 있지만, 그 한계라는 것이 어디까지인가는 아무도 모르는 일이다. 사람은 누구나 자기가 생각하고 있는 것보다 더 큰일을 해낼 수 있게 마련이다.

다섯째는, 자식을 학교에 보내 학업을 정진시키는 것은 그 자식에게 자본을 투자해 주는 것과 마찬가지이다. 모든 자금을 자기의 지위 향상을 위하여 아끼지 말고 써라.

어렸을 적에는 자금이 있어도 아무 소용이 없다.

어린애가 해야 할 것은 돈을 모으는 것이 아니라, 그것을 사용하여 장차 쓸모 있는 사람이 되기 위한 훈련과 지식과 경험을 얻는 것이다. 옛날에는 노후의 안정을 위하여 돈을 모으라고 아이들에게 가르쳤지만, 돈을 한낱 은행에 저축한들 그 아이에게 창의력이나 지도자의 자격을 양성해 주지 않는다. 그래서 나는 아이들에게,

"너의 돈을 써라. 하루 또 하루 발전되고 향상을 얻을 수 있는 일에 돈을 써라. 유용한 일에 쓰고도 남는다는 것은 먼 훗날에 할 이야기다."

라고 말하고 싶다.

DALE CARNEGIE

7

무한한 능력과
집중력

- 하고자 하는 노력 여하에 따라서

- 자기 능력의 상종가는

- 정신적 안정을 위하여

- 정신 집중 훈련

7. 무한한 능력과 집중력

> 정신을 집중시켜서 일을 할 때면, 일종의 창조적 도취에 사로잡힌다. 그러
> 나 뚜렷한 목적이 없는 사람은 이러한 마음의 무아경(無我境)을 체험하지
> 못할 것이다.

아지론 댁, 그의 호숫가에서 피서객들이 모닥불을 둘러싸고 저마다 직업에 관한 여러 재미난 이야기를 하고 있었다. 그때 마침 뉴욕 대학의 학장 프레드릭 로빈슨 박사가 어떤 얘기 끝에, '사람의 능력은 어떤 한도 내에서 자기가 해내고자 생각한 일은 무엇이든 다 일반적으로 해낼 수가 있다'는 뜻을 말하였다.

그 자리에는 다방면의 사람들이 많이 모여 있었고 유명한 음악가도 두세 명 섞여 있었다. 박사의 의견은 곧 여러 반향(反響)을 일으켰고, 대부분의 사람들은 그렇지 못하다고 반대 의견을 내세웠다.

박사는 더욱 자세하게 그 대담한 의견의 내용을 설명하여 사람들의 의견을 구하였지만 그래도 역시 사람들은 박사의 의견에 동의할 수가 없었다.

"나는 대단히 합리적인 의견이라고 믿습니다. 그와 같은 일은 매일 우리

들의 주위에서도 종종 일어나고 있는 사실입니다."

박사는 본인의 주장을 굽히지 않았다.

"자, 여러분. 그러면 우리 박사의 의견을 시험해 보는 것이 어떻겠습니까? 부인, 박사에게 무엇이고 요청하면 해 보여 주도록 하는 것이?"
라고 어떤 사람이 박사 부인한테 말하였다.

"글쎄요. 여러분이 다 아시다시피 박사는 음악에 소양이 전혀 없으니 음악은 어떻겠습니까?"

박사 부인은 이렇게 대답하였다.

"재미있는 말씀입니다. 그러면 박사한테 무슨 음악을 보여 달라고 해서 박사의 의견을 증명키로 합시다."

회의론자인 한 사람이 이렇게 말하였다.

어떤 음악을 선택하느냐 하는 것은 그 자리에 있던 음악가에게 일임하였다. 음악가들은 서로 의견을 교환한 후 바이올린보다는 귀와 팔의 훈련이 필요한 첼로가 좋을 것이라고 말했다.

"좋습니다. 그 청(請)을 받아들이겠습니다."

박사는 곧 흔쾌히 대답하였다.

"하지만 그것은 물론 어느 정도의 시간 여유를 주시지 않으면 안 됩니다. 생리적으로 결함이 있을 때에는 아무리 시간이 있어도 할 수 없지만 그렇지 않는 한, 어느 정도의 시간만 있으면 반드시 첼로 같은 것도 켜게 될 수 있답니다. 나의 '첼로 연주회'에 여러분을 초대할 때까지, 여러분은 얼마 동안의 시간 여유를 주시렵니까?"

"육 개월!"

음악가의 한 사람이 자기의 경험을 참작하여 말했다.

"나는 또 일 개월이라고 하실까 봐 가슴을 조이던 판이었는데……." 하며, 박사는 웃으면서 말했다.

"보통 같으면 일 개월만 있어도 충분하겠지만 나는 지금 매우 분주하고, 뉴욕에 돌아가지 않으면 첼로를 손에 넣을 수도 없으니 넉넉히 잡아서 나에게 이 개월의 여유를 주시면 고맙겠소."

그로부터 두 달 후, 로빈슨 박사는 '첼로 연주회'를 열었다. 연주회에는 아지론 댁 그의 호반(湖畔)에서 모닥불을 둘러싸고 있던 그날 밤의 손님들과 그외에 음악을 좋아하는 사람들까지 합해서 오륙십 명의 청중이 모였다.

박사의 첼로 솜씨는 훌륭했다. 그 곡목(曲目)은 세계적 명곡이 선택되었다.

음악가들의 비평은 이러한 명곡의 연주가 어렵지 않을 정도로 성장했다는 데 경의를 표했다. '사람의 능력은 어떤 한도 내에서 자기가 해내고자 생각한 일은 무엇이든 다 해낼 수 있다'는 박사의 의견이 몸소 입증되는 순간이었다.

하고자 하는 노력 여하에 따라서

이 연주회에 참석하여, 두 달 만에 박사가 첼로를 능숙하게 켜는 솜씨를 직접 보고, 놀라지 않을 수 없었다.

그래서 나는 박사는 아마 무속 속성법의 비술(秘術)을 사용했나 보다고 생각하였는데 사실은 그렇지가 않았다. 사실을 물어본즉, 박사는 바이올린을 잘 켜는 친구한테서 손놀림이라든가 손가락의 움직임 등 초보부터 배우고, 자신이 독습서를 사용하기도 하고 때때로 그 친구가 고쳐 주는 수고밖에 아무런 비법이 없었다고 하였다.

그리고 로빈슨 박사는 다음과 같이 설명하는 것이었다.

"이러한 종류의 성공에는 그리 어려운 이치라는 것은 없습니다. 나는 그저 꼭 이것을 하여야만 되겠다는 굳은 결심을 세우고 그 결심에 따라서 열심히 연습하는 것이었습니다. 거기에 또 한 가지, 나는 여태까지 될수록 그렇게 하기 위하여 노력하여 온 덕택에 당연한 자기의 목적에 정신을 집중시킬 수가 있었습니다. 그저 이것뿐입니다."

이러한 일이 있은 후, 일 년쯤 지나서 나는 브루클린 미술관(美術館)의 브루클린 동판화 클럽의 전람회(展覽會)에서 로빈슨 박사의 작품이 두 점 출품되어 있는 것을 보고 또 한 번 놀랐다.

아주 엄선된 동판화 전문가의 작품들과 나란히 있어도 조금도 손색이 없는 훌륭한 걸작이었다.

그 길로 나는 로빈슨 박사를 찾아 물어 보았다. 박사는 웃으면서,

"이것 역시 무슨 마술인 줄로 아는가요?"

하며 아무것도 아니라고 전제하면서, 어느 날 동판화 전문가의 아틀리에를 방문하였을 때 장난삼아 전문가가 내주는 동판(銅版)에 철필로 그림을 그려 보면서 흥미를 느끼기 시작했고, 여름 휴가를 이용하여 아지론 대 그외 피서지에 도구를 가지고 가서 동판화 연습을 하고, 가을이 되어 뉴욕에 돌아와서는 여가를 이용하여 열심히 습작(習作)을 해 보았단다. 그 작품 중에서 시

험삼아 브루클린 전람회(展覽會)의 심사회에 내 보았더니 뜻밖에도 두 점이나 입선되었다는 것이다.

"이것도 역시 사람은 자기가 하려고만 결심한다면 무엇이고 할 수 있다는 당신의 의견이 증명된 셈입니다."

라고 말하니,

"그렇소. 어떤 한도 내에 있어서, 건강한 육체와 정상적인 감각 기관을 가지고 있는 사람이라면 목적에 대한 그 일반적인 지능과 노력 여하로 어떠한 방향에라도 숙련될 수가 있는 법이랍니다."

박사의 대답이었다.

자기 능력의 상종가는

로빈슨 박사의 말 가운데에는 말할 것도 없이 두 가지의 조건이 놓여 있다.

첫째는, 신체적인 결함이 있으면 안 된다는 것인데, 말하자면 색맹(色盲)은 화가가 될 수 없는 노릇이고, 절름발이는 무용가가 될 수 없는 노릇이다.

둘째는, 그 사람의 일반적인 지능과 집중력(노력) 여하에 따라서 성공과 그렇지 못하게 됨이 결정된다는 것이다.

바꾸어 말하자면, 정상적인 육체와 지능을 가진 다수의 우리들은 '할 수 없다'는 것이 아니라, 그저 대부분의 우리들은 내재(內在)하고 있는 능력을 실제로 응용하는 훈련이 없다는 것뿐이다.

이 훈련이 없기 때문에 자기의 능력이 미칠 수 있는 최고 한도까지 가까이 갈 수가 없다는 것이다. 때때로 우리들 자신은, 자기의 에너지를 유감없이 집중시켜서 만족스럽게 일을 해냈다고 생각할 때가 있다.

그리고서는 '이렇게 멋들어지게 장단이 앞뒤가 맞아서 빠르게 해치우는 일이란 유쾌하다. 그런데 언제나 이런 기분으로 일이 안 되는 것은 어째서일까?' 하고 생각하게 된다.

딴 생각 없이 정신을 집중시키고 자기의 모든 기능을 발휘하여, 일이 순조롭게 될 것 같으면 그 일이란 일종의 즐거움이 된다.

이와 같이 정신을 집중시켜서 일을 할 때면, 일종의 창조적 도취라고도 할 자기를 잃은 심경에 사로잡힌다. 그러나 자기의 온 힘을 다하여 이루어 보겠다는 뚜렷한 목적을 가지지 않는 사람은 결코 이러한 마음의 무아경(無我境)을 경험하지 못할 것이다.

당신의 목적은 스포츠나 어떤 직업에서 타인보다 뛰어난 사람이 되려는 것인지도 모른다. 또는 많은 아이들에게 충분한 교육을 주려고 노력하는 사람도 있을 것이다.

그리고 또 과학(科學)의 흥미에 끌려서 학문을 열심히 하는 사람도 있을 것이다. 예컨대 어떠한 목적이든 목적을 언제나 눈앞에 똑바로 앉혀 놓고 있는 사람은 자연스럽게 그 에너지를 최대한으로 발휘할 수 있도록 인도되는 것이다.

정신적 안정을 위하여

천문학자로서 또한 심리학자로서 그리고 발명가로서 명성을 떨치고 뉴잉글랜드 주지사까지도 역임한 훌륭한 사람이 있다. 그는 자기의 목적을 확고히 하기 위하여 독특한 방법을 사용하고 있었는데 그 사실을 나에게 들려주었다.

그의 집 정원 풀밭 한모퉁이에 둥근 지붕을 한 콘크리트 창고가 있었다.

그는 때때로 이 창고에 들어가서 문을 꼭 잠그고서는 잠깐 죽었다고 마음먹어 본다는 것이다. 그리고,

'나는 이제는 죽었다. 내가 해야 할 일 중에 아직도 하다 남은 것, 못한 것은 없었던가?'

라고 생각해 본다는 것이다.

창고에서 나올 때까지 충분히 반성하고 생각해 본다. 그리고 완전히 정신적 안정을 되찾고, 인생의 목적이 마음속 깊이 들어 앉았다는 것을 스스로 느꼈을 때 비로소 창고에서 나와 새로운 기력을 가지고 일에 열중한다는 것이다.

관리 기술자로서 이름이 높은 릴리언 모러우 길버스 여사(女史)는 그의 공장 사무실에 자기가 존중하는 서적들이나 또는 위대한 사업을 이룩한 사람들의 초상들을 걸어 놓고 장식하여 이러한 것들을 볼 때마다 훌륭한 일들을 수행한 사람들이 그 일에 전력을 다한 것처럼, 자기도 자신의 일에 열성을

다하지 않으면 훌륭한 일을 해낼 수 없을 것이라고 항상 반성하곤 하였다.

정신 집중 훈련

정신 집중을 훈련하는 방법은 일상생활에서도 얼마든지 구할 수가 있다. 그중 책을 읽고 나서 내용을 기억하는 것도 한 가지 방법이며, 그 전날에 어린아이들이 엄마아빠 하면서 이야기한 것들을 생각해 내는 것도 방법의 하나요, 또는 연설 강연 등을 듣고서 그 요점을 잡아 가지고 이것을 자기의 연설로 되풀이하여 보는 것도 집중 훈련에 도움이 될 것이다.

그리고 매일매일의 신문 기사 중에서 적당한 뉴스를 골라서 그 사건의 성질·사회적 관계·앞으로의 결과 등을 잘 생각해 보는 것도 두뇌 집중 훈련에 효과를 높일 수 있을 것이다.

한때 뉴욕 시장이던 조지 게이나가 친구들에게 써 보냈던 편지들은 매우 흥미가 있고 여러 가지 좋은 말들이 많아서 때때로 지상(誌上)에 발표되고 소개되기도 하였다.

그중의 하나로 다음과 같은 내용이 있다.

    66 지금이야말로 나는 정신을 집중시킨다는 큰 욕망을 이룰 수 있게 되어서 대단히 기뻐하고 있다. 일체의 잡념을 버리고 자기가 이루어야 할 목적에 온갖 정신을 집중시키는 것이야말로 내가 마음

먹은 대로 된다는 기쁨이다. 거대한 기관차가 시청 청사를 가로질러 돌진한다손 치더라도 나의 사무실이 파괴되지 않는 한 조금도 나는 그것에 방해받지는 않을 것이다."

〈뉴욕 이브닝 선〉지(紙)의 편집국에서는 이 편지를 일면의 제일 처음 단에다가 크게 게재하고 덧붙여서 말하기를,

"우리들은 조지 게이나의 성공을 축복하는 바이다. 그가 성공에 도달한 것은, 우연의 일치가 아니라 장래성 있는 신문기자 신입에게 있어서는 반드시 가져야 할 첫 번째 요건인 것이다. 그가 만약 희망한다면 우리들은 기꺼이 우리 신문사의 기자로서 맞아들일 것이다."

항상 정치적으로 반대되는 논평을 내걸던 신문사의 조크가 매우 흥미롭다.

DALE CARNEGIE

8
나의 인생 계획서

- 내가 할 수 있는 제일 좋은 일

- 경험에서 얻은 인생의 대가

- 인생이라는 건축설계

- 당신의 필요충분 조건은

- 당신의 계획안을 작성하라

- 나의 인생 계획서

- 말보다 실천 — 행(行)하라

- 이상(理想)을 높여라

DALE CARNEGIE

8. 나의 인생 계획서

> 곧바로 실행하라. 그리고 확고한 결심을 가져라. 지금 곧 인생 계획서를 만들어라. 실천함으로써 배워라. 무엇이 부족하다고 하여 당신의 노력을 헛되이 낭비하지 말라.

　독자 여러분, 당신은 여기까지 이 책을 탐독하는 동안 자기의 능력 가치를 스스로 평가(評價)해 왔다. 이번에는 그 능력을 살려서 이루어야 할 당신의 인생의 대목적을 어떻게 설정(設定)하여야 하는가이다.

　당신은 바야흐로 인생의 나아갈 길을 새롭게 그리려 하고 있다. 거기에는 여러 가지 생각해야 할 문제가 있으며, 또 하여야 할 여러 가지 일이 있다. 당신의 인생을 건축하는 자는 누구인가?

　당신이 살고자 하는 인생에 대해서 당신은 책임을 질 용의가 있는가? 당신에게 그 용의가 있건 없건 결국에 가서 당신의 인생을 책임질 사람은 당신 자신밖에 없다.

　당신이 이 진리를 깨닫는 것이 하루라도 빠르면 빠를수록, 당신은 빨리 성공의 진로(進路)에 가까이 갈 수가 있는 것이다.

당신의 능력에 대한 끊임없는 반성이라는 토대 위에 당신 자신의 지망(志望)을 둔다면, 당신이 건설하고자 하는 인생의 달성은 당신 능력의 범위에 있게 된다.

그렇지만 여기서 깊이 생각하여야 할 것은 당신의 희망과 일하는 노력과 굳은 의지가 혼연일체가 되어야 한다는 것이다.

어떤 특정한 인생을 건설하려고 희망하면서, 그 희망과 어긋나기도 하고 희망하는 바와는 다른 일에 종사하는 사람들이 많다.

이러한 사람들은 인생의 대가를 읽을 줄 모르고 자기의 인생 행로에 대한 지도도 가지고 있지 않으며 진로(進路)를 정하는 계획조차 가지고 있지 않은 경우가 허다하다. 참으로 인생 건축의 기술을 알고 있는 사람은 결코 그렇지 않다.

내가 할 수 있는 제일 좋은 일

앞서 제5장 '새로운 인생의 건축사' 편에서 오트마 암만은 조지 워싱턴 대철교를 건설하는 데 앞서서 이 다리를 필요로 하여 이용하는 사람과 각종 차량의 교통량을 미리 세밀하게 조사하였다고 한다. 이와 마찬가지로 당신은 당신의 인생이 사회의 어떠한 요구와 필요에 대답하고 응하려는가를 미리 알아야 한다.

"사회는 나에게 무엇을 요구하는 것일까?"

라고 당신 자신에게 한번 자문해 보라.

　나는 모른다. 당신 자신이 나보다도 더 잘 알 것이 아닌가, 그런데 사회는 당신에게 당신이 할 수 있는 제일 좋은 일을 요구하고 있는 것만은 틀림없다.

　"내가 할 수 있는 제일 좋은 일이란 무엇일까?"
라고 또다시 당신은 자문해 본다.

　"그것은 당신이 제일 잘할 수 있는 일이다."

　"내가 제일 잘할 수 있다는 일이란 무엇일까?"

　이 물음에 대해서도 나는 모른다고 대답할 수밖에 없다. 그러나 당신이 당신 자신이 제일 잘할 수 있는 일을 찾는 방법을 물어 본다면 조언을 해줄 수 있다.

　제6장의 '현명한 직업 선택' 편을 다시 한 번 잘 읽어 본다면, 당신에게 적합한 직업을 발견할 수 있는 눈을 어디에 두어야 할지를 알 수 있을 것이다. 당신이 천성적으로 타고난 경향·흥미·성능 등에 비추어서 직업을 선택하는 시각(視角)이 정해지는 것이다.

　"그렇지만 이렇게 복잡다단한 시대에 자기가 바라는 것과 같은 일을 얻는다는 것은 매우 어려운 일이 아니겠는가?"
라고 당신은 말할 것이다.

　그것은 사실이다. 그러나 그렇다고 해서 낙담할 것은 아니다. 현대와 같이 살기 힘든 사회에서는 자기 뜻에 알맞은 일을 구한다는 것이 하늘에서 별따기보다 더 힘든 노릇이 되어 있다. 대부분의 사람은 불만을 품으면서도 할 도리가 없으니 그냥 그대로 현재의 일에 붙어 있는 것이다. 그러나 일이라는 것은 물질과는 다르다. 당신이 그 일을 어떻게 하는가, 이렇게 일을 함으로써 자신에게 도움이 되는 어떠한 것을 얻을 수 있는가, 일의 가치(價値)는 바로 이것으로 결정되는 것이다.

경험에서 얻은 인생의 대가

광고업자로서 크게 성공한 셀시 보스트위크는 대학을 마치고 처음에는 교육계에 발을 들여놓았다. 성실히 일한 보람으로 존스홉킨스 대학의 심리학 강사(講師)가 되었으며, 다음에는 직업을 바꾸어서 아동 교육과 영양에 관한 것을 연구하는 연구소 주임이 되고, 세 번째에는 또 전혀 다른 방향의 직업인 진공 청소기의 세일즈맨으로 전환하였다.

그러나 그가 거쳤던 다양한 직업들은 각각 다음에서 다음으로 가는 다리 역할을 하였다. 그리고 새로운 직업으로 옮길 때마다 그의 실력은 더욱 더 힘 있게 나타났다. 다시 네 번째로 직업을 전환하자, 비로소 여기에서 자기가 가장 적합한 일을 찾아내어, 그의 실력을 최대한으로 발휘하게 되었던 것이다.

그는 지금 큰 광고회사의 중역으로 지도적 역활을 다하고 있다. 그는 커다란 광고 경쟁에 있어서는 심리학 방면으로 작전을 지휘한다. 물론 광고 문안을 작성하거나 편집 디자인하는 일도 그는 잘 알고 있었다. 그러나 그까짓 것은 아무래도 좋은 일이고, 회사가 진실로 그를 가치(價値) 있게 보는 점, 그로 하여금 이 회사의 중역으로 모시게 한 점은 그가 제일, 제이, 제삼의 직업에서 얻은 귀중한 경험이 바로 시금석이 되었다.

당신이 하고 있는 일은, 모두 최후에 획득하게 되는 일에 대한 훈련도장인 셈이다. 획득한 일을 완전하게 수행하여 나가기만 하면 최후의 성공은 의심할 바 없게 된다.

그것은 물레방아를 연상시킨다. 물수레에 비유(比喩)하여, 맨 처음의 일은 물수레의 맨 꼭대기에 위치한다. 두 번째의 일은 그 바로 아래 단(段), 세 번째의 일은 다시 그 아래의 단, 그리고 지금하고 있는 일은 제일 하단(下段)인 셈이다.

그런데 물이 제일 세게 부딪치는 곳이 그 수레의 최하단이며, 여기에 물수레를 돌리는 제일 큰 힘이 발생하는 것이다.

이러한 물수레의 각각의 단계는, 당신이 지금부터 종사하려는 몇 가지의 일에 해당된다. 당신은 처음부터 첫 번째의 일을 얻지 못했을는지도 모른다. 아니, 첫 번째의 일이라는 것이 어떠한 것인지도 아는 바가 전혀 없을는지도 모른다. 따라서 여기에 종사할 준비도 전혀 없었을 것이다.

그러나 당신은 인생의 건축사로서, 현재 최소의 일에 종사하면서 제삼, 제사로 점차 전개되는 일을 앞날에 그리며, 이 계단(階段)을 하나씩 밟아 올라가는 데 필요한 대가를 읽을 수가 있게 되었다.

처음 단계에서는 두 번째 단계에의 준비가 행하여질 것이며, 두 번째에서는 세 번째의, 그리고 세 번째에서는 다시 네 번째의 준비가 행하여지는 것이다.

이것을 다음과 같이 생각해 보자.

❶ 첫 번째의 일은 자기가 희망하는 두 번째의 일을 얻는 데 있어서 어떠한 함축적인 의의(意義)가 있는가.

❷ 매일 하고 있는 일의 성격으로 보아 자기는 첫 번째의 일에 대해서 얼마만한 자격과 이익을 얻었다고 보는가.

❸ 첫 번째의 일은 금후 자기의 실력을 발전시킬 수 있는 일의 방향·분야·장소에 관하여, 무엇을 자기에게 가르쳐 주었다고 생각하는가.

❹ 첫 번째의 일은 다음의 새로운 일을 할 때에 도움이 될 어떠한 것을 가르쳤는가, 그리고 다음의 새로운 일과 연결을 지으며, 그 일을 나에게 줄 사람과 접촉할 수 있는 길에 대해서 무엇을 알려 주고 있었는가.

다음 단계에의 발전과 비약은 결코 충분한 준비 없이는 이루어질 수가 없다. 경험의 가치(價値)는 이전 단계의 충실함으로 빛이 나게 마련이다.

이러한 노력의 충실이 바로 인생의 대가를 말하여 주는 것이다.

인생이라는 건축설계

인생이라는 집(殿堂)을 건축하는 데에는 네 가지의 커다란 주춧돌이 필요하다. 그 네 가지의 주춧돌은 다음과 같은 것이다.

1 깨어 있는 정신, 성장하는 머리(항상 지식을 갈구하라)

고인 물웅덩이는 썩기 마련이며 항상 새로운 물을 흘러 주어 정체되었던 물을 갈아 주어야만 살아 있는 물이 된다. 그와 마찬가지로 머리의 성장을 멈추면 안된다. 보다 나은 일을 얻고자 하면 능력과 숙련(熟練)을 진일보시키지 않으면 안된다. 당신이 바라는 자리가 비었을 때, 어느 때나 그곳에 가서 앉을 용의가 되어 있는가, 당신을 감독 지휘하는 상사의 노고를 당신이 덜어 주도록 힘을 쓰면 쓸수록, 그 상사가 다른 곳으로 영전되어 갈 때 당신은 그 후임으로 승격하게 될 가능성이 있게 된다. 위로부터 지시받을 필요가 없어지면 없어질수록, 당신은 그 회사에 있어서 중요한 인물이 되는 것이다.

2 항상 부드럽고 세련(洗練)된 입(꼭 필요한 말만 하라)

칼에 찔려 생긴 생채기와 독설(毒舌)에 쏘인 상처 중 어떤 것이 더 낫기 어려운가? 칼에 찔린 생채기는 몇 주일이 지나면 나을 수도 있겠지만 독설로 받은 상처는 일생을 두고 아물지 않을 수도 있다. 우리들은 때때로 사랑하는 자에게도 불쑥 그러한 독설을 내뱉어 그가 하루종일 슬픔에 싸이게 하는 일이 있다. 우리들은 이러한 것에 대해서 반드시 후에 대가를 치르게 된다. 마음속에 품고 있지는 않았어도 조심성 없는 한마디로 가슴 아파 고민하는 사람을 보고, 우리들의 마음은 결코 평온하지 못할 것이다. 함부로 독설을 퍼붓고 성을 잘 내는 사람, 고집 부리며 투덜대는 사람은 결코 좋은 협력자나 친구를 얻을 수가 없다. 실없는 농담이나 핏기 어린 독설을 삼가고 항상 부드럽고 상냥한 말을 골라 쓰는 습관을 길러야 한다.

③ 함께 역동(力動)하는 심장 (칭찬을 아끼지 말고 상대방을 이해하라)

자기 혼자서만 고동치는 심장은 똑같이 혼자서만 고동치는 심장과 접촉하지 않으면 안 된다. 저만 잘난 척 이기주의에 휩싸이게 되면 그곳에는 항상 충돌이 생긴다. '저 자는 혼자만 지껄이고, 이쪽 말은 못하게 하니 저 자와는 같이 상종(相從)하기 싫다' 이렇게 되고 만다. 타인을 꾸짖는 것보다는 칭찬함이 많으면 많을수록 당신은 좋은 것을 더 많이 받게 될 것이다.

④ 힘 있는 손(남에게 도움을 주는 손)

빼앗으려고 내미는 손과 주려고 내미는 손이 있다면 어느 쪽이 더 커다란 행복을 가져올까? 타인에게 행복을 주었을 때에 당신의 행복도 크게 된다. 주면 줄수록, 당신이 줄 수 있는 것이 많아진다. 인생에서 뺏으려고 생각하는 것보다 보태어 주는 것에 마음을 써라. 당신의 인생은 더욱 만족한 것으로 가득하여질 것이다.

이상의 네 가지는 자기의 인생 구조에 있어서 훌륭한 전당으로 건축하기 위해선 뺄 수 없는 절대의 필요성이 될 수 있다.

당신의 필요충분 조건은

인생의 건축사로서 당신은 목표를 가지지 않으면 안 된다. 당신의 직업

은 한 가지의 목적물이다. 대사상가(大思想家) 알플레 아토라는 일찍이,

"자기의 일에 행복을 찾지 못하면 행복이라는 것을 끝내 이해하지 못하고 말 것이다."

라고 말했다.

첫째, 자기와 자기의 부양가족이 살아 나가는 데 필요한 것을 충족시킬 수 있는 수입이 있어야 한다.

둘째, 필요충분한 만큼의 수입이 보장된 후, 다시 옆 사람을 위하여 쓸 수 있을 정도로 여유 있는 수입을 얻을 수 있는 직업을 가진다면, 당신은 그만큼 당신의 인생 건축가로서 훌륭히 성공한 것이 된다.

지나가는 사람들한테 제각각의 이상(理想)을 물어본다면 여러 가지 재미난 답변을 얻을 수 있을 것이다. 어떤 사람은 이상 같은 것은 별로 없다고 대답할지도 모른다. 그러나 누가 말하든 그것은 거짓말이다. 사람은 모두 인생의 목적, 그곳에 도달하려는 목표를 가지고 있다. 이것이 이상이다.

설혹 당신은 의식적인 목적이 없고, 닥치는 대로 살아간다는 식으로 말한다면, 목표를 두지 않는다는 그 자체가 당신의 이상인 것이다.

즉, 그것은 가장 좋지 못한 의미로서의 무방침주의인 것이다. 내 손과 발을 묶고서 통 속에 들어앉아 강물에 떠밀리는 형상이라면 구제할 수 없는 실패의 구렁으로 떨어지고 마는 것은 너무나 자명하다.

자기 인생의 목표를 한 번도 똑똑히 세워보지 못하고 인생을 끝마치는 사람도 적지 않다. 당신이 바랄 수 있는 일 가운데에서 가장 보람 있고 훌륭하다고 생각하는 일은 무엇인가?

이 세상에 존재하는 모든 일들이 다 똑같은 수입과 똑같은 사회적 지위

를 주는 것이라고 한다면, 당신은 당신 일로 어떠한 것을 택할 것인가? 그 일이 당신의 경제적 조건만 충족시켜 준다면, 그 일이야말로 당신이 최선을 발휘할 수 있는 보람된 일이 아니겠는가.

당신의 계획안을 작성하라

프랭크 길버트는 미국이 자랑하는 건축설계 감독자 두 사람 가운데의 한 사람이다. 젊었을 때부터 건축계(建築界)에 이미 솜씨가 유명하였는데, 어느 날 보스턴으로 가는 기차간에서 신발업계의 제왕 윌리엄 마크윈과 같이 자리하게 되었다.

"당신의 그 감독 방식은 대단히 흥미 있는 일인데, 계획안이 있으면 한 장만 얻고 싶소."

라고 마크윈이 말했다.

"저는 감독 방식을 문서(文書)로 만들어본 일이 없습니다. 아주 간단하니까요. 그리고 저는 언제나 더 나은 방식을 채택하고 있으니까 더 좋은 방식이 발견되면 서슴지 않고 그것을 채용합니다. 이것이 저의 방침이지요."

라고 길버트가 대답하였다.

"프랭크 씨, 그것은 좋지 못한 습관입니다. 문서로 하지 않으면 정말 좋은 방식을 택한다 할 수는 없소. 당신도 보통 사람과 마찬가지로 어떤 때는 잘 되고 어떤 때는 잘 안될 때가 있을 것이오. 여러 경우에 있어서 자기가 하고 있는 일이 잘한 것인지 몰라 헤맬 경우가 있을 것이요. 기록해 두는 습관을 갖는 것이 좋습니다."

길버트는 보스턴에 돌아오자, 곧 자기의 모든 감독법을 문서로 만들고, 자기를 위시하여 기사들, 또는 현장 감독들에서 직공들에 이르기까지, 한눈에 전 방식이 들여다보이고 결점이 있으면 이것을 곧 알아내어 고칠 수 있도록 만들어 놓았다. 이리하여 그 방식은 점차로 새로워지고 수정되어서 드디어 건축계의 보전(寶典)이라고 불리는 〈건설 현장 감독법〉이 되었던 것이다.

당신은 현재 하고 있는 일, 또는 장차 종사하고자 하는 일에 관해서 당신의 계획안을 메모해 두는 습관을 길러라. 메모해 둔 계획안은 평상시에나 그렇지 못할 때에나 어느 때에나 당신의 행동을 올바로 규율(規律) 짓는다. 여기서 제4장 '행로의 지표(指標)' 편을 다시 한 번 보아 주길 바란다.

거기서 프랭크 보이드가 어떻게 자기의 방침을 견지(堅持)하고, 모든 곤란을 이겨 나갈 때 그 태도가 얼마나 의연한 것이었던가를 상기하여 주기 바란다.

나의 인생 계획서

'나의 인생 계획서'를 종이에 똑똑히 써낼 수 있을 때까지, 당신은 플랜을 가지고 있지 않은 것이나 매한가지이다. 종이에 쓴 계획서에 의하여 자기의 약점을 확실히 깨닫고 이것을 고치도록 노력하지 않으면, 약점은 언제까지나 고쳐지지 않을 것이다. 내 자신이 세운 인생 계획서를 바라보면서 반성을 거듭함에 따라, 이후의 나아갈 길을 올바로 규정지을 수가 있을 것이다.

장차 당신이 바라는 것은 무엇인가?

가장 절실히 바라는 일은 무엇인가? 이것을 메모해 두자.

당신이 가장 잘할 수 있는 일은 어떠한 것인가? 또는 그와 반대로 잘할 수 없는 일은 어떤 것일까?

또 바라던 것이 이루어졌을 때에는 어떠한 일을 할 수 있으리라 생각되는가?

이러한 것도 메모해 놓으면 좋다. 만약에 그 장래의 야심(野心)이 그려 주는 일의 내용에 대해서 잘 모르는 점이 있으면, 그 일을 하고 있는 선배(先輩)에게 물어보라. 그리고 그것도 메모해 두라. 메모한 사항(事項)들을 잘 참고로 하여 자기의 현재 위치(位置)를 똑똑히 알고, 목표까지 얼마만 한 거리가 있는가를 확인한다. 그리고 이 거리를 줄이기 위하여 할 수 있는 일들을 생각해 본다.

장래의 일에 관해서 자기에게 부족한 지식을 얻기 위하여서는 어떠한 책들을 읽어야 하겠는가? 또한 실제의 지식을 얻기 위하여서는 어떤 사람과 접촉하면 좋을까? 이상(理想)의 일을 획득할 때까지의 준비 기간을 측정(測定)한다.

연중(年中) 때때로 이렇게 쓴 계획서를 눈여겨보아 자기의 행동거지를 바르게 하고, 일년의 마지막에는 이것을 총결산하여 얼마만큼 자기가 진전하였는가를 평가해 본다.

일단 목표를 정하고 나면, 그것을 확보한다. 가령 당신이 법률가가 되려고 한다면 당신은 법률 공부하는 것을 감출 필요가 없다. 그러나 당신이 대법원의 판사가 되려는 대망(大望)을 품었다면, 여기를 향해서 전력을 다하고 반드시 이 목적을 이룰 것이라고 믿어야 하지만, 이 야심을 으스대면 사람들은 당신을 비웃을 것이다. 당신의 지망(志望)이 어디 있는가를 말하지 않아도 알아주게 되어 있다.

자기의 지망은 자기에게만 무게 있는 뜻이니, 자기 가슴에 소중히 간직해 둘수록 좋은 것이다.

말보다 실천 — 행(行)하라

곧바로 실행하라. 그리고 확고한 결심을 가져라. 지금 곧 인생 계획서를 만들어라. 실천함으로써 배워라. 이것도 없고, 저것도 없고, 무엇이 부족하다고 하여 당신의 노력을 헛되이 낭비하지 말라.

이상(理想)을 높여라

노트를 항상 곁에 두고 그날그날 얻은 지식을 기록하도록 하라. 노트처럼 당신의 발자취를 가장 명료하게 가르쳐 주는 것은 없다.

대부분의 사람은 자기가 아직도 경험이 부족하고 인생 실전을 배우는 도중에 있다는 것을 남에게 보이는 것을 감추려고 한다.

진일보한 발전을 원하는 자는 사람들에게 묻는 것을 꺼리지 않는다. 한 번 사람에게서 들은 것은, 그것을 그냥 두지 말고 노트에다 적어서 깊이 머리에 새겨 두도록 한다. 이것은 당신이 이미 얻은 목표와 더불어 하나의 또 다른 목표를 당신에게 보여줄 것이다. 그리고 이것은 인식되어서 당신의 목표를 한층 더 향상시킬 것이다.

DALE CARNEGIE

9

친절과 정직한
가격을 밑천으로

- 나만이 가진 무형(無形)의 상품

- 사람을 편하고 즐겁게 하라

- 손님과 함께하는 경진대회

- 동심(童心)으로 돌아가다

- 정직이라는 가격과 친절서비스

- 초지일관의 자세로

9. 친절과 정직한 가격을 밑천으로

> 우리들은 사람을 두려워하지 않는다. 우리들은 태어나면서부터 사람들과
> 사귀는 것을 좋아하는 성질이 있다. 우리들은 사람들에게 호의를 나타내는
> 것을 아끼지 않았으며 어떠한 경우에도 실망하거나 낙담해 본 일이 없다.

"록키산맥의 동쪽에서 제일 유쾌하고 다정한 사람은 G. A. 가바이다."
라고 보프 헐버트는 나에게 말하였다.

"가바는 친절과 인화(仁和)라는 덕성을 중심으로 하여 전 생애를 쌓아 올
리고 성공한 사람이다. 친절과 인화의 덕성을 기름에 따라, 기타의 여러 가
지 덕성도 자연히 길러졌다. 참으로 훌륭한 인물이다. 한번 만나 보면 결코
나의 말이 과장이 아니라는 것을 알게 될 것이다."

나는 곧 오하이오주의 북부에 있는, 인구가 겨우 천삼백십오 명밖에 안
되는 스트라스백이라는 작은 마을로 달려갔다. 스트라스백은 〈가바 형제 백
화점〉이 있는 곳이다. 이 조그마한 시골 동네에서, 이 백화점은 오랜 세월
에 걸쳐 매년 오십만 달러가량의 매상고를 올리는 큰 장사를 하고 있었다.

나는 스트라스백에서 십칠 마일가량 떨어진 조그마한 정거장에서 내려

정거장의 택시 운전사에게 〈가바 형제 백화점〉에 가려는 데 아느냐고 물었다. 운전사는 웃으면서,

"이 근방에서 G. A.를 모르는 사람은 한 명도 없습니다."

라고 대답했다.

이 말은 사실이었다. 이 근방에서 〈가바 백화점〉을 모르는 사람은 한 명도 없었다. 이 백화점은 스트라스백에서 제일 큰 존재일 뿐만 아니라, 지방의 백화점으로선 세계에서도 제일 으뜸가는 대형 백화점이었다.

스트라스백 근방의 몇만이라는 손님들이 이 백화점에 몰려온다. 호경기나 불경기와 상관없이 이 백화점은 언제나 만원사례였다.

앞 넓이가 백 피트, 속 깊이가 이백 피트의 돌과 벽돌(煉)로 된 삼 층 건물이다. 이 층의 조그마한 사무실에서 나는 G. A. 가바와 만났다.

스트라스백의 사람들은 그들 G. A.라고 부른다. 그는 이 백화점의 창립자의 한 사람으로, 창립 당시의 형제들 중 살아남은 오직 한 사람이다.

연령(年齡)은 육십육 세, 육 피트가량의 신장과 파란 눈에 생기가 있었다. 첫눈에 민첩하고 원기 있고 다정스러운 인상을 바로 느낄 수가 있다. 백화점을 혼자서 짊어지고 있는 머리이며 기둥이 되는 그는 총지배인이라는 명함에 만족하고 있었다.

G. A.는 나를 지하층의 식료품 매장에서부터 삼 층의 구매장까지 일일이 안내해 주었다. 그리고 점 내에는 항상 오십여 명의 점원이 있다는 것, 그러나 바쁠 때에는 더 많은 사람을 임시로 고용(雇傭)한다는 것, 매장은 이십이 파트로 나누어져 있으며, 가구부·부물부(敷物部)·의복부·장식품부·신발부 등 작은 머리핀에서부터 피아노에 이르기까지 무엇이나 팔고 있다는 것을

덧붙여 설명하였다.

나만이 가진 무형(無形)의 상품

나는 매장을 한 발자국 한 발자국 걸어감에 따라 놀라움에 눈이 휘둥그레졌다. 이러한 조그마한 시골 백화점에서 용케도 이렇듯 풍부한 물품을 쌓아 모으기란 그리 쉽지 않을 성싶었다.

특히 내가 감명 깊게 느낀 것은 매장의 분위기로, 점원과 손님 사이의 응대가 마치 가족들이나 사랑하는 사람들이 서로 상대하고 있는 듯한 온화함이 넘치며 다정함이 가득하였다. 나는 그 이유의 한 가지를 G. A.에게서 풍기는 친화력으로 꼽으며, 이것을 주위 사람들과의 관계에서 보았다.

G. A.의 여러 손님 중 특별히 거래가 많은 단골손님만 손꼽아도 일만이천 명이나 된다고 한다.

G. A.는 그중 칠천 명의 이름을 알고 있으며 오천여 명은 성(姓)만이라도 불러낼 수 있다 한다. 그들은 모두가 G. A.의 가까운 친구들인 것이다. 어느 해에 그 손님 가운데 한 사람이 류머티즘에 걸려 갑자기 병석에 드러눕는 바람에 말린 목초(牧草)를 노적해 놓은 채 비를 맞아 썩힐 수밖에 없는 곤경에 빠진 일이 있었다.

이 소식을 접하고 G. A.는 곧 점원 일곱 명을 그 집에 보내 목초(牧草)를 거두어 들이게 하였다. 또 어느 땐 화재를 당해 집이 타 버린 사람을 위하여 마을 사람들이 협력해서 임시로 천막을 세우고 있다는 말을 듣자, 곧 다섯 명의 점원을 보내 돕도록 하고 위문품도 전달해 주는 걸 잊지 않았다.

화재건 병이건 무슨 일이라도 곤란을 당한 사람이 있으면 이유와 때를 불문하고 무조건 구원의 손길로 달려가 그들을 위로하고 함께 도우며 살아가고 있었다.

백화점의 점원이 이러한 G. A.의 방식을 따르고 있는 것이다. 매장 구석구석마다 항상 따사롭고 다정스러운 분위기가 넘치고 있었다.

밝은 미소와 인정 어린 분위기는 이 백화점에서 강력한 상품으로 내세울 수 있는 무형(無形)의 상품인 것이다.

사람을 편하고 즐겁게 하라

G. A.는 설명해 주었다.

> 66 스트라스백 같은 조그마한 시골에서 우리 백화점 장사가 하루도 기복이 없이 잘되려면, 예삿일 가지고서는 해 나갈 도리가 없다. 큰 도회지의 백화점이면 많은 인구에 의지할 수도 있고 철 따라 손님을 끌어오기도 하겠지만 여기서는 그러한 것들을 바랄 수가 없다. 매일매일 손님을 불러들일 궁리를 하지 않으면 안 된다. 그저 기다리고만 있으면 절대로 안 된다. 우리는 언제나 손님을 끌어들이

고 이것을 잃지 않는 방법을 항상 새롭게 함으로써 기복 없는 호황
을 누리고 있는 것이다.”

다음은 불경기 때 있었던 이야기이다.

G. A.는 어느 날 간부회의를 열어, 불경기의 타개책을 토의하였다. 여기
에 참석한 중요한 사람들은 G. A.와 그의 아들 둘, 그리고 집안 식구에 버금
가는 G. A.의 의형제인 I. A. 스탄바가와 그의 두 아들이었다.

G. A.가 한 가지의 방안을 내었다. 그것은 ‘일 달러 사들이기 주간(週刊)’
이라는 것으로서, 별로 새로운 안은 아니었지만 좀 색다른 주간을 맞이하자
는 차원에서였다.

G. A.의 논리(論理)는 아주 간단하다. 현재의 이 불경기에 중간 도매인들
이나 제조업자들은 팔다 남은 상품들을 처분하지 못하여 매우 난처한 지경
에 처해 있을 것이다. 그런데 어떠한 상품이라도 전혀 쓸모없는 것이 아닌
이상 가격을 대폭 할인하여 판매한다면 반드시 팔릴 것이 틀림없다.

여기에서 G. A.는 ‘일 달러 사들이기 주간’의 종내 방식에 조금 새로운 맛
을 가미하였다.

“손님은 불경기때라 지금 당장 쓸 돈을 많이 가지고 있지 않을것이다. 그
러니 우리는 일 달러에 상품을 세 가지 제공하기로 하세. 손님은 일 달러를
가지고 물건 셋을 사도 좋고, 한 가지 물건을 삼분의 일 달러로 사도 좋도록
하는 것이 어떻겠는가?”

이 ‘일 달러 사들이기 주간’ 안(案)에 대해서 회의 참석자들은 그다지 흥미
를 느끼지 않는 듯하였다. 그러나 G. A.의 제안은 여태껏 실패한 적이 없었

으므로 모두 이의 없이 동의하였다. 그리고 이것을 실천하기 위하여 준비를 추진시킴에 따라 일동은 차차 열을 내게 되었다.

우선 그들은 제조업자나 공장, 그리고 중간상인을 찾아가서, 가지고 있는 물품을 사기 위한 교섭을 시작하였다.

또 한편으로는 뉴욕에 편지를 내어, 팔다 남은 재고품이나 사소한 것들의 일용잡화 등을 사들이고 싶다는 상담을 내었다. 반응은 G. A. 자신도 감짝 놀랄 만큼 컸다.

G. A.는 그때를 회상하며 이렇게 그것을 말한다.

우리는 생각지도 않았던 곳에서 매우 가치 있는 물건들을 많이 얻을 수가 있었다. 싼 값으로 한 장에 일 센트씩 이익을 얻을 수 있는 고급 벽지를 많이 사들였으며, 또 보통 때엔 한 벌에 일 달러 구십팔 센트나 하던 무명 드레스를 세 벌에 일 달러로 사들일 수가 있었다. 내가 만난 어떤 제조업자는, 이 불경기로 죽을 지경이라며 비관하고 있었다. 이처럼 비관하는 사람은 여태껏 보지를 못하였을 정도였다. 그는 물건을 돈과 바꾸었으면 하는 생각이 간절하였다. 자기의 윗도리라도 당장 현금을 준다면 벗어 놓을 지경이었다. 그의 기분으로는 윗도리가 닳게 되기까지보다 이놈의 세상은 길지 못할 것이라고 생각하고 있는 모양이었다. 그런데 이 비관자가 나에게, 전국적으로 소문난 유명 메이커 본견(本絹) 양말로, 한 켤레의 소매 가격이 일 달러 오십 센트나 하는 것을 세 켤레에 일 달러씩이라는 헐값으로 칠백 다스나 주겠다고 하여 나를 놀라게 하였다. 나는 이때 깨달았다. 자기가 곤란할 때는 자기의 호주머니를 털어서 아낌없이 타인의 곤궁을 도우라고,"

이리하여 '일 달러 사들이기 봉사 주간'의 물품을 매우 싼 값으로 사들일 수가 있었는데, 도리어 물품이 너무 헐값이 되어서 손님들의 의심을 사지나 않을까 하는 염려가 생기게 되었다. 그래서 '봉사 주간' 시작에 앞서서 그 의심을 푸는 방법을 쓰게 되었다. 사람들을 풀어서 현품의 견본을 들고 부근 일대의 거리를 돌아다니게 하여, 집집마다 그 물건을 보이고 오게 하였다. 물론 보이기만 하고 물건을 팔지는 않았다.

드디어 '일 달러 사들이기 주간'의 당일이 되어서 G. A.의 아들인 존이 이른 아침 일곱 시에, 평상시 같으면 아직 손님이 모여들기에는 시간이 넉넉하리라 생각하면서 가게에 나와 보니 놀랍게도 수백 명의 손님들이 매장에 가득 밀려들고 있었다.

그래서 하는 수 없이 새벽부터 밀려오는 손님들의 편리(便利)를 위하여 개점 시간 전에 문을 열었다는 것이다. 안에 들어가 보니 각 매장마다 손님들에 파묻힐 지경이어서 G. A.가 여덟 시에 나왔을 때에는 매장마다 발 디딜 곳이 없을 지경이었고, 그는 황급히 물품을 추가 주문하지 않으면 안 될 정도였다.

G. A.는 계속해서,

"어떤 물건은 아침 아홉 시에 전부 매진되었다. 세탁비누 백 다스가 전부 다 팔렸다는 것만 보아도 얼마나 잘 팔렸는가를 상상할 수 있을 것이다. 이 '일 달러 주간'의 총매상고는 팔천이백육십삼 달러 구십 센트였다. 말하자면 스트라스백의 남자나 여자나 어린이까지도 넣어서 전체 인구에 할당하면 한 사람당 육 달러 삼십 센트씩을 샀다는 계산이 된다.

이것을 속셈으로 또 계산해 보았다. 미국에서도 일류라고 불리는 어떤

잡화상에서 창립 기념일 행사로 해마다 '일 달러 주간'을 하고 있는데, 클리블랜드 시의 그 상점의 '일 달러 주간'이 스트라스백의 가바 백화점처럼 성공하였다면 매상고는 하루에 약 오백칠십만 달러가 되어야 하는 셈이다.

손님과 함께하는 경진대회

G. A.는 또다시 말을 이었다.

'일 달러 사들이기 주간'을 성공리에 끝마친 뒤에 우리들은 백화점의 〈창립 육십사 주년 기념일〉을 두 달가량 앞두고 이 창립 기념 대매출 주간을 열기 위한 준비에 착수하였다. 우리들은 바넘의 책을 뒤적거리며 여기서 적당한 흥행거리를 찾으려 했다.

바넘은 미국이 낳은 위대한 사업가 가운데 한 사람으로 이름이 높은 흥행사(興行師)였다. 그를 위대하게 한 두 가지의 재능이 있었다.

한 가지는 사람들의 주목을 끌 만한 가치 있는 것을 발견하는 재능이며, 또 한 가지는 이것을 파는 데 사람들의 주의를 모으게 하는 재능이었다.

바넘은 그중의 몇 가지를 이 책에 소개하였던 것이다. 우리들은 이 바넘의 책 중에서 적당한 것을 골라 이것을 기념 주간의 여흥(餘興)으로 삼기로 했다. 자기의 탄생 기념일에 타인에게 흥미를 주려면 타인에도 즐거움을 나누어 주어야 한다. 우리들의 기념일의 여흥으로서 마을 사람들에게 정말로 명절날 같은 즐거움을 제공하려고 한 것이었다.

기념 주간의 첫날에는 지금까지 흔히 있었던 것으로서 초등학교 아동들의 글짓기 경진대회를 하였다. 주변 도시 각 초등학교에서 이백 명가량의 꼬마 손님들이 나왔다. 이들 어린 손님들에게는 부모님들과 지인(知人)들이 많이 따라왔다.

이 사람들은 바야흐로 닥쳐올 겨울 준비에 필요한 여러 가지 물건들을 사 가지고 갔다. 이리하여 우선 첫날에는 칠천 달러의 매상을 올렸다.

기념 주간을 통하여 매일 아침 사은품 뽑기를 하여 그 상품으로 닭이라든가 통조림·밀가루·전기다리미·새끼 돼지 등 사람들이 좋아할 만한 물건을 제공하였다. 그 방법은 아침 상점에 들어오는 사람들에게 한 사람 한 사람씩 상품권을 나눠주고 삼 층 홀의 준비한 곳에서 그 상품권 전부를 큰 상자 속에 집어넣어 뒤섞이게 한 후 그 속에서 아무렇게나 손이 가는 것 다섯 장만 끄집어내어 이 다섯 장에 맞은 사람을 당선자로 하는 것이다. 오후에는 같은 방법으로 예쁘게 만든 장식 케이크를 열 개씩 매일 상품으로 내놓았다.

또 한 가지의 행사로 뜨개질 경기를 하였는데 여기에는 수십 리 밖의 먼 곳에서 뜨개질한 것을 싸가지고 아낙네들이 많이 참가하였다. 다음 날에는 〈케이크·빵·파이 만들기〉 경진대회도 열었다. 솜씨에 자신 있는 아낙네들이 경기장이 터져 나갈 듯 많이 모여들었다. 그날은 삼천백 달러 정도의 매상이 있었다.

한편 백화점 정면의 쇼윈도 앞에 한 장의 방석을 깔고 한 남자를 채용하여 그 위를 왔다 갔다 거닐게 하였다. 그 남자는 보행계(步行計)를 손에 쥐고서 방석 위를 왔다 갔다 하며 이십오 분간 걷고서는 오십 분을 쉰다. 이 남자는 이것을 매일 여덟 시간씩 육 일간을 계속하는 것이었다.

산더미같이 사람들이 몰려들어 이것을 구경했다. '육 일간 이 사람이 몇 마일을 걷는가?' 알아 맞추기 문제였다. 이 문제의 가장 실지에 가까운 보행 (步行) 마일 수를 맞춘 사람에게는 상품으로 고급 침대를 내걸고 그 실물을 장식해 놓았다.

이 현상은 근방 일대에서 대단한 인기를 모았다. 그리하여 사람들 간에는 제각기 의견이 대립되어 도처에서 굉장한 화젯거리가 되었다. 모두 자기의 예상이 제일 정확하다고 믿고들 있었다. 이발소의 주인이 내 계산으로는 이러이러한 마일 수가 된다고 말하면 머리 깎으러 온 손님은 아니 그렇지 않다고 자기의 계산을 주장하였다.

이러다가 그 주인과 손님 간에 다섯 번 분의 이발료 선지급을 걸고 내기가 벌어지는 둥 야단법석이었다. 거리 맞추기 예상에 이백 마일, 오백 마일의 먼 곳에서도 모여들었다. 어떤 사람은 자기 아내가 오래전부터 상품으로 내걸린 침대를 가지고 싶어 하여서 여기에 제일 열심이었다.

그는 우리 백화점 앞에 와서 그 방석의 길이를 재어 집에 가서 같은 헝겊을 깔고 그 위를 걸어보고 마일 수를 정확하게 계산해 내었다. 그 결과 육 일간의 보행 마일 수는 사십구 마일 이천사십 피트가 된다고 답안을 적어 내었다.

이것이 멋지게도 일등에 당선되었다. 실지로 보행계에 나타난 숫자는 사십구 마일 이천십 피트였던 것이다.

동심(童心)으로 돌아가다

G. A.의 아들 존이 '가축 방조회(放鳥會)'라는 것을 제안했다. 기념 주간의 수요일 오후에 백화점 삼 층의 지붕 밑 제일 낮은 곳에서 백 마리가량의 닭·집오리·칠면조 등을 일제히 놓아 주었다. 이 행사도 미리 잘 선전하여 두었기 때문에 육천 명이나 되는 군중이 모였다.

이 방조회(放鳥會)의 방법은 극히 간단하다. 누구든지 그 날짐승을 잡은 사람에게 그것을 준다는 것이었다. 닭이나 칠면조를 쫓는 사람들로 법석대는 모양은 정말로 장관이었다.

전봇대 위로 날아가 앉은 닭을 붙들려고 세 사람이나 전봇대에 기어 올라가기도 하고 아래에서는 군중들이 떠들어 대었다. 그러는 사이 닭은 전봇대 꼭대기에서 날아가 버리고 올라갔던 사람들은 허둥지둥 다시 내려왔다. 한 마리의 칠면조는 지붕에서 놓이자 일직선으로 날아서 단풍나무 꼭대기에 앉았다. 그러자 번개같이 사람들이 몰려들어 그 나무는 사람 열매가 달린 것처럼 되어 버렸다.

G. A.는 신이 나서 다음 말을 이었다.

"방조회(放鳥會) 같은 것을 좋아하는 사람들은 동시에 우리 상품을 사가는 사람이라는 것을 알 수 있었다. 그날 우리 매상은 자그마치 오천삼백 달러를 돌파하였기 때문이다. 기념 주간의 총매상고는 이만육천칠십일 달러 육십삼 센트였고 그것이 거의 전부 현금이었다.

크리스마스에는 특별히 서커스 출신의 사람을 고용하여 산타클로스 할 아버지로 만들어서 줄타기 곡예(曲藝)를 시켰다. 배뚱뚱이의 산타클로스가 줄타기하는 광경은 여태껏 누구도 본 일이 없었다. 아이들은 물론 대단히 좋아했지만 어른들에게도 매우 즐거운 것이었다.

이 산타클로스 할아버지는 아이들이 기르고 있는 동물의 콩쿠르 대회를 열어 주었다. 아이들이 애완용으로 기르고 있는 자기의 동물들 — 개·고양이·토끼·닭·새, 기타 — 무엇이든 가지고 와서 제일 애교 있는 놈, 사람 말을 제일 잘 알아듣는 놈, 재간이 제일 많은 놈, 제일 멋드러지게 생긴 놈 이상 네 가지 것에 상품을 주기로 한 것이다.

어떤 소년은 곰 새끼를 데리고 왔다. 이 겁쟁이 같은 작은 동물은 제법 그럴듯하게 그 소년의 머리를 씻어 주는 시늉을 하였다. 또 어떤 소년은 너구리를 데리고 왔는데 소년이 무대 위에 올라서서 머리털을 헤쳐 보이니까 그 머리의 냄새를 맡는 시늉을 하였다. 개가 짖는다, 고양이가 운다, 토끼가 달아나려고 한다, 등등 이거 뭐 굉장한 소동이 벌어지면서 경기장은 더할 바 없이 즐겁고 유쾌하였다. 이 소동은 한때 매장의 손님을 그쪽으로 쏠리게 하여서 장사는 전혀 안 되다시피 하였는데도 그날 전체의 매상에는 조금도 다름이 없었다.

정직이라는 가격과 친절 서비스

나는 G. A.에게 이 백화점의 창업 당시의 상황을 물어 보았다.

그는 길 건너 맞은편에 있는 조그마한 목조 건물로 지금은 정육점이 되어 있는 집을 가리키며 말하였다.

"1866년에 나의 선친이 저 조그마한 집에서 의류상(衣類商)을 시작하였네. 당시 이 거리의 인구는 이백 명 정도밖에 없었지. 선친은 1890년까지 그 가게에서 장사를 하다가 그해에 은퇴하였는데, 그때의 장사는 가장 세월이 좋아서 오천 달러어치나 되는 상품이 가게에 있었다네. 부친은 깔린 외상값을 받아들인 후 현찰을 모두 움켜쥐고 물러나셨네. 그러나 많은 상품만은 나와 나의 동생 루데이에게 남겨 주었지. 우리들은 이 상품을 밑천으로 현금 한 푼 없이 그 장사를 인계받았다네."

"선친은 원가에 밑지는 값으로 물건을 내놓는 일이란 절대 안 하는 방침이었으므로 팔다 남은 것, 시대에 뒤떨어진 물건들이 많이 남아 있었다네. 이러한 것들은 옛날식의 퀘이커 교도(敎徒) 모자라든가 여인네들의 의복에 사용하던 구식 장식품 같은, 시대에 뒤떨어진 물건들이 많이 남아 있었다네. 우리들은 우선 이것을 팔아 처분하여 운영 자금의 약간을 준비하였다네."

그리고 G. A.는 신혼 여행을 겸해서 뉴욕에 물건을 사들이러 갔다. 뉴욕에서 의류 도매상을 찾아다니며 자기의 사정을 말하였다.

그가 신용 거래로 물건을 줄 수 없느냐고 부탁하니 모두들 콧방귀를 뀌며 대해 주지를 않았다. 그런데 단 한 사람 어느 큰 도매상의 신용부(信用部)의 지배인이 G. A.의 솔직한 태도에 호감을 가지고 그의 자세한 계획을 들어 주었다.

G. A.는 젊음의 정열을 가지고 시골에서 큰 백화점을 이룩하여 보겠다는 그의 대망(大望)을 열심히 설명하였다.

지배인은 이 계획에 매우 흥미를 느꼈다.

"당신이 지금 말한 계획을 어째서 누구 하나 여태껏 실행하지 않았는지 모르겠네. 그렇다고 해서 자네가 중지할 필요는 없네."

이렇게 말하고 그는 그 자리에서 즉시 판매부(販賣部) 지배인을 불러,

"이 사람에게 무엇이든 물건을 내주어 팔도록 하여 주게."

하고 부탁하였다.

이리하여 G. A.의 조그마한 가게에 삼천오백 달러가량의 의류품이 쏟아져 들어왔다. 이것을 본 아버지가 눈이 휘둥그레져서 달려와 고함을 쳤다.

"이렇게 상품을 많이 사들여서 도대체 어떻게 하겠다는 것이냐?"

"파는 겁니다, 아버지."

부친은 혀를 끌끌 차고 양손을 들며 소리쳤다.

"나는 간섭을 안 할 테다……. 한마디 말해 두지만 이런 미친 짓을 하고 있으면 얼마 안 가서 파산(破産)한다. 파산이야."

그러나 그들은 파산하지 않았다. 그들은 출발할 때부터 크고 높은 목표를 세워, 드디어 이것을 실현하였다.

G. A.는 덧붙여 설명했다.

"당시 이 나라의 일류 백화점에서는 일 년에 칠만오천 달러의 매상을 올리고 있다는 것을 나는 알고 있었네. 이 금액과 지금까지의 우리 가게의 장사를 비교해 보아 우리들도 우리들의 장사 매상고가 언젠가 연간 칠만오천 달러 정도로 되어 보고 싶다고 생각하였지. 이것이 사 년 후에는 그대로 이루어졌다. 그래서 우리들은 일이라는 것은 무한하고 국한(局限)이 없는 것이라고 말하였던 것이다네."

"어떻게 해서 이러한 성공을 이룰 수 있었습니까?"

하고 나는 물었다. 그가 대답하길,

"우리들은 사람을 두려워하지 않아. 우리들은 나서부터 사람들과 사귀는 것을 좋아하는 성질이 있지. 우리들은 사람들에게 호의를 나타내는 것을 아끼지 않았으며 친절과 정직한 가격을 밑천으로 하여 손님들과 거래하여 왔네. 그리고 어떠한 경우에도 우리들은 실망하거나 낙담해 본 일이 없다네."

초지일관의 자세로

백화점을 창설한 후 G. A.는 주변의 시골 마을들을 이십오 마일가량 말을 타고 여행을 하였다. 이른 봄이어서 눈이 녹아 물이 불은 시냇물을 건너 숲속 오솔길을 헤치며 마을에서 초등학교를 찾아다녔다.

초등학교의 어린아이들에게 재미있는 이야기를 들려주고 그리고 메모지를 내주어 그것에 자기들의 집·주소·성명 그리고 근처의 아는 사람들의 이름과 주소를 써 달고 설문지를 돌렸다. 이것이 가바 백화점의 〈우편 명부(名簿)〉의 최초의 원본이 되었다. 그는 이 명부에 의하여 상점에 있는 물건의 품목과 정가를 알리는 편지나 광고문을 우편으로 보냈다. 자연히 이 우편물을 보고 상점에 오는 손님이 차차 불어났다.

G. A.는 말한다.

"〈우편 명부〉는 그때부터 오늘에 이르기까지 도움이 되고 있네. 우리들의 성공의 절반은 이 명부 덕분이라고 하여도 과언이 아니네. 현재는 약 일만칠천의 가족이 이 명부에 기록되어 있어서 우리들은 매월 초, 이 사람들에게 그 달의 특매품을 알려 주고 있다네.

고객과의 개인적인 접촉을 될 수 있는 대로 친밀히 하기 위하여 우리들은 이 지방의 사십칠 개 구역(區域)에 각기 통보원(通報員)을 특약하여 두고 있네. 통보원은 그 구역 내에서 이사간 사람이 있으면 그 이사간 곳의 주소와 전화번호 등을 알려 주고 또 이사하여 온 사람이 있으면 이것도 통보하여 주도록 되어 있네.

그뿐만 아니라 우리들은 이 통보원에게 맡은 구역 내의 사람들이 어떤 물건을 갖고 싶어하는가, 말하자면 라디오를 갖고 싶어하는 사람이 있다든가 어떤 집에서는 머지않아 신혼 살림의 도구가 필요하게 될 것이라든가 어떤 집에서는 재봉틀을 가까운 시일에 한 대 살려고 하고 있다든가, 이러한 것들을 모두 종합하여 보고하도록 부탁하고 있는 것이네.

오늘에 있어서 우리들의 장사 범위라고 보는 지역 전체에는 십만 명 이상의 인구가 있네. 이 사람들은 모두가 다 우리들의 손님이라고 생각하고 있다. 물론 그 사람들 전부가 우리들의 단골손님이라는 것은 아니지만 그중 일만이천 명은 확실히 우리들의 단골손님인 것이라네."

나는 G. A.의 사십오 년간 꾸준히 손님들에게 봉사하여 온 그 성실함과 또한 늙을 줄 모르는 정열에 감탄하면서 또 한 가지 물어보았다.

"당신은 지금까지 실망하거나 낙담하여 본 일이 있습니까?"

그랬더니 그는,

"한 번 있었어."

하고 웃으면서,

"맨 처음 뉴욕에 가서 외상으로 물건을 보내달라고 부탁하며 돌아다닐 때 어디서도 상대를 안 해 주는 데는 실망도 하고 세상이 싫어질 만큼 낙담 하였지. 결국 한 집의 도매상을 잡기는 한 것이지만 그때 나는 여러 가지 배운 점이 많았네. 그후로부터 오늘날까지 나는 단 한 차례도 낙담하여 본 일이 없다고 단언할 수 있네. 낙담을 하지 않는 나의 예방법 말인가? 그것은 아주 단순한 것이라네. 그러나 나에게는 그것으로 충분하다네. 그것은, 즉 만약 원기를 잃을 것 같으면 무엇보다도 우선 머리를 쓰는 것이지. 딴 생각할 것 없이 그 일에 대해 골몰해서 실망과 낙담을 가져오게 한 그 사정을 극복하는 데 도움이 되는 방법을 생각해 낸다네. 우선 한 열 개쯤 생각한다네. 열 개 생각해 낼 수가 없으면 될 수 있는 대로 많은 방법을 생각해 내도록 한다네. 그러면 결코 실망이나 낙담에 고민할 틈이 없을 것이라네."

DALE CARNEGIE

10
인생은
공짜가 아니다

- 어머니는 슬퍼했다

- 추방당하는 갱단

- 더 깊은 악(惡)의 소굴

- 자백하지 않는 사나이

- 잘못을 반성하고

- 대도(大盜)에서 소시민으로 고향에 오다

- 어둠에 빛을, 희망을 주는 전도사

- 내일은 하나의 희망이다

DALE CARNEGIE

10. 인생은 공짜가 아니다

그 대가를 알아야 한다. 목적도 없고 희망도 없다는 것은 마치 들 한복판에 빠져나갈 길 없이 고여 있는 물과도 같다. 물은 마침내 썩을 것이며 없어지고 말 것이다. 인생은 결국 공짜가 아니다. 확실한 계획을 가져라.

어느 날 나는 디트로이트 시의 어떤 호텔에서 봅 브라이트슨과 저녁 식사를 같이하면서 그의 지나온 과거사를 들어볼 기회가 있었다. 그는 한때 전국에 이름을 떨쳤던 유명한 갱이었으며 교도소에도 여러 번 들어갔던 자이다. 지난해에는 토레트에서 현금 수송차를 습격하여 일백육십만 달러의 거금을 탈취한 강도단의 장본인이기도 하였다. 그후 그는 인생의 대가를 깨닫고 참된 사람으로 돌아와 훌륭한 생활을 하게 된 것이다.

나는 그를 졸라서 상세한 그의 경험담을 들을 수가 있었다. 저녁 여덟 시부터 밤중까지, 그리고 식당 문이 닫히고서는 나의 방에서 새벽 두 시경까지 이야기하였다. 다음은 그가 한 이야기의 대강을 추린 것이다.

어머니는 슬퍼했다

내가 열 살 나던 해, 우리집은 세인트루이스의 빈민굴에 있었다. 아버지는 내내 빈들빈들 노숙자 생활을 하면서 일자리를 구하려고도 하지 않았다. 우리들은 매일 굶주리고 있었다. 아버지도 어머니도 나도 허구한 날 주린배를 움켜쥐고 살았다.

어느 날 나는 우리 집 앞 길모퉁이의 식료품 가게에 배달하는 짐마차가 서 있는 것을 보았다. 마차에는 식료품이 가득하게 실려 있었고 배달하는 사람은 어느 집에 들어갔는지 보이지 않았다. 별안간 나는 마차에 뛰어올라 말고삐를 휘어잡고 말을 한 대 갈겼다. 말은 놀라 달아나서 우리 집 뒤뜰로 뛰었다.

"그 짐마차를 어떻게 할 셈이냐?"

하고 아버지가 물었다.

"말이 달아나기 때문에 지금 멈추게 할 참입니다."

하고 나는 대답했다.

아버지는 나를 도와 짐마차에서 식료품을 꺼내어 모조리 집 안으로 날라 들였다. 어머니는 놀라서 근심스러운 얼굴을 하였지만 아버지는 그저 싱글싱글 웃고만 있었다. '봅 놈이 아주 제법이야. 그래도 좀 쓸데가 있다'고 말하였다.

물건을 고스란히 날라 들인 뒤에 나는 마차를 먼 거리로 몰고 가서 아무렇게나 내버리고 돌아왔다.

보름쯤이 지나서 나는 또 다시 식료품을 가득 실은 마차를 골라 한탕 같은 짓을 해냈다. 그런데 이번에는 속이 텅 빈 짐마차를 버리기 위해 이리저리 거리를 헤매다 이를 수상히 여긴 경찰에게 붙들리고 말았다.

"너 그 마차를 어디서 몰고 오는 거냐?"

라고 경찰이 물었다.

나는 말이 어디서인가 달려오기에 붙들어서 지금 마차 주인을 찾고 있는 중이라고 대답했다. 경찰은 나를 식료품 상점에 끌고 갔다. 경찰과 식료품 상점의 주인은,

"여기 실려 있던 물건은 어떻게 했느냐?"

하고 나한테 물었다. 나는 아마 말이 달리는 동안에 다 떨어뜨린 것일 거라고 태연히 대답했다. 그들은 못마땅한 듯이 의심하였으나 우리 집까지 뒤져보지는 않았다. 나는 나의 이 행동을 어머니가 무어라고 꾸짖지 않을까 하였으나 어머니는 아무 말도 하지 않았다.

어머니는 아버지를 무서워하고 있었다. 아무도 나의 행동을 나쁘다고 말하는 사람은 없었다.

아버지는 오히려 나의 꾀를 칭찬하였다. 나는 다만 어머니가 아버지에게 이렇게 말하는 것을 들었을 따름이다.

"봅을 불행하게 만들지는 마세요."

라고.

내가 열네 살 때 아버지는 나에게 학교를 그만두게 하고 일을 시키겠다며 학교에 자퇴서를 냈다. 그러나 자퇴서는 학교에서 기각당하였다. 아버지는 나더러 '학교에서 크게 한번 장난질을 해 가지고 퇴학당하도록 해라. 그

러면 너 좋은 대로 하게 해줄 테다'라고 가르쳤다. 어느 날 나는 교실의 유리창에 돌을 내던졌다.

선생님은 나를 범인으로 붙들었다.

나는 모른다고 우겨댔다. 방과 후 남아서 칠판에 선생님이 불러 준 글을 쉬지 않고 쓰라는 벌을 받았다. 그것은 다음과 같은 문구(文句)였다.

'거짓말하는 자는 지옥에 빠져 영원히 지옥에서 불태우리라.'

나는 선생님에게 반항하였다.

선생님은 나의 어깨를 누르고 때리려 하였다. 나는 갑자기 선생님에게 덤벼들어 선생님을 다치게 하였다. 이리하여 나는 소원대로 학교에서 퇴학 당하였다.

추방당하는 갱단

나는 학교 친구에게 식료품 가게의 짐마차를 도둑질한 것을 이야기했다. 그랬더니 이 친구는 그보다 몇 갑절 더 재미난 것이 있다고 가르쳐 주었다. 나와 그 친구는 토요일 오후나 일요일에 정거장에 가서 철로 위에 머물러 있다가 화물열차 속에 숨어 들어가 바나나·땅콩·통조림·자동차 바퀴 등 닥치는 대로 훔쳐 냈다.

우리들은 그것을 어느 노파의 집에 가지고 갔다. 노파는 우리들이 무엇이든 가지고 가면 얼마간 돈을 치러 주었다.

그것은 기가 막히도록 재미있었으며 손쉬운 돈벌이였다. 이 덕분으로 우리 집의 생활은 안락해지고 어머니도 이제는 굶주림을 모르게 되었다. 어머니는 어디서 돈을 벌어 오는가를 물었다. 나는 사실대로 말하지 않았다.

이리하여 나는 수 년 동안을 불량배와 한패가 되어 물건을 훔치며 빼앗는 일을 사업으로 일과를 삼았다. 빈집을 노리거나 작은 상점에 숨어 들어가거나 하였다. 결국은 붙잡혀서 소년원에 들어갔다. 소년원에서 나는 거기에 들어올 때까지 몰랐던 여러 가지 나쁜 짓을 배우게 되었다.

얼마 후 소년원에서 나오자 나는 세인트루이스 경마장의 싸움패에 끼어들었다. 그리고 난투 소동에 붙들려서 경찰에 끌려갔다. 이삼 일 유치장에 들어가 있다가 나는 서장(署長) 앞에 불려 갔다.

"네가 한 나쁜 짓을 전부 알고 있다. 그러나 너를 감옥에 보낼 증거가 불충분하니까 너를 이 고장에서 추방한다. 두 번 다시 이 고장에 발을 들여놓으면 그때는 용서 없이 붙들어 가두어 버릴 테다."
라며 나를 석방시켜 주었다.

이리하여 나는 세인트루이스를 떠났다. 거기서 디트로이트에 갔다가 다시 디어본에 가서 〈포드자동차〉공장의 직공이 되었다.

여기서 한 사람의 직공과 알게 되었는데, 이 자는 감시자의 눈만 속일 수 있으면 무엇이든 공장에서 훔쳐 내고 있었다. 나는 곧 이 자와 한패가 되었고 나중에는 공모해서 완전한 자동차를 훔쳐 내게 되었다.

한편으로 우리는 어떤 갱단(團)과도 가까운 처지가 되었다. 이 갱단은 클리블랜드에서 은행의 현금 수송차량을 습격하여 이것을 강탈하였다.

우리는 해치울 수 있는 일이면 무엇이든 해냈다.

이리하여 나는 더욱더 악(惡)의 길로 깊이 들어갔다. 수사상 혐의가 짙어 붙들린 것은 헤아릴 수도 없이 많고 지문(指紋)도 몇백 번씩이나 찍었다. 그리하여 오하이오·펜실베이니아·미시간 등 각 주(州)의 감옥에 대여섯 번씩 순회하듯 들어갔다 나왔다.

더 깊은 악(惡)의 소굴

어느 날 디트로이트의 나의 갱 조직원들이 국립은행의 현금 수송차량을 토레트에서 습격할 계획을 짰다. 이것은 대규모의 일이어서 사십팔 명의 조직원이 참가하여 극비밀리에 준비가 진행되었다. 결국은 전부 붙잡혔지만.

1921년 2월 17일 오전 두 시경, 미국 국고채권과 이십 달러 지폐로 일백육십만 달러의 현찰을 채운 행낭(行囊) 스물네 개를 실은 트럭이 토레트 합동금고에서 중앙우편국을 향하여 출발한다는 정보를 얻었다. 우리는 강탈의 준비로 토레트에 가서 중앙우편국에서 조금 떨어진 장소에 두 개의 자동차 차고를 빌렸다. 그리고 우리는 밤중에 차고 속의 시멘트 바닥에 구멍을 파고 거기에다 강탈한 행낭을 임시로 감출 수 있도록 하였다. 파낸 흙은 상자나 푸대에 넣어서 자동차로 시외에 내다 버렸다.

여기에 사용한 자동차 몇 대 또한 정상적으로 구입한 것이 아니라 이 일 훨씬 전에 훔친 것이었다. 나의 승용차를 포함하여 다른 두셋의 차도 이번 계획을 위하여 바로 이삼 일 전에 훔친 것이다. 전부 열네 대의 자동차를 소유하고 있었다.

오전 두 시경 행낭을 실은 트럭이 합동금고를 출발하여 어떤 한적한 길가에 다다랐을 때, 미리 옆길 모퉁이에 대기하고 있던 무장한 갱 네 명씩을 태운 세단형 자동차 두 대가 그 뒤를 따르고 있다가 합동금고에서 몇 마일 떨어진 네거리 길을 들어서자마자 현금 수송트럭을 앞지르고 급제동을 걸어 트럭을 세웠다. 두 대의 세단에서 운전사를 남긴 세 사람씩 여섯 명의 사나이가 뛰어내려 트럭의 경호원과 운전사에게 피스톨을 겨누어 댔다.

이때에 대형 봉고차와 캐딜락 두 자동차가 달려나와서 트럭 옆에 바싹 대고 정거하였다. 트럭의 운전사와 경호원이 등뒤의 피스톨 위협을 받고 땅에 몸을 구부린 채 꼼짝달싹 못하고 있는 동안에 예닐곱 명의 사나이가 현금 행낭을 재빠르게 봉고차와 캐딜락으로 옮겨 싣고 맹렬한 속도를 내어 그 자리에서 도주해 버리고 세단 두 대는 경호하듯 그 뒤를 쫓았다.

강탈한 현장에서 몇 마일 떨어진 곳에 또 다른 두 대의 자동차가 사나이 네 사람씩을 태우고 대기하고 있었다. 빼앗은 것을 실은 봉고차와 캐딜락이 앞을 지나가자 곧 그 뒤를 따라 느릿느릿 추적해 오는 차를 방해할 계획으로 뒤따르고 있었다.

이러한 방법으로 무사히 우리가 빌려놓은 차고에 도착하여 행낭을 재빨리 구멍 속에 감추었다.

그 동안에 차의 바퀴와 번호를 바꾸고 도색하여 전혀 다른 차의 모습으로 바꾸어 버렸다.

그리고 내가 타고 온 세단과 캐딜락 등 몇 대를 제외하고는 일에 사용한 차는 모조리 거리의 적당한 장소에 내버렸다.

우리는 며칠 동안 숨을 죽이고 정세를 살폈다. 만사(萬事)가 생각했던 대로 잘되어 나갔다.

백육십만 달러 강탈 사건 뉴스는 신문과 전보·라디오로 전국에 물끓 듯한 화제를 던졌다.

토레트의 경찰은 전력을 다하여 범인 추적에 애를 썼지만 아무런 단서도 잡지 못하였다. 이삼 일이 지나도 당국에서는 행낭을 강탈해 간 자동차가 어디에 숨어 버렸는지 전연 짐작도 하지 못하는 모양이었다.

이것을 보고 우리는 매우 만족하였다. 우리는 완전히 성공하였다고 생각하였다. 그래서 일단 각처에 은신하였던 자들은 차고에 고용된 직공인 체가장하여 직공복으로 갈아입고 한 사람 두 사람씩 모여들기 시작하였다.

자백하지 않는 사나이

우리는 이미 펑크맨이라고 불리는 작자와 밀거래하여 강탈한 이십 달러짜리 지폐 한 장에 팔 달러씩으로 그것을 매수해 주기로 약속이 되어 있었다. 지폐의 일부분은 펑크맨에게 넘겼지만 일부분은 각자의 호주머니 속에, 위험은 하지만 액면대로 사용해 보려고 넣고 있었다. 강탈 사건이 난 그날 밤부터 일주일이 지난 후 우리들 칠팔 명은 펑크맨이 경영하는 바에 모여서 술을 마시고 있었다. 펑크맨은 계산대에 있었다.

그런데 돌연 이곳에 형사들이 습격해 들어왔다. 우리 일동은 저항할 여유도 없이 완전히 포위되고 말았다.

"금고를 열어라."

한 형사가 펑크맨에게 명령하였다.

"금고 같은 것은 없습니다."

하고 펑크맨은 대답했다.

형사는 펑크맨을 끌고 별실로 갔다. 금고는 거기에 있었다.

펑크맨이 그것을 열었다. 시퍼런 이십 달러짜리 새 지폐가 가득 차 있었다.

어떻게 형사가 금고의 장소를 알고 있었을까? 나는 그때 이상하게 생각하였는데 아직까지 그 수수께끼는 풀지 못하고 있다. '아마도 누군가 밀고한 것이겠지' 하고 추측만 할 뿐이었다.

이때 나도 이십 달러짜리 지폐 넉 장을 호주머니에 가지고 있었다. 형사가 나를 밖으로 끌고 나가려 할 때 나는 형사더러,

"소변을 좀 보게 해 주시오."

하고 부탁하였다.

"좋다, 빨리 해라."

하고 형사가 순순히 따라 주었다.

나는 화장실에 들어가서 황급히 호주머니에서 넉 장의 이십 달러짜리 지폐를 꺼내어 박박 찢어서 조각을 내어 수챗구멍에 집어넣고 수도꼭지를 돌려서 씻겨 내려가게 하였다. 박박 찢어진 지폐의 조각들은 물과 함께 빈 수챗구멍으로 사라져 버렸다. 나는 이것을 확인한 다음 안심하고 화장실에서 나왔다.

형사는 나를 유치장에 끌고 가서 나의 신체 검사를 하고 또 여러 가지로 심문하였다. 나의 몸에서는 아무것도 나오지 않았으며 나의 입에서는 아무것도 들을 수 없었다.

"너는 이십 달러짜리 지폐를 가지고 있지 않았는가? 펑크맨의 집에서 붙들릴 때에도 안 가지고 있었나?"

"저는 잘 모르겠습니다."

"너는 아무것도 모른단 말인가?"

형사는 서랍에서 토막난 지폐 조각을 꺼내어 불쑥 내밀었다. 경찰에서는 펑크맨의 집에 들어가기 전에 미리 화장실의 수챗구멍에 그물(網)을 쳐 놓았던 것이었다.

그래도 나는 그런 지폐 조각은 알 바 아니라고 시치미를 뗐다.

형사들은 쓴웃음을 입가에 띠면서 말하였다.

"그래도 모른 체하겠단 말이지? 네가 아니면 누구란 말이냐? 좋다. 자백하지 않으면 재미있는 것을 보여 주지."

형사는 나를 별실로 끌고 갔다. 거기서도 나는 자백하지 않았다. 얼마 안 되어 나는 우리 갱단의 절반 이상이 검거당한 사실을 알았다. 유치장 안에 있는 자들과 한마디도 말을 못하게 금지되어 있었다.

나는 감방 앞을 지나는 사람들의 얼굴로 그것을 알게 되었다.

삼사 일이 지나자 형사는,

"브라이트슨, 너에겐 증거가 없으니 나가도 좋다."

하고 나를 석방하였다.

나는 유치장에서 나와 이틀 동안은 꼼짝 않고 주변의 형세를 살폈다. 이제는 마음을 놓을 수 있을 것 같아서 차고에 강탈할 때 쓰던 차를 가지러 갔다. 사건 당시의 세단이지만 감쪽같이 색을 바꿔 칠하여 아주 새것이 되어 있었다. 이것을 운전하고 차고에서 막 나오려 할 때, 돌연 한 사람의 사복 형사가 나타나서 '이것이 네 차냐?'고 물었다. 나는 '그렇다'고 대답하였다. 어디서 살고 있는지, 그리고 또 무엇을 하고 있는지 잘 모르지만 어느 낯익은 사나이로부터 오십 달러에 산 것이라고 말하였다. 형사는 차의 내부를 조사하여 한 개의 여행 가방을 발견해 냈다.

"네 것인가?"

"제 것이 아닙니다. 누가 이런 곳에 그런 것을 넣어 두었는지 전혀 모르겠소."

나는 시치미를 떼며 대답했다.

형사는 여행 가방과 함께 나를 다시 유치장으로 끌고 갔다.

여행 가방을 열어 본즉 속에서 도박 기구와 다이너마이트와 피스톨이 두 자루 나왔다. 나는 여행 가방이 내 것이 아닌 것과 마찬가지로 속에 있는 이 물건도 나는 전혀 모르는 사실이라고 우겨댔다.

한 사람의 사복 형사가 여행 가방을 가지고 세인트루이스에 가서 나의 어머니에게 그것을 보였다. 그리고 그것이 내 것이 아닌가고 물었다. 어머니는 여행 가방을 보고 아들 브라이트슨의 것이 틀림없다고 말하였다. 그는 쾌재를 부르며 디트로이트에 돌아왔다.

"이번에는 속일 수 없게 됐어. 네가 갱단에 가담하고 있었다는 것은 이미 다 드러난 것이야. 같이한 놈은 누구하고 누군가?"

이렇게 나를 자백시키려 하였다. 수사관은 나의 패거리들이 거의 다 잡혀서 자백을 하였고 내가 한 일도 다 밝혀졌다고 말하였다. 나는 그것을 넘겨 짚고 어르는 것이라고 생각하고 더욱 입을 꽉 다물어 버렸다.

형사들이 나를 넓고 텅 빈 어느 방에 끌고 갔다. 한 사람이 나더러,

"브라이트슨, 너의 고집도 어지간하지만 이쪽에도 고집쟁이 심술궂은 놈이 있단 말이야. 알겠는가? 이제 그 친구들이 나타나기 전에 다시 한 번 잘 생각해 보는 것이 좋을 듯한데?"

하고 점잖게 타일렀다.

나는 이때까지 그들이 말하는 소위 심술궂은 자들을 알 수가 없었다. 세 사람의 형사가 방에 나타났다. 그리고 기대는 데가 평평한 고문 의자에 나를 앉히고 의자의 앞다리와 나의 양발을 꽁꽁 묶어 놓았다. 그리고 나를 일어서게 하였다. 양손은 자유롭지만 다리는 꼼짝할 수가 없어서 나는 일어선 채로 의자의 무게와 싸우지 않으면 안 되었다.

세 사람의 형사는 나가 버렸다. 그들과 교대로 처음 보는 형사들이 들어왔다. 몇 번이고 몇 번이고 똑같은 질문, 똑같은 주장이 되풀이되었다.

"네가 한 짓에 틀림없어. 공모자는 누구하고 누구야?"

"아무래도 대지 않을 모양이로구나. 그러면 한 가지만 물어볼 테다. 무엇이든 이 사건에 대해서 네가 아는 것이 있으면 말해 보란 말이야."

"아무것도 모릅니다."

"생각이 나지 않는다면 생각이 나도록 해주마."

하면서 그는 나의 몸을 붙잡고 앞 정강이를 세차게 걸어찼다.

"알지 못하는 것을 말할 도리가 없지 않소?"

하고, 나는 끝끝내 우겨댔다.

그는 주먹으로 나의 팔을 후려쳤다.

나는 나도 모르게 저항하려 하였다.

"이 친구가 맞설 셈이로군, 응. 재미있는 일이야. 자, 누가 이기나 어디 해보자."

그는 나의 멱살을 잡아 일으키고 있는 힘을 다하여 나의 턱을 올려 질렀다. 나는 정신이 아찔하여 눈물이 핑 돌았다. 나는 손을 내리고 그가 하는 대로 내버려 두었다. 그는 몸에 상처가 나지 않을 정도로, 나를 실컷 두들기고 나더니 못마땅하다는 듯,

"후에 다시 한번 만나 보세."

하고 나가 버렸다.

나는 나의 변호사를 만나고 싶었다. 그러나 아무리 하여도 만날 수가 없었다. 변호사 측에서도 나를 만나 구해낼 방법을 의논하고자 애타게 찾아다녔지만 끝내 나의 거처를 알아내지 못하였던 것이다. 이것은 내가 돌림을 당하고 있었기 때문이었다. 한 경찰서에서 딴 곳의 경찰서로 적어도 이십사 시간 만에 한 번씩 옮겨지고 있었던 것이다.

그 누가 '브라이트슨이 여기 있는가?' 하고 찾아오면 '여기에는 없어' 하고 딴 경찰서의 이름을 대 준다. 그곳에 가면 '여기 있었지만 지금은 여기에 없어' 하고 만다. 이런 식으로 아무도 나와 면회를 하지 못하게 하였다.

이렇게 나는 유치장을 빙빙 돌아다니며 삼 주일을 보냈다. 그간에도 몇 번이나 그 넓고 텅 빈 방에서 의자를 짊어지곤 하였다.

나의 정강이 살가죽은 벗겨지고 발목에서 무릎까지 시퍼렇게 멍이 들었다. 의자를 짊어진 채 나자빠지도록 얻어맞은 일도 한두번이 아니었다. 그

러나 상처가 나지 않게 때렸다.

"너같이 고집 센 놈은 처음 보겠다."

하고 수사관이 말하였다. 그리고서 나는 잠을 못 자도록 정신적인 고문을 당하였다.

내가 잠을 이루려면 질문을 하거나 흔들어 깨워 잠을 못 자게 했다. 그래도 나는 입을 열지 않았다. 드디어 그들은 법정에 나섰을 때 나의 쇠약함이 너무 눈에 띄게 될 것을 생각해서인지 이러한 고문을 중지하였다.

잘못을 반성하고

어느 날 브라이트슨이 감방에 있을 때 감방 앞에 낯선 남자가 발을 멈추고 그에게 말을 걸어왔다. 이 사람은 '우리들의 아버지'라 일컬어지고 있는 유명한 사회교육가 라이트 씨였다. 철창문을 통하여 라이트 씨는 브라이트슨에게 한 권의 책을 건네주었다. 그 책은 〈처세(處世)의 기술, 인생의 대가(代價)를 읽는 법〉이었다.

브라이트슨은 그 책을 읽었다. 그것은 좀 색다른 책이었다. 브라이트슨은 이상하게도 그 내용에 마음이 쏠리는 것을 느꼈지만 아직은 충분히 책 내용을 이해하지 못하였다. 그러나 그가 책에 대해서 이렇게 흥미를 가져 보기는 생전 처음 있는 일이었다. 이틀 만에 라이트 씨는 다시 나타나서 책을 읽었느냐고 물었다.

"읽어 보았소."

"읽어 보았으면 자네가 여기에 들어온 것은 퍽 값비싼 입장료를 치르게 된 셈이라는 것을 깨달았을 텐데."

"경찰 자동차로 무료로 실어다 주던데요."

라이트 씨는 웃으며,

"자네는 맨 처음에 길을 잘못 들었을 때부터 여기에 들어올 입장권을 사기 시작하였던 것일세. 당신은 예약으로 입장권을 산 셈이지. 치른 대가가 너무 비싸다고는 생각하지 않는가? 도대체 어째서 이렇게 되었는가?"

비로소 뜻이 통하는 상대를 만나 브라이트슨이 라이트 씨에게 어려서부터의 자기 과거사를 전부 털어놓았다. 듣고 난 라이트 씨는 긴 탄식과 함께 말하였다.

"항상 내가 말하고 있는 그대로군. 사람은 언제나 자기 경우에 따라 자기에게 가장 적합하고 유익한 길을 발견하지 않으면 안 되는 법일세. 그 길을 잘못 택하여 옳지 못한 길에 빠지면 싫든 좋든 간에 값비싼 대가를 지불하지 않으면 안 되는 거야. 아니, 브라이트슨 씨, 자네는 내가 설명할 것도 없이 이제는 충분이 그것을 알고 있네. 자네는 자기의 그림자에서 떠나지를 못하고 있는 것과 마찬가지로 자기가 저지른 죄의 결과에서 벗어날 수 없는 것이야."

그리고는 매주(每週)마다 라이트 씨는 브라이트슨의 감방을 찾아와서는 이런 식으로 교훈을 주었다. 그리고 최후로 그는 말하였다.

"이제 자네는 결심을 해도 좋을 때라고 생각하네. 언제까지라도 이러한 곳에 있고 싶으면 있어도 좋아. 그러나 자네도 이제는 쓸데없이 값비싼 대가를 치르고 있다는 것에 마음이 갔을 것이야. 그것을 알았다면 이러한 부질없는 짓은 하루속히 청산하는 결심을 하는 것이 어떻겠나? 그렇게 할 마음이 있다면 내가 성의껏 힘이 되어 주겠네. 자백하게. 그리고 대가를 치르게. 자네가 다시 사회에 나오면 부족하나마 힘이 되어 주겠네."

브라이트슨은 죄악의 구렁텅이에서 빠져나올 결심을 하였다. 그는 자진하여 모든 것을 자백하였다. 이러한 자기 고백으로 인해서 죄는 가벼워지고 사 년 징역을 언도받았다.

미시간 감옥에서 그는 착실하게 복역하였다. 간수들에게 자기는 모든 것을 물로 씻은 듯이 개심하였다고 언명했다. 간수들은 그런 소리를 하는 자일수록 배반하는 경우가 많은 것을 알고 있었기 때문에 때때로 브라이트슨을 시험해 보았다. 그러나 브라이트슨은 진실로 착한 인간으로 변하였다. 사 년 동안의 복역 중 한 번도 사고 없이 그는 무사히 수형 생활을 마치고 출옥하였다.

대도(大盜)에서 소시민으로 고향에 오다

감옥에서 나오자 그는 포드 공장의 직공이 되었다. 그의 맹세와 같이 착실하게 일 년을 열심히 일하였다. 그리고 얼마 만큼의 돈을 모아 세인트루이스에 가서 경찰서장을 만났다.

"저는 이전에 이 고장에서 자라난 사람인데 먼젓번 서장에게 추방을 당하였습니다. 그러나 저는 이 거리에 다시 돌아오고 싶습니다. 저는 깨끗이 과거를 청산하고 올바른 길을 걸으려고 결심하고 있습니다. 모쪼록 저를 이 고장에서 다시 살게 해 주십시오."

하고 부탁하자 서장은,

"좋소, 당신은 자유로이 이 거리에서 일하시오. 그러나 우리는 당신을 항상 눈여겨보고 있겠소. 이유는 잘 아시겠지만, 그렇다고 자유를 조금도 속박당한다고는 생각하지 마십시오. 당신의 성공을 축복하고 있으니까요."

라고 말하였다.

브라이트슨은 저금한 돈으로 트럭을 한 대 사가지고 자기가 운전하여 운송업을 시작하였다.

이리하여 번 돈으로 또 한 대의 트럭을 사고 사람을 고용하여 운행시켰다.

이리하여 이삼 년 만에 열여섯 대의 트럭과 은행 예금까지 가지게 되었다.

어느 날 그가 상가 한 모퉁이에 자기 자동차를 놓고서 볼 일을 보고 돌아오니 그 자동차 안에 옛날의 갱단 셋이 앉아 있었다.

그리고 지금 자신들이 꾸미고 있는 일에 그를 꼬드겼다. 넷이 탄 자동차가 어느 은행 앞을 지날 때 갱의 한 사람이 손으로 가리키며,

"저것이야. 문제 없이 해낼 수가 있지."

하고 말하였다.

브라이트슨은 호주머니에서 수표장(手票帳)을 꺼내어 세 사람에게 보이며 말하였다.

"나는 저 은행에 쳐들어가는 것에는 조금도 흥미가 없다네. 나는 저 은행을 상대로 육천 달러까지도 수표를 뗄 수가 있다네. 금고를 폭파하지 않아도 펜촉 하나로 편하게 돈을 꺼낼 수가 있단 말일세."

브라이트슨은 세인트루이스의 어떤 양조회사의 깨어진 유리조각·깨어진 병·부서진 컵 등을 처리하는 일을 하청으로 맡고 있었다. 이 회사에서는 그 공장에서만도 하루에 삼 톤이나 넘는 유리조각이 나왔다.

브라이트슨은 생각해 보았다. 이 유리 파편들을 왜 쓰레기같이 내다 버리지 않으면 안 될까? 생각이 여기에 미치자 불현듯, 웨스트버지니아의 유리 공장에서는 원료로서 유리 부스러기를 일 톤에 팔 달러씩을 주고 사들이고 있음을 알아냈다. 그는 지금 유리 조각 운반용 철도 차량을 다섯이나 소유하고 있으며 그에 따른 인부 일곱 명을 고용하고 있다.

어둠에 빛을, 희망을 주는 전도사

브라이트슨은 돈 버는 일에만 몰두하는 것이 아니라 자기가 살고 있는 고장의 사법 보호위원으로서 사회적으로도 적극 활동하고 있다.

과거에는 잘못을 저질렀지만 악몽에서 깨어나 새로운 삶을 지향하는 사람들에게 직업을 알선해 주며 또 다시는 죄를 범하지 않도록 보호하며 선도하는 일에 적극 협력하고 있는 것이다.

그뿐 아니라 한걸음 더 나아가 악(惡)의 길로 자기도 모르는 사이에 빠져

들어갈 가능성이 많은 실업자들, 불량 소년들을 사전에 도와주려고 빈민굴에 찾아들어가 그들에게 일하는 의욕과 희망을 가질 수 있도록 일거리를 주고 좋은 설교자의 가르침을 들을 수 있는 모임을 베풀고 있었다.

그는 라이트 박사의 팸플릿을 나누어 주며,

"인생은 공짜가 아니다. 그 대가를 알아야 한다. 훌륭한 희망과 목적을 위하여 어떻게 하여야 하는가? 목적도 없고 희망도 없다는 것은 마치 들 한복판에 빠져나갈 길 없이 고여 있는 물과도 같다. 물은 마침내 썩을 것이며 없어지고 말 것이다. 이러한 인생은 산송장과 같은 인생이다. 올바르고 높은 희망과 목적을 가져야 한다. 목적과 희망을 위하여 그것에 도달하기 위하여 치러야 할 대가를 생각해 보라. 확실한 계획을 가져라. 인생은 결국 공짜가 아니다. 하물며 죄악의 길로 떨어져서 인생을 등지는 데 값비싼 대가를 치르는 어리석음을 저질러서야 되겠는가?"

라며 열심히 설명하여 그들의 친밀하고 믿음직한 벗이 되어 존경을 받았다.

디트로이트의 호텔에서 브라이트슨과 저녁 식사를 같이한 지 육 년이 지난 어느 날 나는 브라이트슨의 집에 전화를 걸었다.

브라이트슨은 지금 곧 오실 수 있으면 재미있는 것을 보여드리겠다고 하였다.

십오 분가량 후에 나는 브라이트슨의 집에 닿았다. 그곳은 아담하게 지은 손길이 아주 잘 간 주택이었다. 시간은 오후 여덟 시 반쯤이었는데 집안에서는 즐거운 웃음 소리가 가득 차 있었다.

나는 곧 육칠 명의 사람에게 소개되었다. 브라이트슨 부인은 키가 후리후리하고 날씬한 체격에 말쑥하게 옷을 차려 입고 검은 빛의 생생한 눈동자와 상큼한 머리를 하고 있었다.

가정생활에 있어서도 그는 충실한 주인이었다. 어린아이는 셋인데, 제일 큰딸 트로시는 열여섯 살이다. 트로시는 브라이트슨이 백육십만 달러 강탈사건으로 감옥에 있을 때 죽은 전처(前妻)가 낳은 딸인데, 지금은 여학교에 다니고 있다. 둘째가 필이라는 사내아이로 열한 살, 셋째인 듀익도 역시 사내아이로 일곱 살인데 이 두 아이는 현재의 부인에게서 난 아이들이다. 모두가 행복하고 단란한 가족들이었다. 아이들이 음악을 좋아한다 하여서 가족 전부가 조그마한 밴드를 조직하고 있었다.

나는 브라이트슨 일가의 오케스트라를 듣는 기회를 가졌다.

어머니는 노래를 부르고 장녀 트로시는 피아노 솜씨를 보이고, 필이 트럼펫을 불고, 듀익은 하모니카를 불었다. 아버지인 봅 브라이트슨은 아코디언을 연주했다. 그리하여 그들은 유쾌하고 즐겁게 노래하며 춤추었다.

내일은 하나의 희망이다

"트로시가 피아노를 배울 나이가 되어서 가르치려고 하였으나 처음에는 아무리 해도 흥미를 갖지 않았습니다."

하고 브라이트슨 부인이 나에게 설명하였다.

"그래서 그애 아버지가 피아노 연습을 시작하였지요. 아버지가 배우는 것을 보고 트로시도 얼마간 재미가 난 것인지 그로부터 두 부녀(父女)가 어느 쪽이 빨리 연습곡을 치게 될 수 있는가 경쟁을 시작했습니다. 그 후부터 트로시는 피아노와 아주 친하게 되었습니다. 사내아이들에게 음악을 가르칠 때도 마찬가지였습니다. 막내도 피아노를 칩니다. 그래도 오케스트라를 할 때에는 피아노는 한 대밖에 없어서 막내는 하모니카를 불지요.

그날 밤 유쾌한 오케스트라가 끝나고 아이들이 잠자리에 들어간 후 나는 브라이트슨에게 말하였다.

"당신은 정말로 좋은 아버지가 되려고 노력하고 계십니다."

브라이트슨은 대답하였다.

"나는 될 수 있는 대로 아이들에게는 좋은 아버지가 되려고 생각하고 있습니다. 트로시는 이미 나의 과거를 알고 있지만 딴 두 아이들은 어리기 때문에 아무것도 얘기하지 않았습니다. 장차 기회를 타서 모든 이야기를 하여 나의 과오에 대한 대가를 치를 생각이지만 아이들이 그런 사실을 안 이후에도 나에 대한 신뢰(信賴)를 잃지 않아 주기를 나는 간절히 바라고 있습니다."

여러분이나 내가 범한 과오는 브라이트슨의 그것에 비교하면 비교가 되지 않을 만큼 사소한 것이리라. 그러나 반성의 깨달음을 요하는 것은 마찬가지다. 브라이트슨이 과오를 고칠 수 있었다면 우리들도 똑같은 반성과 깨달음을 얻을 수 있는 것이다.

에머슨은 훌륭한 금언(金言)을 남겼다.

오늘의 일은 오늘 해와 함께 그치게 하라. 당신은 당신이 할 수 있는 일을 하는 동안에 실패나 과오도 있을 것이다. 이것은 될 수 있는 대로 빨리 벗어나라. 내일은 또다시 새로운 하루가 시작된다. 마음을 새롭게 하여 지 난날의 악몽(惡夢)에 얽매어 괴로워하지 않는 높은 정신을 가지고 새로운 날 을 맞이하라.

과거에 대한 이러한 태도는 바로 오늘을 살아가는 우리에게는 생활에 충 실하도록 한다. 이에 대하여 우리들의 마음을 북돋아 주는 마음의 한 줄기 처세철학을 기억함이 좋을 것이다.

어제는 하나의 꿈이며
내일은 하나의 희망이다.
오늘의 삶을 충분히 하였을 때
모든 지난 날은 즐거운 꿈이며
모든 앞날은 빛나는 희망이리라.
그러니 오늘을 똑똑히 보라.

DALE CARNEGIE

11
적극적인 자만이
행운을 성취한다

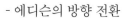

- 에디슨의 방향 전환

- 웃음거리였던 포드의 자동차

- 행운은 결정적인 때 오는가

- 행운의 주인공들

- 행운은 어디에도 있다

- 끊임없는 노력이 행운을 얻는다

- 광명은 사소한 곳에서

- 행운이 행운을 낳는다

DALE CARNEGIE

11. 적극적인 자만이 행운을 성취한다

> 행운은 언제, 어디랄 것 없이 인생의 모든 장면에 뿌려져 있는 것이다. 당신
> 은 다만 이것을 깨닫지 못할 뿐이다. 그것은 아직도 당신 자신의 인생행로
> 를 정하지 못했기 때문이다.

토머스 에디슨과 어빙 베칠러 두 사람은 저녁 식사를 같이한 후에 2층에 있는 에디슨의 거실에서 잡담을 하고 있었다. 베칠러는 무심코 방안을 둘러보다가 벽(壁) 한 모퉁이에 걸려 있는 신문지 한 뭉치를 옆구리에 끼고 서 있는 소년을 그린 그림을 바라보고 '저 그림 속의 소년이 누구인가?' 하고 에디슨에게 물었다.

"저것이 바로 나의 어린 시절의 모습이오."

라고 에디슨은 그 사정을 다음과 같이 설명하였다.

❝ 나는 소년 시절에 거리에서 신문을 팔았다. 얼마 후엔 디트로이트와 사기나를 왕래하는 기차 안에서 신문을 팔 수 있게 되었다. 내가 이 신문팔이를 그만두게 된 까닭은 전혀 예상치도 않았던

우연한 동기였다. 그것을 상세하게 이야기하면 사람의 운이라는 것이 어떻게 뜻하지 않게 다가오며 어떻게 생각도 하지 않은 곳으로 사람을 끌고 가는가를 알 수가 있다."

베칠러가 전하는 에디슨의 이야기는 다음과 같다.

에디슨의 방향 전환

사기나에서 디트로이트로 달리는 기차간에서 나는 신문을 한 묶음 옆구리에 끼고서 휴게실 칸으로 들어갔다. 그러자 신사 한 사람이 나를 불러 세웠다. 신사는 확연히 알아볼 수 있는 남부 사람으로 훌륭한 양복에 빳빳하고 높은 칼라, 가슴에는 시계의 금줄이 번쩍이고 검고 높은 중절모를 쓰고 있었다. 기다란 시가(담배)를 입가에 비스듬히 물었으며, 옆에는 흑인 시종 한 사람이 앉아 있었다.

"꼬마야, 네가 가지고 있는 것이 무어냐?"

하고 이 시골뜨기 소년에게 신사가 물었다.

"신문이에요."

"그게 다 몇 장이냐?"

"서른네 장 있어요."

"그것을 창(窓) 밖으로 내던져 버려라!"

하고 신사는 엄숙히 명령했다.

나는 영문을 몰라 주저했다.

"어서 창문 밖에 내던지라는 거야. 대금은 내가 치러 줄 테다."

나는 그 말 한마디에 달리고 있는 기차 창 밖으로 신문 뭉치를 내던졌다. 신사는 거만스럽게 흑인 하인더러 돈을 치러 주라며 지시했다.

그 흑인은 나에게 돈을 치러 주었다. 나는 나의 짐보따리가 있는 차칸으로 돌아왔다. 이렇게 손쉬운 장사를 해 보긴 처음이었다. 나는 또 한 번 그 신사를 시험해 보려고 생각했다.

다리가 비틀거릴 정도로 양손에 가득 잡지 등을 안고서 또 한 번 휴게실로 들어섰다. 과연 신사가 또 물어왔다.

"꼬마야, 네가 가지고 있는 것이 또 무어냐?"

"잡지책이에요"

"몇 권이냐?"

나는 적당히 대답하였다.

"전부 창 밖으로 내던져!"

나는 하라는 대로 창 밖으로 책을 전부 내던졌다. 선로(線路)의 반 마일가량은 잡지책으로 깔렸으리라고 생각했다.

이번에도 그는 하인더러 돈을 치러 주라고 지시했다.

나는 이 괴상한 장면을 이해할 수가 있었다. 이 신사는 잠시 동안 자기 과시욕적인 여행(旅行)을 즐기고 있는 중이었다.

당시 사람들은 간혹 로마 황제라도 된 것처럼 이런 호탕한 여행을 즐기고 있었다. 이 신사도 사람을 놀라게 하여 자기만족을 즐기고 있었던 것이다. 나는 그것을 오히려 이용함과 동시에 운명의 신(神)이 나를, 이 신사의 즐거운 장난 도구로 써 준다면 기꺼이 거기에 순종해 볼 것이라고 결심하였다.

나는 곧 짐보따리가 있는 차칸에 되돌아와서 이번에는 소설책을 양손에 가득 들어 냈다. 차장이 거들어서 산같이 쌓아올려 주었다. 나는 소설 속의 그 어떠한 스릴보다도 더한 스릴을 느끼면서 간신히 이것을 휴게실 안으로 운반하여 운명의 눈짓이 어떻게 되는가를 기다렸다.

또다시 남부 특유의 그 신사 목소리가 나의 귓전을 울렸다.

"꼬마야, 네가 가지고 있는 게 또 무어냐?"

"소설책이에요."

"몇 권이야?"

나는 소설책을 바닥에 내려 놓고 그 수를 세어 말하였다. 그러자 그 고마운 명령이 다시 내려졌다.

"창 밖에 집어던져."

나는 닥치는 대로 내던졌다. 내던지면서 나는 무슨 기괴한 탐정 소설의 주인공이라도 된 것 같았다. 창 밖으로 내다버린 소설책들은 살아서 어디론지 걸어가는 것 같다는 생각이 들었으며, 또다시 거만스러우면서도 고마운 소리가 울렸다.

"어서 돈을 치러 줘라."

나는 잔뜩 돈을 받아서 닥치는대로 호주머니에 쑤셔 넣고 짐보따리가 있는 곳으로 다시 돌아왔다. 속까지 텅 빈 짐보따리 상자를 바라보면서 나는 다시금 생각해 봤다.

나의 유일한 장사 밑천인 짐보따리 상자를 이젠 어찌한다? 나는 또 한번 시험해 보기로 하였다. 빈 상자를 휴게차간으로 들고 갔다. 내가 상자를 들고서 휴게실의 문을 열자, 열차 안에 있던 사람들이 한바탕 웃었다.

그러자 귀에 익은 소리가 또 들려왔다.

"꼬마야 무엇을 가지고 왔느냐?"

"내 장사 밑천 짐보따리 상자입니다."

"몇 개 가지고 왔어?"

퉁명스럽게도 신사는 미소를 지으며 말하였다.

"한 개뿐이에요."

"창 밖으로 내던져라."

나는 주저없이 상자를 기차 난간으로 가지고 가서 선로에 내던졌다. 하인은 또 돈을 지불하여 주었다. 나는 그 돈을 주머니에 넣고서 신문 파는 일을 그만두었다.

*　　*　　*

이러한 뜻하지 않은 행운이라는 것도 일생 동안에 한 번쯤은 있는 법이다. 에디슨은 그 공짜 행운을 공부하는 데 이용하였다. 전신(電信)에 관한 공부부터 시작하여 전부터 흥미를 가지고 있던 전기과학(電氣科學)의 연구에 전력을 다하였던 것이다.

웃음거리였던 포드의 자동차

헨리 포드에게서 내가 직접 들은 사실적인 이야기이다. 포드가 말(馬) 없는 마차, 즉 자동차를 처음 만들어 낸 것은 디트로이트 에디슨 회사의 감독의 한 사람으로 일하고 있을 때였다.

포드는 몇 가지 생각 나름대로의 차를 만들어 보았으나 이러한 것이 히트 상품이 되리라고는 꿈에도 생각지 못하고 있었다.

때마침 애틀랜틱에서 전등회사(電燈會社) 관련 모임이 있었을 때 포드 자신도 여기에 참석하였다. 회의가 끝난 후 열린 연회석상에서 연석의 중앙에는 토머스 에디슨이 자리 잡고, 그 옆에는 디트로이트 에디슨 회사의 대주주(大株主) 한 사람이 앉아 있었다.

에디슨을 중심으로 하여 축전지(蓄電池)의 마력(馬力)으로 말 없는 마차를 달리게 할 수 있느냐 없느냐는 화제로 이야기가 벌어졌다. 이때 에디슨 옆에 앉아 있던 주주가 에디슨을 보고 말하였다.

"당신이 먼저 얘기해 보면 오늘 여기에 참석한 사람 중에서 반드시 재미있으리라고 생각하는 사람이 있습니다. 그 사람은 말 없는 마차가 가솔린으로 움직일 수 있다고 생각하고 있지요. 현재 실제로 그는 대여섯 대를 시험 삼아 만들고 있습니다. 이 차를 가지고 그 젊은이는 디트로이트 시가지를 타고 다니면서 말들을 혼비백산시키며, 유모차를 밀고 가는 유모를 놀리게 하고, 거리 사람들의 웃음거리가 되어 있는데, 어쨌든 그 차가 달리는 것만은 사실입니다."

"그리고 매일 아침 그 사람은 그 차를 집 앞에 끌고 나와, 여러 가지 손질을 하고는 손을 차 안에 집어넣어 크랭크를 돌리면, 기계가 돌아가기 시작하면서 요란한 소리를 내어 차체가 마구 흔들리면서 꽁무니에서는 큰 폭음과 함께 시커먼 연기를 뿜고 차는 움직이기 시작합니다."

"……."

"그러면 이 젊은이는 차를 집어타고 키를 잡으며 시가지를 돌아 공장으로 냅다 몰고 온답니다. 저녁이 되면 마찬가지로 그 차를 타고 집에 돌아가는데, 어쨌든 기묘한 차입니다만 좌우간 그는 그것을 타고 돌아다닙니다."

에디슨은 이 말을 듣자마자 깊은 감동을 느꼈다. 그는 지금까지 그러한 것이 있는 줄을 몰랐었다. 그는 당장 그 젊은 사나이 포드를 자기 옆자리로 불렀다. 그리고 포드에게서 반 시간 동안이나 자세한 설명을 들었다. 포드가 설명하면 설명할수록 에디슨은 더욱더 깊은 흥미를 느꼈다. 에디슨은 주먹으로 책상을 탁 치며 말하였다.

"힘껏 해보오! 포드군, 자기가 적재(積載)한 연료로 자기가 힘을 내는 기관이라니 재미있군. 어디까지나 연구를 계속해서 좋은 것을 만들도록 힘쓰시오. 참으로 이것은 놀랍고 설득력 있는 이론이야."

포드의 일생에서 가장 큰 행운의 열쇠였다. '그것은 어떤 뜻이라고 생각하는가?'라고 포드가 나에게 말했다. 그리고 포드는,

"그것은 이러한 까닭이라네. 나는 에디슨의 격려를 듣고서 거의 단념해버리려고 하고 있던 이 기괴한 자동차의 개량을 다시 열심히 하기 시작하였던 것이지. 그리고 드디어 일반에게 팔 수 있는 자동차로 개량할 수가 있었단 말일세."

행운은 결정적인 때 오는가

노먼 벨 게디스라고 하면, 미국이 낳은 무대(舞台) 미술가로서 최고의 천재라고 세계에 명성을 떨친 사람이다. 그가 디자인한 연극과 오페라의 무대장치의 횟수는 이미 이백이나 넘었으며, 그 장면의 수는 수백을 헤아렸다. 그리고 장식(裝飾)이나 조명(照明)을 고안한 수 또한 헤아릴 수가 없을 정도였다.

그가 창안해 낸 장치들은 독특할 뿐만 아니라 비범하고 새로운 한 방법으로 전 미국에서 모방되고 있었으며, 유럽에서도 채용되고 있었다.

게디스는 자신의 어려웠던 시절을 나에게 얘기해 주었다. 태평양 연안의 어떤 도회지에서 극장용품 회사의 그림쟁이로 일하고 있던 그에게, 어떤 큰 영화사에서 불러주어 그곳으로 옮겼다.

영화사에서는 그와 또 한 사람(렉스 잉그램)을 같은 급료를 주고 감독 보조자로 채용했다. 잉그램은 여기서 꾸준히 수업하여 후에는 이름난 대감독이 되었다. 게디스는 반년쯤 계속하다가 아무래도 그 일이 자기에게는 마땅치 않음을 깨닫고, 영화사를 그만두었다.

이때부터 고난은 시작되었다. 그는 한 푼 없는 알거지 신세로 전락하여 일터도 구하지 못한 처지였건만, 처(妻)와 젖먹이를 먹여 살려야 할 책임이 있었다. 그러나 주머니에는 오 달러 구십오 센트밖에 남아 있지 않았다.

1918년 여름 어느 날 오후에 그는 로스앤젤레스 공원의 벤치에 앉아 피곤한 몸을 잠시 쉬며, '내일은 어떻게 지내야 할 것인가'하고 한숨을 길게 내

쉬며 생각에 잠겨 있었다. 옆자리에 있던 사람이 일어서고 그 자리에 읽다 만 잡지를 버리고 갔다. 그것은 문학지 〈다이제스트〉였다. 우연히 이때 바람이 불어와서, 잡지의 표지(表紙)가 들췄다 닫혔다. 게디스는 얼핏 잡지의 페이지에 커다란 활자로 쓰인 표제자를 보았다. 그 표제자는 〈젊은 예술가를 후원할 백만장자〉라고 되어 있었다.

그는 잡지를 들고 내용을 자세히 읽어 보았다. 그것은 뉴욕의 은행가이자 사회사업가의 한 사람인 오토 칸을 방문한 인터뷰 기사였다. 의견으로는, 돈 많은 사람은 모름지기 불우(不遇)한 처지에 있는 유명한 예술가를 도와 주어야 한다는 내용이었다. 게디스는 이것을 읽자, 즉시 오토 칸에게 전문(電文)을 보냈다.

전문의 사연은 이랬다. 우선 간단한 자기의 약력(略歷)을 쓰고, '처자를 데리고 뉴욕에 가서 극장의 일을 구할 때까지, 이 주일간 머물 수 있는 비용을 베풀어 주십사'라는 내용이었다. 전보를 치고 나자 그의 호주머니엔 사 센트밖에는 남지 않았다. 그런데 하늘의 도우심인가 이십사 시간 안에 회답이 왔다. 그는 우체국에서 사백 달러를 받았다.

이 주일 후, 게디스는 아내와 젖먹이를 데리고, 커다란 비누상자에 가득 채워진 일종의 휴대용 스튜디오라고 할 만한 나무상자를 가지고 뉴욕에 도착하였다. 그 휴대용 스튜디오 속에는 그만이 연구하고 고안해 낸 무대 고안(舞臺考案)의 수채화와 데생이 가득 들어 있었다. 그리고 어느 토요일 정오 직전, 그는 이 큼직한 나무상자를 옆에 끼고 오토 칸의 사무실을 방문하였다. 그때는 사전에 면회 시간의 형편을 알아본다든가 하는 생각은 조금도 하지 않았다.

게디스가 오토 칸의 사무실에 들어가서 찾아온 뜻을 고하니, 사무실 사람들은 누구 하나 게디스의 일에 대해서 전혀 모르고 있었다. 게디스 자신도 놀랐다. 칸은 사람을 통하여, '게디스가 뉴욕에 온 것을 기쁘게 생각한다. 장래의 성공을 바란다. 그러나 오늘은 시간이 없어서 만나지를 못하니 양해하라'고 전언(傳言)하였다.

이 정중한, 그러나 자신을 무시하는 듯한, 대수롭지 않게 여기는 형식적인 인사는 서부에서 갓 나온 단순 소박한 젊은 예술가를 매우 실망시켰다. 한편으로 무슨 잘못이 아닌가 하고 어리둥절하기도 하였다. 그는 사무실에 있는 사람들을 아무나 붙잡고 사정을 호소했다. 그 결과 칸으로부터 잠깐 동안이면 만나도 좋다는 허락이 내렸다.

게디스는 도안이 가득 찬 상자를 짊어지고 칸의 방으로 성큼 들어갔다. 칸은 놀란 얼굴로 이것을 보고 흥미를 느낀 모양이었다. 그러나 그는 곧 여행을 떠날 시간이 닥쳐오고 있기 때문에 한가하게 상자 속의 스케치를 구경할 시간 여유가 없노라고 말하였다.

게디스는 절망하였다. '이까짓 형식적인 면회는 해서 무얼 한담' 하고.

"누가 정말로 나의 그림을 보아 주겠습니까. 당신 이외에 나를 알아주는 사람이 어디 있단 말씀입니까?"

하고 그는 눈물을 흘렸다.

"군은 이렇게 하는 것이 좋을 것일세. 내일 아침, 시골에 있는 나의 집으로 오도록 하지. 그러면 찬찬히 그것을 볼 수가 있을 것이야." 칸은 동정하여 말하였다.

칸은 메트로폴리탄 오페라회사와도 다년간 관계하고 있던 만큼 그림과 문학에 조예(造詣)가 깊었다.

그 다음날 일요일 아침, 그는 자기 눈앞에 벌어진 그림의 힘찬 구상력·독창성, 야심적인 새로움에 경탄하여 마지않았다.

일주일 후, 게디스는 칸의 호의에 넘치는 소개를 얻어 꿈에도 그리던 그 유명한 〈메트로폴리탄 오페라〉의 지배인으로부터 무대장치를 의뢰받았다. 그의 능력이 빛나는 출발은 여기서부터 시작되었다.

행운의 주인공들

앞에서 우리는 행운에 대한 사례를 몇 가지 살펴볼 기회가 있었다.

에디슨의 성공적 기반이었던 남부의 시골 신사에게서 얻은 희극적인 돈벌이는 에디슨으로 하여금 어떠한 반향을 일으켜 위대한 효과를 가져오게 하였을까? 또한 에디슨이 포드의 이야기를 듣고 책상을 치며 격려한 말이 어찌하여 그와 같은 위대한 영향을 성공에 미치게 되었을까? 바람에 날린 잡지 기사의 내용이 빈털털이였던 게디스로 하여금 그 빛나는 성공으로 인도하였을까?

그것은 이 사람들이 모두 자기의 목적을 가지고 있었기 때문이다. 성공한 사람들의 발자취를 더듬어 보면 볼수록, 또 살피면 살필수록 행운이라는 것은 인생에서 얻고자 하는 목적을 명확하게 가지고 또한 이 목적을 위하여 대가를 치르려고 노력하는 사람들 위에 찾아오는 것임을 알 수 있다.

행운이라는 것은 이러한 동적(動的)인 의미로서 이해하는 것이 중요하다. 당신은 이 책에서 다른 것은 아무것도 배우지 않아도 상관없지만, 이 한 가지만은 반드시 알아 주기를 바란다. 이것을 이해한다면 금후 당신은 반드시 커다란 행운을 잡을 수가 있을 것이다.

유명하든 무명이든 이 책에 소개한 성공한 사람들의 일생에도 종종 행운이 찾아옴을 알 수가 있었다. 일례(一例)를 든다면 이십 세기의 오듀본이라고 불리는 조류화가인 브라샤 같은 이도 수십 년에 걸쳐 심혈을 기울인 조류도보(鳥類圖譜)를 세상에 드러내게 된 실마리는 우연한 기회였다. 그 사람의 존재를 알게 된 잡지 편집자의 의뢰(依賴)로 방문기사를 써서 그 잡지에다 발표한 바로 그 순간었다. 이 방문기사에 의하여 브라샤의 존재는 온 세상에 알려지고 그 가치 높은 업적은 세상에 나타나게 되었던 것이다.

사업가든 학자든 또는 기술자이든 성공한 사람의 생애에는 반드시 행운이 따르고 있다. 어떠한 역사나 전기(傳記)를 읽어 보아도, 운이라는 것이 커다란 역할을 하고 있지 않은 일이 없다.

그러나 당신이 지적하는 여러 성공한 사람들은 거의 전부 다 그러한 행운을 잡을 기회가 많은 대도시에서 활동하고 있다. 나는 그렇지를 못하다. 나는 형편상 대도시에 나가지 못하는 입장에 있으며, 나 자신도 도시에 나가고 싶은 생각이 없다.

이러한 나의 경우에는 어떻게 되는가? 시공(時空)에 묻혀서는, 도시의 사람들과 같은 행운을 바라볼 수 있는 기회는 없지 않겠는가, 하고 말하는 사람이 있을지도 모른다. 그러나 그런 생각은 잘못이다. 시골에 있다고 해서 행운이 깃들지 않는다는 법은 없다. G. A. 가바는 조그마한 시골 마을에서도 성공한 위대한 사업가가 되었다. 시골에 있으면서 위대한 성공을 이룩한 사람은 얼마든지 있다. 헨리 워즈 비맨 같은 사람은 그 한 가지의 좋은 실례가 된다. 그는 코네티컷주 뉴브레스튼의 인구가 겨우 팔백 명인 조그만 마을에 있었지만, 그의 이름은 전 미국에 떨치지 않았던가.

행운은 어디에도 있다

여기에서 시골 작은 마을에 있던 헨리 워즈 비맨에 대해 알아보자. 그는 젊어서부터 목공(木工)이 될 것을 희망하여 마침내 우수한 기술을 가진 목수가 되었다. 그리고 결혼하여 아이 아버지가 되었다. 자식이 있다는 것은 그의 인생 목적을 대표하는 것이었다. 비맨은 나에게 이렇게 말했다.

"나는 나의 희망을 똑똑히 자각하고 있었다. 나의 희망은 아이를 많이 낳고 이 애들을 행복하게 기르는 것이다. 아이들을 위하여 최선을 다하는 것이 나의 소원이었다. 여기에서 인생은 즐겁고, 가족과 더불어 나의 장래의 운명이 열리리라는 것이 나의 신념이었다."

목수인 비맨은 음악을 좋아했다. 특히 바이올린을 좋아하여 켜기도 잘하였다. 어린 것들이 다섯으로 늘어나게 되자 목수의 수입만으로는 생활의 여유가 없었다. 아이들의 양육비를 희생하지 않고서 좋은 바이올린을 살 수 있는 날이 언젠가 올 것이라는 소망은 꿈과 같은 이야기였다. 그래서 그는 자기 마음에 맞는 바이올린을 자기 손으로 만들어 보겠다고 결심하였다.

이리하여 그는 바이올린의 제작 방법을 쓴 책을 구하여 읽고, 일의 여가를 활용해서 산에 들어가 적당한 재료가 될 나무를 찾아다녔다. 그리하여 마침내 이상적인 나무를 발견한 후, 알맞은 계절을 선택해서 이것을 잘라 바이올린의 뒷통, 즉 바이올린의 가장 중요한 부분이 되는 몸통 부분을 깎아 냈다. 다른 부분도 적당한 나무를 써서 역시 자기 손으로 깎았다.

이 최초의 작품은 만족한 것이 못되었다. 그래서 그는 이번에는 독일이나 이탈리아제(製)의 바이올린으로 부숴진 것이나 금이 가서 못쓰게 된 고물을 사 모아서, 이것을 수선하여 보았다.

이렇게 그는 자기의 자력(資力)으로는 살 수 없는 좋은 바이올린을 얻기 위해서 몇 번이고 제작을 거듭하였다. 그가 만든 바이올린이 무려 오십여 개에 달했으며 그 외에도 여덟 개의 첼로를 만들었다. 이것들은 모두 훌륭한 것이어서 음악 전문가도 높이 칭찬하였으며 공연(公演)에 사용된 적도 있었다.

끊임없는 노력이 행운을 얻는다

거기에 산타클로스가 나타났다. 그는 뉴욕의 재벌가이자 예술 애호가였던 브랙스레이이다.

브랙스레이는 해마다 여름이 되면 뉴브레스톤을 피서지로 정하고 워러맥 호수에서 흑잉어 낚시질을 재미로 하고 있었다.

근처 마을에 바이올린을 솜씨 있게 만드는 목수가 있다는 소문을 듣고 어느 날 비맨을 찾아 나섰다. 브랙스레이도 바이올린을 퍽 좋아하여 두 사람은 서로 뜻이 맞아 바이올린을 연주하고 그리고 어깨를 나란히 하며 호숫가에서 낚시질을 하기도 하였다. 브랙스레이는 비맨이 흑잉어가 많이 있는 장소와 그 물고기들이 지나다니는 길에 대해서 매우 밝은 것을 알았다. 비맨은 솜씨 좋은 목수이며 우수한 바이올린 제작자인 동시에 또한 훌륭한 어부(漁夫)였다.

"비맨 군, 부탁이 있는데 어떨까? 한 보름 동안 나하고 같이 낚시 동무가 되어 주지 않겠나? 군의 주인 양반이 틈을 내주지는 않을까?"

"아니, 그건 좀 곤란합니다. 나에게는 먹여살려야 할 가족이 있습니다. 낚시질은 일의 틈이 생기면 할 뿐입니다."

하고 비맨이 대답하였다.

"그런 줄은 잘 알고 있지만, 내가 특별히 부탁하는 것이니까 목수 일로 버는 몫만큼의 돈은 지불하겠네. 그러나 우선 자네 주인 측의 형편이 어떤가를 물어보고 나서 상의합시다."

그 말을 듣고 밀포드에 있는 가구점 주인은,

"자네를 보낸다는 것은 대단히 유감이지만 그러나 낚시질 친구의 기분으로 말하자면 이런 일은 일생에도 아마 두 번 다시 없는 좋은 기회라고 생각하네. 웬만하면 나도 같이 쫓아가고 싶어 하더라고 브랙스레이 씨한테 말씀드리게."

이리하여 비맨과 브랙스레이는 낚시질을 하러 떠났다. 비맨의 좋은 안내 덕분에 운반해 올 수 없을 만큼의 많은 고기를 낚고 유쾌하고 즐거운 한 여름을 보낼 수 있었던 브랙스레이는 그 사례의 뜻으로, 호수의 어장 근처의 사람들에게 무엇이든 도움이 되는 일을 해주고 싶었다. 그 다음 해의 여름에는 사정이 생겨 낚시질을 못 가게 되었지만 비맨을 지난번 여름철과 같은 목수 임금으로 채용하여 먼 곳에 있는 강이나 냇물에서 흑잉어를 많이 잡아 가지고 이를 워러맥 호수에 운반하여 방류하게 하였다. 비맨은 중량이 백이십사 파운드나 되는 엄청난 수의 흑잉어를 석유통이나 우유통에 산 채로 넣어 가지고 운반하여 워러맥 호수에 풀어 놓았다.

비맨이 이 일을 끝마치고 보고하러 갔더니, 브랙스레이는 이런 말을 하였다.

"아무래도 이런 방법으로는 끝이 없겠어. 좀더 빨리 워러맥 호수를 그 물고기로 가득 채울 방법은 없을까? 어때 비맨 군, 흑잉어의 새끼(稚漁)를 양식해 보면. 비용은 얼마든지 내가 대줄 테니 자네가 해 볼 생각은 없는가?"

비맨은 워러맥 호수에서 흐르는, 이스트 아스베첵이라고 부르는 조그마한 냇가에 있는 낡은 물방앗간을 이용해서 우선 치어 부화장을 만들었다.

이것을 만드는 데에는 목수 일을 보는 여가를 이용하였다. 얼마 후에 이 실험 결과를 알리기 위하여 비맨은 다시 뉴욕으로 갔다.

"브랙스레이 씨, 저희들의 계획은 실패입니다. 흑잉어의 양식은 도저히 안될 것 같습니다."

"어떻게 된 것인가?"

"흑잉어 새끼는 아무것도 먹질 않습니다. 무엇을 주어도 먹지 않고 죽어 버립니다. 다른 사람들도 여러 번 시험해 보고 정부 차원에서도 해 보았다는데 하나도 성공한 예가 없다고 합니다. 그러나 가물치를 양식한다면 문제가 없습니다. 가물치는 무엇이든 다 잘 먹어 치우고 발육도 매우 빠릅니다."

"비맨 군, 상관할 것 없이 그냥 계속해서 흑잉어를 길러 보게. 비용은 얼마가 들어도 좋으니 계속해 보게. 자네의 급료도 내가 지불할 터이니, 그래도 좋다면 목수일도 집어치우고 전력을 다하여 보게. 자네가 어디까지 이 일을 해내는가를 나는 보고 싶은 거야."

광명은 사소한 곳에서

비맨은 관공서나 도서관 등의 모든 방면에서 이용할 수 있는 서적이나 팸플릿 같은 것을 찾아서 흑잉어 양식에 관한 종래의 경험과 연구 결과를 자세히 살펴보았다.

또한 실제로 실험도 수백 번 해 보았지만, 몇 번을 해도 실패하였다. 이리하여 보람 없이 여름을 두 번 보냈다. 이를 지켜본 브랙스레이는 이에 굴하지 않고 최선을 다해 보자고 위로하는 한편, 계속해 보자고 하였다. 만약 이것이 성공하면, 훌륭한 장사가 될 것이라고 격려하였다. 비맨은 다시 용기를 내어 실험, 또다시 실험으로 매진해 나갔다.

어느 날 비맨은 가물치의 양식 실험을 하기 위하여 물고기 새끼들이 들어 있는 호수의 물을 양동이에 담아 가지고 와서 큰 유리그릇 속에 부어 넣었다. 태양의 광선이 유리그릇을 통하여 그릇 속의 물을 수정처럼 밝게 비추고 있었다.

그것을 한참 들여다보고 있으니 물속에 무엇인가 아주 미세한 생물이 반짝거리며 움직이고 있는 것이 눈에 띄었다.

그것은 마치 창문 틈으로 새어드는 광선 속에 먼지가 보이는 것과 같은 광경이었다. 그러자 가물치의 새끼들이 활발히 떠돌아다니며 이 반짝거리는 미세한 생물들을 열심히 먹어치우는 것을 발견하였다.

흑잉어 새끼의 먹이를 알고자 그것만을 생각하고 있던 비맨의 머리에, 홀연 어떤 생각이 떠올랐다. 이 반짝이는 미세한 것을 가물치새끼가 저토록 탐내어 먹고 있다면, 흑잉어도 저것을 먹고 자라지 않겠는가?

드디어 그는 성공하였다. 흑잉어 새끼도 그것을 먹는다는 것을 알았다. 그리고 이 미세한 생물은 일종의 패곡류(貝穀類) 동물이었으며, 흑잉어가 있는 물속뿐만 아니라 도처에 이것이 무수하게 번식하고 있음도 알았다.

이리하여 비맨은 흑잉어의 새끼가 부화하면 곧바로 그 먹이를 발견하게 하였다. 알에서 깨어나는 것에게 이 먹이를 주면, 이것을 먹고 무럭무럭 성장해 갔다.

도구를 이용하여 호수의 물에서 얼마든지 이 먹이를 채집할 수가 있었다.

비맨은 이 발견을 정부에 보고하고, 정부에서는 이 보고에 의하여 대규모의 흑잉어 양식장을 개설하기에 이르렀다. 양식업계에는 새로운 일부문이 보태어졌다.

비맨 자신은 워러맥호 양식장을 개업하여, 성대한 장사가 되었다. 전 미국의 도처에 흑잉어를 양식하겠다는 업자들은 비맨의 양식장에서 탱크에 넣은 흑잉어의 어린 새끼들을 계속해서 사갈 수가 있었다.

행운이 행운을 낳는다

행운이라는 것은 참으로 불가사의(不可思議)한 것이다. 비맨의 성대한 양식 사업은 먼저 그가 자녀들의 양육비를 희생하지 않기 위하여 자기 손으로 좋은 바이올린을 만든 바로 그것이 애당초의 기연(機緣)이었다.

"참으로 나의 운입니다. 만일에 내가 바이올린을 만든다는 소문이 없었던들 브랙스레이 씨가 나를 찾아올 리는 만무였으며, 물론 낚시질도 갔을 리가 없었습니다. 그리고 또 나에게 양식 연구를 시키지도 않았을 것입니다."

행운은 행운을 낳는다. 그 이유는 간단하다.

한 번 행운을 붙잡은 사람은, 행운이라는 것이 확실한 목적을 가지고 있는 자에게 돌아온다는 것을 깨닫기 때문이다.

그렇기 때문에 열심히 일하는 활동가는 동시에 언제나 행운아가 될 수 있다.

행운은 언제, 어디랄 것 없이 인생의 모든 장면에 뿌려져 있는 것이다. 당신은 다만 이것을 깨닫지 못할 뿐이다.

그것은 아직도 당신이 자신의 인생 행로를 정하지 못했기 때문이다. 아직 당신이 확고한 목적을 가지지 못하고 당신 자신의 나아갈 길과 목표를 모른다면 얼핏 보아서는 눈에 띄지도 않는 사고하고 무관해 보이는 형식으로 나타나는 행운의 기회를 어떻게 차지할 수가 있을 것인가.

행운은 어디에나 있다.

그러나 그것은 시간과 장소와 사람이 일치하지 않으면 안 된다. 당신이 확고한 목적을 가지고 있으면 그렇지 못한 사람들이 놓쳐 버리고 마는 소중한 것들을 재빨리 차지할 수가 있다.

아무런 목적도 없이 허송세월하는 사람들이 모르고 지나쳐 보내는 일 가운데서도 이를 재빨리 차지하여 활용할 수 있는 행운이 얼마든지 당신의 눈앞에서 기다리고 있는 경우이다.

또한 일정한 목적은 여러 가지 적극적인 방법을 꾀하게 하고 진취적인 모험도 성공시킨다. 여기에 행운이 성취되는 것이다.

DALE CARNEGIE

12
성격과 개성의
정가표

- 그 자리에 꼭 필요한 사람
- 근면과 적극적인 창의성
- 성격적 특성의 분류
- 일에 자신감을 가져라
- 그대 자신의 장점을 살려라
- 자기 자신을 믿어라
- 사랑받을 수 있는 사람
- 남을 유쾌하게 하는 사람
- 남의 비난을 새겨 들어라
- 자기 생각과 타인의 생각
- 목적을 이루려는 사람의 기지(機智)
- 교묘한 회화술(會話術)
- 소박함의 승리

12. 성격과 개성의 정가표

자기 자신을 믿지 않음이 실패의 가장 큰 원인이다. 힘이 있다고 확신하면 거기서 강한 힘이 솟아오른다. 아무리 힘 있는 자라도 자기 자신이 약하다고 생각하면 약해지는 법이다.

내가 처음으로 보프 헐버트를 만났을 때에 그는 조그마한 부엌용품과 전기용품을 만드는 어떤 중소기업 판매부 부지배인으로 있었다.

그의 성격은 한마디로 친절한 가운데 상냥했으며, 또한 듣기 좋은 음성으로 기회 있을 때마다 노래 부르길 좋아하여 태만한 듯했지만 성실한 책임감으로 회사에서는 그의 지위에 상당한 믿음을 얻고 있었다.

내가 보프의 행방을 알 수 없게 되기 바로 몇 주일 전에, 보프의 신변에 불행한 일이 일어났다. 그의 직속 상관이었던 지배인이 돌연 죽었기 때문이다. 그런데 응당 보프가 그 후임으로 승진하는 대신 딴 곳에서 새로운 지배인을 초빙해 왔던 것이다.

그것은 회사 내부에서도 하나의 놀라움이었다. 어떤 자는 보프가 정당한 대우를 받지 못하고 있음을 동정했다.

그러나 또 다른 동료들은 보프가 노래 부르기 위해 일에 태만하여 동료들한테 책임을 떠맡기곤 했으니 당연한 결과라고 수군댔다. 이때의 보프 나이는 벌써 삼십오 세가 되어서 친구들은 이것으로 보프의 인생도 끝이 났다고들 가슴 아프게 생각했다.

승진의 기회를 놓친 것은 보프의 큰 상처임에 틀림없다. 그러나 그것이 그의 일생에 어떠한 실제상의 결과를 가져왔는가 하는 것은 훨씬 후에야 비로소 알게 되었다.

나는 시카고에 갔었는데 그때 한 친구로부터 보프가 굉장한 성공을 거두고 있다는 얘기를 듣고 한편 놀랐다. 그 성공이란 것이 십오 년 전에는 보프의 친구들이 꿈에도 상상할 수 없었던 정도의 것이었기 때문이다.

보프 헐버트는 미국에서 상종가를 치는 유명한 시카고의 큰 농기구회사의 판매 지배인이 되어 있었던 것이다. 그가 관리하는 직원이 오백여 명의 판매원이 있고, 판매부에 있어서 그는 인간 제조기란 별명으로 불리고 있었다.

신참이든 고참이든 성적이 나쁜 자를 친히 자기가 지도하여 일류의 판매원으로 만들어 내는 데 특별한 재주를 가지고 있다고 정평이 나 있었다. 그도 그럴 것이 그가 그 회사에 들어간 후로 회사의 매상고가 세 배나 증가하였다는 것이다.

그 자리에 꼭 필요한 사람

나는 이 이야기에 커다란 흥미를 느껴서 곧 보프의 사무실을 찾아갔다. 여러 가지 옛날 얘기를 주고받던 중에 나는 보프에게,

"피츠부르크의 부엌용품 회사에서 일하고 있을 때는 그다지 일에 열성을 다했다고는 볼 수 없지 않은가?"

라고 말하고,

"그 지배인이 죽은 뒤, 그의 후임이 되지 못하였을 때 마음에 어떤 변화가 있었는가?"

라고 물어보았다.

그러자 보프는 크게 웃으면서,

"암, 많이 있었지. 딴 곳에서 지배인을 끌어왔다는 것은 나에게 큰 타격이었지, 일주일 동안은 어쩌나 우울하고 맥이 풀리는지, 친구나 동료들이 모두 뒤에서 손가락질하는 것만 같았네. 그런데 어느 날, 돌연 광명이 비쳐 왔다네. 나는 비로소 반성의 기회를 얻었지 — 새로운 지배인을 다른 곳에서 초빙해 온 것은 나에게 무슨 흠이 있었기 때문이다. 어디에 나의 결점이 있는 것일까? — 라고. 이리하여 나는 태어나서 처음으로 타인을 보듯 내 자신을 돌이켜 보았어. 그래서 이 문제를 똑바로 철저하게 밝혀 보기 위하여 나는 피츠부르크 대학의 심리학자한테서 자기를 발견하는 방법에 대하여 지도를 받았다네."

보프는 이리하여 심리학자의 가르침에 따라 자기의 좋은 점과 결점을

검토했다.

그 결과 자기는 사람한테 사랑을 받을 만한 장점도 있지만, 여러 가지 결점이 있었다. 자기가 맡은 일에도 비위에 맞지 않으면 소홀히 하는 버릇이 있었다. 이것이 작은 일이라면 무시해도 무방하겠지만, 만약 중요한 일이라면 누가 내 뒤에 있다가 일을 저지르지 않도록 주의하며 경계하지 않으면 안 되었던 것이다.

이러한 장점과 결점을 점차 분석해 가고 있을 즈음 보프는 돌연 깨달은 바가 있었다. 회사 사람들은 나를 없어서는 안 될 사람, 근면한 사람이라고 생각지 않고 있다. 따라서 적극적인 노력가라고도 생각하지 않았다.

그래서 그들은 보프를 회사의 운명과 자신들의 생활을 좌우하는 중대한 자리에 앉히기를 꺼렸던 것이다. 그럼에도 그에 대한 우정에는 변함이 없었다. 역시 그를 좋아하고 그의 노래를 듣는 것을 즐기고 있었던 것이다.

근면과 적극적인 창의성

나는 이 보프의 일에 대해서 왈스 차터스 박사의 의견을 들어 보았다. 박사는 취업상담의 권위자로서 명성을 떨친 저서가 여러 권 있었다.

박사는 다음과 같은 견해를 피력하였다.

"보프의 경험은, 모든 사람들이 잘 생각하지 않으면 안 될 교훈을 들려

주고 있다. 그가 승진하지 못했던 것은 단순히 책임감이 부족해서가 아니다. 그는 충분히 책임감을 지니고 있었다. 그저 다만 그는 실제로 의무를 다할 수 있도록 그 성격을 충분히 나타낼 줄을 몰랐을 뿐이다. 그의 성격은 쾌활하고 친절하며, 재간도 있고 자신감 또한 많았다. 그러나 가장 중요한 근면과 적극적인 창의성이란 점에서 그는 마음의 전기(轉機)가 올 때까지 약점으로 되어 있었다. 만약 이 성격에 대한 반성의 기회가 없었고, 또 이 반성함으로써 약점을 강화하려는 분발심이 일어나지 않았다면 오늘날의 그는 없었을 것이다. 그렇게 되면 다른 직업을 택한다 해도 마찬가지였을 것이다."

이 차터스 박사의 말 가운데 성격이란 말이 있는데, 이것은 보통 행하여지고 있는 막연한 의미의 것이 아니라는 것을 곧 알 수 있었다. 박사가 말하는 성격이란 매우 구체적이며 특수한 내용을 가진 것이다.

계속하여 박사의 말을 들어 보기로 하자.

"사람의 성격이란 약 육천 가지 사람의 속성 가운데 그 사람이 가지고 있는 것, 안 가지고 있는 것 또는 그 합해진 도수(度數)에 따라 전체로서의 성격이 결정된다. 이 육천 가지 속성의 존재는 심리학자에 의하여 확인되고 있다. 그중의 많은 것이 사전에도 올라 있다. 이 많은 속성은 행동과 효과를 결정하는 움직임이란 점에서 몇 가지 큰 특성으로 구별된다. 이 행동과 효과를 결정하는 특성이 모자라거나 없다고 하면 어떠한 잠재적 능력을 가지고 있는 자라 할지라도 이것을 가지고 있는 자와 경쟁할 수는 없다. 이것을 바꾸어 말해 보기로 하자. 가령 그대가 기대했던 만큼 빨리 승진하지 못한다면 그것은 아마도 그대 능력이 모자라서는 아닐 것이다. 능력은 두뇌·숙련 그리고 소양적인 문제이다. 이런 것은 잠재적인 힘에 불과하다. 식어빠진 모터에 지나지 않는다. 그대가 기대했던 만큼 승진을 못한다면 아마도 그대의 능력을 보여주는 데 가장 필요한 그 특성이 없거나 객관적으로 뒤떨어진 부분이 있기 때문인 것이다."

성격적 특성의 분류

이 특성에는 열 가지가 있으나 크게 둘로 나누어 구별한다. 우선, 기질과 특성부터 살펴보기로 하자. 이것을 매일매일 실생활에 생생하게 반영시키는 정도에 따라 당신의 기질은 결정짓는다. 그래서 이것을 기질 특성이라 한다.

다음의 다섯 가지 특성은 당신의 태도와 성격 가운데 뚜렷이 나타날 수 있다.

A 기질(氣質) 특성

❶ 자신감(自信感)

❷ 친화성(親和性)

❸ 쾌활성(快活性)

❹ 비평에 대한 감성(感性)

❺ 기지(機智)

다음은 자제(自制) 특성이란 것이다. 이 특성 역시 이것을 매일매일 실생활에 생생하게 반영시키는 정도에 따라 당신의 자제력을 결정짓고, 당신의 하는 일에 대하여 그 수완과 노력에 영향을 끼친다.

B ▶ 자제(自制) 특성

❻ 근면성(勤勉性)

❼ 창의력(創意力)

❽ 기억력(記憶力)

❾ 적응력(適應力)

❿ 신뢰성(信賴性)

이상의 열 가지 특성들은 어느 것이나 모두 잠재 능력의 효과적인 활동과 관계가 있으며, 그것은 모터를 가동시키는 장치와 같은 것이다.

이러한 장치는 모터를 가동시키며, 그 운동을 계속시킨다. 이와 마찬가지로 이러한 특성들은 당신의 능력을 활동하게 하며, 당신은 나가고자 하는 그곳에 이끌려 가는 것이다. 이 특성들에 대한 당신 자신의 분석된 답변은 바로 당신의 현 위치를 알려 주는 것이다.

일에 자신감을 가져라

성공과 실패는 자신감이 있느냐 없느냐 하는 것으로 결정되는 경우가 대부분이다. 장래에 대한 불안, 처음 손대는 일에 대한 불안, 또는 누가 어떻게 생각할까 하는 불안 등은 모두 자신감이 부족한 데서 연유한다.

뉴욕의 어떤 토지건물 관리인 밑에서 일을 보고 있는 삼십오 세가량의 페어방크스라는 부인이 있었다. 그 부인의 일은 아파트에 방을 빌리러 오는 사람을 접대하는 일이었다. 그래서 언제나 사람들과의 접촉에는 너그럽고 다정스런 애교와 친절을 잃지 않는 것이 중요하였다.

그런데 그녀는 잘 아는 사람과 대화할 때는 퍽 조용하고 매끄러운 음성으로 얼마든지 친절하게 이야기할 수 있었지만, 처음 만나는 사람, 특히 집을 빌리려고 오는 초면인 손님과 만나서 이야기를 할 때는 목소리가 이상하게 떨려 나오고 때로는 좋지 않은 인상까지 쓰게 되었다.

일의 성사가 뜻대로 안될 경우에는 더욱 그것이 심하게 나타나 마치 상대방을 꾸짖는 것처럼 들렸다. 그녀도 이러한 점으로 말미암아 일이 잘 안된다는 것을 알게 되었고, 급기야 이 결점을 고쳐보기 위하여 마침내 뉴욕 대학의 심리학 교수 하리아렌 오버스트리트 박사를 찾아가서 상담받게 되었다.

박사는 그녀의 말을 자세히 듣고 난 뒤에, 이 여자는 자신감이 없는 사람의 유형(類型)에 속한다는 것을 알았다. 이 결함은 매우 뿌리 깊은 원인에서 오는 것이었다.

이 여자는 삼 년 전에 남편과 이혼하였다는데 결혼에 실패한 것을 매우 부끄럽게 여겨 항상 자기가 모자란 탓이라고 그렇게 뉘우치고 있기 때문이었다. 결혼 생활이 실패한 원인으로 하여금 현재의 직업 생활까지도 실패로 이끌게 하지나 않을까 하고 항상 불안하게 여기고 있는 것이었다.

박사는 이 여자의 이야기를 듣고 결혼 생활의 실패는 당신에게만 책임이 있는 것이 아니고 남자에게도 책임이 있었다는 것을 지적하여 주었다. 그리고 그 여자에게는 결혼 생활을 훌륭히 꾸려 나가는 여러 가지 장점이 있으며, 동시에 그것은 지금의 직업 생활을 성공으로 이끄는 데 훌륭한 무기가 될 것이라고 타일렀다.

그 장점으로 그녀는 특히 천성이 친절하며 동정심이 많고 언제나 남을 위하여 희생하겠다는 마음이 간절하다. 또 남들과 같이 일하는 것을 좋아하고 일거리를 정돈하는 데 능숙하며 일을 처리하는 재능도 상당하다.

그녀는 박사한테서 이런 지적을 받은 후로 자기의 결점만을 두려워할 것이 아니라 좋은 점을 살리려고 애써 보기로 결심했다. 자기 결점에 불안만 느끼고 있는 것이 자기를 해치고 있다는 것을 알았기 때문이다.

지금까지 자기는 남에게 사랑을 받지 못하는 성질의 여자라고 여기고 있었다. 그래서 사람을 대하면 어쩐지 마음이 굳어지며 겁을 집어먹곤 했었다.

이러한 약점을 보이지 않으려고 애쓰다 보니 더욱 부자연스럽게 긴장이 되었던 것이다. 그렇게 되면 말이 떨리고 불안감으로 신경질이 일어나 상대방에게 불쾌한 느낌을 주곤 했던 것이다.

페어방크스 양은 드디어 자신이 맡은 일을 해내고 책임을 훌륭히 수행할 수 있게 되었다. 물론 그렇게 되기까지에는 자신의 노력과 신념의 시일이 오래 계속되었다. 자기에 대한 태도를 고친 결과 점차로 내적인 자신감과 일에 대한 성취의 효과를 얻게 되었던 것이다.

그대 자신의 장점을 살려라

파크레이는 어떤 백화점의 총무과에서 퍽 책임 있는 직함을 가지고 있었다. 그런데 백화점의 중역들은, 그가 타인의 의견에 너무 의지하고 있는 점에 불만을 가지고 있었다.

파크레이는 이것을 알고 자기가 좀 더 승진할 수 있는데도 불구하고 승진을 못하는 원인이 여기에 있다는 것을 깨달았다. 그래서 당시 피츠부르크 대학의 주임교수 차타 박사와 상담했다.

그는 박사에게 자기는 고학을 해서 대학을 졸업했고 학비를 마련하기 위하여 일체의 사교적인 생활을 하지 못했음을 솔직히 말하였다.

그는 사교적인 생활을 하지 못한 결과, 거기에 큰 약점이 있는 것으로 느끼어 타인을 대할 때 항상 자신을 남보다 낮춰 보는 버릇이 있었다. 자기의 판단과 행동에 무슨 결함이 있는 것이 아닌가 늘 우려하기 때문이었다.

그러나 그는 결코 그런 두려움을 가져야 할 사람이 아니었다. 그러한 것은 걱정할 필요조차 없는 훌륭한 인재인 것을, 차타 박사는 그의 성격 특징을 분석하고 자세히 연구한 결과 알게 되었다. 그래서 박사는 파크레이더러 지금까지 한 일 가운데에서 보람되고 자랑할 만하다고 생각하는 일들을 적어 오라고 했다.

며칠 후 파크레이는 이십여 점의 예를 들어서 써 가지고 왔다.

그중 열 가지만 추려보면 다음과 같았다.

❶ 학창 시절에는 타인에 비하여 공부하는 시간이 적었는데도 성적은 상위권이었다.

❷ 어떤 회사에서 삼 년 정도 근무한 적이 있었는데, 그곳을 그만둘 때 여러 동료·상사들이 자기를 몹시 아쉽게 여겨 주고 언제든지 다시 돌아오면 환영해 주겠다는 말을 들었다.

❸ 어느 해 여름 방학 때 책을 집필하여 베스트셀러가 된 적이 있다.

❹ 대학 당시 아르바이트로 학비를 벌었다. 그러기 위해서 참기 어려운 일도 많이 견디어 내었다.

❺ 학업에 정진하기 위하여 향락을 자제(自制)하였다.

❻ 병석에 있는 누이동생과 가족을 경제적으로 돌보았다.

❼ 벗으로서, 자식으로서, 형제로서 항상 성실함을 잊지 않았다.

❽ 크나큰 실망에 빠진 일도 있었지만 그 즉시 실망의 늪에서 떨치고 일어설 수가 있었다.

❾ 항상 정직함과 성실함을 잊지 않았다.

❿ 언제나 일을 정확하고도 신속하게 해냈으며 신뢰(信賴)에 어그러짐이 없었다.

차타 박사는 이번에는 파크레이한테 이십 명쯤의 아는 사람의 이름을 들어서 자기 자신이 그 사람들보다 나은 점을 골라 적어 보라고 말했다. 이삼일 걸려서 파크레이는 다음과 같은 표를 만들어 왔다.

- ❶ A보다 나는 신뢰받을 수 있는 인물이다.
- ❷ B보다 나는 태도가 신중하다.
- ❸ C보다 나는 교양이 있다.
- ❹ D보다 나는 판단력이 앞선다.
- ❺ E보다 나는 사람의 의견을 빨리 이해한다.
- ❻ F보다 나는 허황하다거나 과장됨이 없고 융통성이 있다.

차타 박사는 이와 같은 표를 보고 파크레이에게 다음과 같이 충고해 주었다. 이것은 누구에게나 해당되는 충고이기도 하다.

"먼젓번 보여준 표에 나타나 있는 당신의 됨됨이로 보면 당신은 어떠한 일이라도 훌륭히 해낼 수 있는 사람이다. 만약 또다시 겁이 나거나 두려움이 생기면 이 표를 들여다보라. 어떠한 새로운 문제에 봉착한다손 치더라도 당신은 이러한 과거의 행위와 용기를 가지고 당당히 맞설 수 있을 것이다."

사람들이 대체로 자신을 잃는 것은 너무나 이상적인 완전함을 바라기 때문이다. 자기에게 부족한 능력을 타인에게서 발견한다. 타인의 좋은 점은 확대경으로 보고 자기 것은 망원경의 꽁무니로만 본다. 딴 사람도 역시 어디엔가 결점이 있다는 것을 생각지 않는 것이다.

❶ 자신이 없으면 타인과 자기를 잘 비교해 보라.

❷ 보통 정도, 혹은 보통 수준보다 나은 자기의 좋은 점, 장점을 눈여겨 보라. 성실하게만 행하면 비뚤어진 교만이 아닌 진실한 자신감을 얻을 수 있을 것이다.

자기 자신을 믿어라

유나이티드 프레스(UP)의 노련한 외국 통신기자로 유명한 웨브 미라는 젊었을 때 인생에서 두 가지 큰 문제의 하나인 일하는 여성에 대하여 매우 겁쟁이였다는 것을 고백하고 있다. 그런데도 그는 용기를 내어 남자 여자 할 것 없이 사람과 만나야 하는 통신기자 생활에 뛰어들었던 것이다.

기자 생활의 처음 몇 해 동안은 그래도 될 수 있는 한 여성과 만나는 일은 의식적으로 피하려고 하였다. 이러한 미라가 각 방면의 중요 인물과 인터뷰하려 할 때 어떻게 용기를 낼 수 있었는가에 대해서 그는 이렇게 말한다.

"통신기자로서의 선천적인 나의 약점을 이기고자 고민하고 있을 때, 때마침 나는 시카고에서 진리의 계시(啓示) 같은 것을 얻었다. 그것은 먼저 사람을 따르는 사랑스러운 정을 나타내면 상대편도 이쪽을 친밀하게 따른다는 것, 다음은 자기와 마찬가지로 사람은 누구나 무엇인가 자기의 약점을 지니고 있다는 것이다. 지금은 고인(故人)이 된 시카고의 유명한 법의학자 찰스 엘브스타인이 이 비밀을 나에게 가르쳐 주었다. 그는 용모가 못생긴 편이었다는데 시카고에선 가장 널리 사람들의 존경을 받고 인기를 차지하고 있었다. 누군가가 그에게 물어 보았다. 그러자 그는 앞서 밝힌 아주 단순한 두 가지 원리를 가르쳐 주었다. 그 후부터 나는 사람과 만날 때는 곧 상대편을 마음으로부터 따르기에 애를 쓰는 동시에 이 사람도 나와 마찬가지로 어색함을 지니고 있다고 생각하기도 하였다."

항상 자신을 낮추어 보지 말고 자신감을 갖는 것이 중요하다. 자기가 자기를 믿지 않고 타인의 믿음을 바라는 것은 무리한 요구일 것이다.

자기 자신을 믿지 않음이 실패의 가장 큰 원인이다. 힘이 있다고 확신하면 거기서 강한 힘이 솟아오른다. 아무리 힘 있는 자라도 자기 자신이 약하다고 생각하면 약해지는 법이다.

사랑받을 수 있는 사람

차타 박사의 제자 가운데 에베리라는 아가씨가 있었다. 그녀는 공부를 뛰어나게 잘하는 명석한 두뇌의 소유자였다.

그녀가 대학을 졸업하고 연구실에 남아 있는 동안 어떤 백화점에 입사하였다. 그런데 그녀는 자기 스타일과 맞지 않는 사람에게는 무조건적으로 날카로운 비평을 퍼붓는 버릇이 있어서 그 때문에 승진할 기회를 놓치는 경향이 있었다.

한 번 싫다고 여긴 사람의 말은 상대가 누구이든 전혀 상대를 하지 않았다. 이런 까닭으로 자연히 사람들에게 따돌림을 당하고, 또 어려움에 직면했을 때 나서서 힘이 되어주려는 사람도 없었다.

차타 박사는, 자기와 같이 두뇌회전이 빠르고 똑똑하고 시원스럽지 못한 사람들을 비웃고 냉정하게 비평하는 태도가 오히려 자신을 고독하게 만들 뿐이라고 충고했다. 그리고 그러한 결점을 고치는 방법을 자세히 가르쳐 주었다.

이러한 결점을 가진 사람들은 누구나 귀담아 둘 귀중한 교훈이다.

"당신은 지금 여기 서 있다. 지금부터 인생길을 출발하려 한다. 그런데 당신은 당신의 재주나 노력을 헛되게 만드는 버릇에 얽매여 있다. 당신은 공동체 생활에서 사람과 친밀하게 지낼 수 있는 성질을 기르지 않으면, 언제까지나 이 출발점의 상태에서 벗어나지 못할 것이다."

그리고 박사는 그녀에게 냉랭한 성격을 고치는 방법을 가르쳐 주었다. 그녀는 그 가르침을 지키고 수양하고 공부하였기 때문에 지금에 이르러서는 그 백화점에서 중요한 위치를 차지하게 되었고, 사람들은 그녀를 친절하고 다정한 사람이라고 사랑하며 존경하였다.

이러한 좋은 결과를 가져오게 한 교정 방법은 다음과 같다.

❶ 당신은 처음 대하는 사람까지도 곧 좋은 것과 싫은 것으로 규정해 버린다. 그러나 초면에 싫은 사람이라고 느꼈던 사람도 사귀어 보면 친숙할 수 있는 좋은 사람일지도 모르는 것이다.

❷ 당신은 그 비판적인 버릇을 고치지 않으면, 사람과 전혀 접촉이 없는 직업으로 갈 수밖에 없다. 미운 사람이라고 불리면 어디를 가나 그 사

람은 자기 재능에 알맞은 자리조차 얻어 보지 못한다는 것을 각오해야 된다. 독설을 퍼붓고, 자기만 잘난 줄 아는 사람은 어디서나 그 이상의 여러 가지 손해를 보고 배상금을 물게 마련이다.

❸ 금후 일주일 동안 누구에 대해서나 한마디로 비판적인 말을 하지 않기로 결심하고 이것을 지켜 보라.

❹ 타인에 대한 비판적인 태도를 없애기 위해 다음과 같은 방법을 써 보는 것이 좋다.

㉠ 타인의 행위를 주의해서 보라. 그리고 한 가지 결점이 보이면 그 사람의 두 가지 장점을 찾아보라. 기차나 전철 안에서, 또는 극장이나 운동장 같은 사람이 많이 모이는 곳에서 사람들이 보여 주는 조그마한 여러 가지 친절한 마음 씀씀이와 행위에 주목하라.

㉡ 자기가 가장 악평을 한 사람들의 이름을 적어 놓고 이러한 사람들의 아름다운 선행과 장점을 찾아보라. 자기의 비평이 잘못되었다는 것을 알 때까지 찾아보라. 다섯이나 여섯의 아름다움, 장점을 알아내지 못한다면 그것은 당신의 눈이 미치지 못한 까닭일 것이다.

❺ 좋은 사람이든 싫은 사람이든 상대를 신뢰할 줄 아는 사람이 되라. 싫은 사람에게도 될 수 있는 한 성의와 호의를 보여 줄 마음씨가 없다면 당신이야말로 사람들한테서 신뢰받을 수 없다.

이러한 수양을 하게 되면 '실없고 줏대 없는 사람'이라고 손가락질 받지 않을까? 천만의 말씀이다. 남을 혹평하는 버릇이 있는 사람에겐 이런 정도로 수양을 하여야만 성격이 변화되어 친절한 모습으로 바뀔 것이다.

남을 유쾌하게 하는 사람

뉴욕의 어떤 대은행가가 모건 회사에서 명성을 날리는 데비슨에 대해 이야기를 해 주었다.

1918년 제1차 세계대전 당시 나와 데비슨은 런던에 있었다. 데비슨은 적십자 전시위원회 위원장을 맡고 있었는데, 어느 날 우리가 파리로 가기 위해 런던을 출발하려는데 데비슨이 프랑스 현지에서 일을 보고 있는 적십자 친구들이 좋은 담배가 없어서 곤란을 느낀다고 말했다.

그리고 잠시 후에 그는 나에게 현지에서 특별히 훌륭한 일을 한 사람들의 명단을 내 보이며 이 사람들에게 좋은 담배 한 상자씩을 주려고 하는데, 이 사람들을 당신은 어떻게 생각하느냐고 물었다.

나는 그 명단을 한번 주욱 보고 나서, 모 씨의 이름이 빠져 있는 것을 지적하여 이 사람에게도 담배를 주어야 마땅하지 않을까 하고 말했다.

데비슨은 잠시 잠자코 있다가 곧 놀랍다는 눈빛으로 나를 보고,

"내가 그이를 잊어서 되겠는가? 여기서 빠뜨리다니! 나는 그에게 특별히 두 상자를 줄 셈이네."

"어째서 두 상자를?"

하고 내가 되물으니,

"그거야 당신도 한 상자 줄 만하다고 생각하였고, 나도 한 상자 줄 만하니 합해서 두 상자가 아닌가."

라는 대답이었다.

데비슨은 참으로 내가 알고 있는 사업가 중에서도 최고의 사업가였다. 그에게 성공을 가져오게 한 가장 큰 원인의 하나는 그의 쾌활함에 있다고 본다. 그와 만나면 어떠한 사람이든 유쾌해지며 헤어지는 것이 섭섭해진다. 왜 그럴까, 그에게 무엇이 그리 사람의 마음을 끄는 힘이 있는 것일까, 때때로 나는 이상히 여기곤 하였다.

데비슨에겐 떠들썩한 수다스러움이라곤 찾아볼 수 없다. 그러나 가령 당신이 무슨 계획이든 가지고 그를 찾아간다면 그는 무슨 일이 있든 당신의 그 계획에 열심히 귀를 기울이고 결코 냉정하게 대하거나 쌀쌀한 빛을 보이지 않을 것이다.

앞의 담배 이야기만 하더라도 사람의 이름을 깜박 잊어버리는 것은 누구에게나 있는 노릇이다. 나의 한마디 귀띔에 곧 열성 있는 반응을 보이는 이러한 쾌활한 성격이 그를 재계(財界)의 거물로 만든 것이다.

어떠한 새로운 의견을 제시하면 그는 먼저 좋은 점을 발견하는 데 힘쓰고, 그 후에 결점을 지적할지언정 결코 처음부터 나쁜 점만 들추어 내는 일이 없었다.

언제나 먼저 본인도 미처 알지 못하고 있는 좋은 점을 발견하도록 힘쓴다. 이러한 습관으로 말미암아 많은 사람들이 데비슨을 좋은 사람, 믿을 수 있는 사람이라고 따르게 되며 재계(財界)에 큰 신망과 세력을 쌓게 되었던 것이다.

어떤 안(案)을 가지고 온 사람에게 처음부터 냉대하며 흥미 없는 태도를 보이면 그 사람은 당신을 유쾌한 의논 상대로는 보지 않게 될 것이다.

설사 그 안이 부질없는 것 같을지라도 그 가운데 몇 가지라도 취할 만한 것을 찾기에 노력할 것이며, 전체로서 훌륭한 안이 아닐지라도 좋은 점을 몇 가지 들어서 그 안의 개선을 위한 암시(暗示)를 주도록 할 것이다.

자기 일에만 골몰하여 콧대 높은 사람을 유쾌한 사람이라고 생각할 리 만무하다. 때로는 자기 일을 잠시 제쳐놓고 타인의 문제나 어떤 안에 자기의 노력을 아낌없이 내놓는 일도 필요한 것이다. 이것은 타인에게는 좋은 조력자가 되는 길을 여는 것이 될 뿐만 아니라 자기를 자기의 테두리 밖으로 잠시 동안 개방시킬 수 있는 방편이 된다. 이것이야말로 항상 여유롭고 쾌활한 사람됨을 만드는 중요한 밑거름이 되는 것이다.

자기의 문제를 입 밖에 내지 못하고 마음속으로 번민할 때도 있을 것이다. 이런 때에는 다음 원칙을 지키는 것이 좋다.

즉, 자기 문제를 생각할 때는 집중적으로 그 해결책만을 생각하고, 일단 그렇지 않을 때에는 완전히 머리에서 그 문제를 지워버리도록 한다.

그렇게 하면 언제나 쾌활하고 평안한 마음으로 있게 되어, 자연히 유쾌해질 것이다.

남의 비난을 새겨 들어라

뉴욕에서 공익사업을 하는 프랭크 프롬에 대하여 어느 날 나는 그 회사에 근무하는 부사장으로부터 이야기를 들었다.

"나는 재직하고 있는 동안 한 번 큰 일을 저지른 적이 있었다. 이 실책이 무엇이라고는 말하지 않겠으나……."
라고 전제하면서 부사장이 말했다.

내가 부사장이 된 지 얼마 안 되어서였다. 회사에서 사업상의 중대 문제에 대해서 간부회의가 있었는데, 그 문제는 막대한 경비가 소요되는 일이었다. 회의는 오래 계속되었지만 잠정적인 결론만 짓고 후일에 다시 본격적인 결론을 얻기 위한 회의를 열기로 하고 끝마쳤다.

그런 뒤 하루도 못 되어서다. 마침 토요일 오후였는데 돌발적인 사정이 생겼다. 나는 여기에 대하여 독단적으로 결정하여 곧바로 실행에 옮겼다.

그런데 월요일이 되어 보니 사정은 또다시 딴판으로 변하여 나는 회사에 막대한 손해를 끼친 셈이 되고 말았다. 중역회의에서 잠정적이나마 결정한 일임에도 불구하고 내가 독단적으로 처리한 것은 불필요할 뿐만 아니라 회사에 악재를 끼친 결과를 만들어 놓았던 것이다.

그리고 내가 독단으로 결정하지 말고 현장의 담당자와 연락만 취했던들 더 좋은 방법이 있었으리라는 것이 알려졌다. 나는 벗어날 길 없는 궁지에 빠지고 말았다. 사람들은 나를 비난하기 시작하였다. 사람들의 비판은 천백 번 당연했다. 잘못한 일이니 변명의 여지가 없는 것으로 단념했다. 그러나 비난이 너무 심하였기 때문에 마지막엔 그만 화가 치밀었다.

어느 날 복도에서 사장 프랭크와 만났다. 내가 아는 한 사장은 아직 나에 대해서 한마디의 비난도 하지 않고 있었다. 사장실에 나를 불러들이지도 않았다. 어쨌든 내가 저지른 실책의 뒷수습을 할 입장에 있는 사람은 사장뿐이었다. 나는 사장의 동정과 위안을 바라고자 하는 마음에 가슴이 미어질 듯하였다.

"사장님, 제가 저지른 실책엔 변명의 여지도 없습니다만, 그러나 사내의 비난은 너무 지나친 것 같습니다."

라고 호소했다.

사장은 나를 잠깐 쳐다보았지만 나의 말은 전혀 귀에 들리지 않는 것처럼 아무 대답도 않고서,

"마침 자네를 부르려던 참일세. 먼젓번 그 건(件)의 보고서를 지금 곧 가져다 보여줄 수 있겠는가?"

라고, 전연 별다른 건의 보고 일을 끄집어냈다.

나는 사장실에 그 보고 서류를 가지고 가서 사장과 같이 그 서류를 검토하였다. 이것이 프랭크 사장의 업무 스타일이었다. 그때는 무슨 영문인지를 몰랐지만, 후에야 비로소 알게 되었다.

수일 후에 나는 사장실에 갔다. 그리고 다시 회사 내에서의 그 집요한 비난을 호소했다. 회사 내에서는 아직도 시끄러운 비난이 그치지 않는데 사장은 어떻게 생각하는지, 저 중역회의의 임시적인 결론에 비추어 보아서 내가 취한 독단적인 행동은 용납될 것이 아니라고 생각하는지 어떤지를 물어 보

았다.

사장은 대답하였다.

"자세히는 모르겠지만, 나에게는 둑물이 넘쳤다는 사실만이 문제일세. 어째서 그렇게 되었는가 하는 그런 것은 벌써 다 잊어버렸네. 그러나 사내의 비평이 골치 아픈 일이라면 좀 앉게나. 이야기 좀 하세."

이렇게 말하며, 사장은 나에게 차근차근 이야기해 주었다.

"입장을 바꾸어 내가 자네였으면 어떻게 했을까. 사람들의 비난은 선의이든 악의이든 간에 그러한 비난 가운데에서 자기에게 유익한 교훈이 될 것을 찾아낸다는 것이 나의 방침이야. 사람들의 비판 가운데에서 정당하다고 생각하는 것이 있으면 그것을 마음에 잘 새겨두었다가 장래에 참고로 할 것이고, 그러한 것이 없는 비판이라면 일체 무시해서 한쪽 귀로 듣고 한쪽 귀로 흘려 내버리면 될 것이 아닌가. 독단으로 일을 결정하기 전에 현장의 담당자와 연락이 있어야만 했다는 비판이 정당한 것이라고 생각하거든 이것을 머리에 넣어 두었다가 다시는 똑같은 실책을 하지 않으면 되네. 그 밖에 무엇이 있나. 나의 얘기는 이것뿐이야. 자, 오늘의 문제를 의논할까?"

이것이 프랭크 사장의 방식이었다. 그는 주야로 일을 실수 없이 순조롭게 하기 위해서 고심한다. 그러나 예상했던 것보다 나쁜 결과가 나타나도 그것으로 근심한다거나 사람을 꾸짖지 않는다.

이것은 나의 일생에 있어서 가장 귀중한 교훈이었다. 그 후부터 나는 자신에 대한 비판을 들을 적마다 그 비판 속에서 참고할 만한 것을 찾도록 하고 있다. 타인의 비판 속에서 건설적인 것을 찾아내어서 자기 것으로 하고 그 밖의 것은 일체 잊어버리고 만다는 현명한 방식을 나는 프랭크 사장에게서 배운 것이다.

앞서 우리가 예로 든, 보프 헐버트의 일에서도 부엌용품 회사의 부지배인으로서 태만하게 일하던 중 직속 상관이었던 지배인이 사망하자 자신이 승진하지 못하고 사내의 따가운 비난과 혹평을 들었을 때 처음에는 몹시 분개하고 실망하였지만, 그 비난의 뜻을 달게 받아들여 반성함과 동시에 그 마음을 돌렸던 것이다.

만약 이러한 반성과 깨달음을 얻지 못하고 언제까지나 고민하고 절망에 사로잡혀 있었다면 어디까지나 사람들과 합하여 지지 못하고 마침내는 외톨이 실업자가 되어 거리를 헤매는 신세가 되었을 것이다.

우리 가운데 여러 사람들은 친구나 일에 관계되는 사람들부터 받는 비판을 자기 보배와 같이 간직할 줄을 모른다. 그것이 설사 이해가 없고 악의에서 나온 비판일지라도 귀중한 보배가 그 속에 숨겨져 있을 수도 있는 것이다.

타인으로부터 비판을 받았을 때에는 아무리 나쁜 비판이라도 그것을 파고들어 그 속에 파묻혀 있는 보배를 찾아라. 그것이 마치 황금과 같이 소량일지라도 값비싼 것이다. 자기가 생각지 못하고 있던 귀중한 교훈을 얻게 되는 것이다. 이것을 자기 수양의 기연(機緣)으로 삼고, 자기의 비판에 대해서 신경이 과민한 결점을 고칠 수도 있게 된다. 비난을 견디는 비결은 바로 여기에 있는 것이다.

자기 생각과 타인의 생각

뉴욕의 혼잡한 네거리에서 다년간 교통경찰을 하고 있던 존 데이의 이 야기이다.

어느 날, 그는 여느때와 마찬가지로 신호대에 올라 서 있었다.

그날은 바람이 세차게 불었다. 그런데 마침 삼십 세가량의 말쑥한 차림의 부인이 길을 건너려고 모퉁이에 나섰다. 신호를 기다리는 동안, 그 부인은 핸드백을 열고서 무엇인가 종잇조각을 만지작거리고 있었다.

데이는 부인이 무의식중에 발을 내디디지나 않을까 하여, 주의하여 보고 있었다. 그런데 때마침 심한 회오리바람이 몰려들면서 이 부인의 핸드백 속에서 종잇조각이며 지폐(돈)들이 날아가 버렸다.

공교롭게도 그중 한 장의 지폐가 데이의 옆을 스쳐 날아갔다. 얼른 손을 내저었으나 잡히지 않았다. 지폐는 가랑잎처럼 큰 거리를 날아다녔다. 부인은 놀라서 안색이 변하고 이것을 쫓으려고 했다.

데이는 자신이 교통경찰이라는 것도 잊어버리고 여자 걸음보다 빨리 쫓아갈 수 있을 것 같았다.

그는 사방을 얼른 둘러보았다. 잠시 자리를 떠나도 별일 없겠지라는 확신에 급히 십오륙 미터가량을 쫓아가서 겨우 그 지폐를 붙들었다. 이 달러짜리 지폐였다. 그는 숨이 차게 다시 뛰어 돌아와서 모퉁이에 서 있는 그 부인에게로 갔다.

부인은 그가 지폐를 뒤쫓는 것을 조바심 내며 지켜보고 있었던 모양인데 어느새 안색을 바꿔 조금도 당황한 빛이 없었다.

"부인, 바람에 날리던 당신의 이 달러짜리 지폐입니다."

그가 지폐를 내보이니, 부인은 그것을 받아서 자세히 살핀 후 구겨진 것을 펴 가지고 백 속에 넣으며 한다는 말이,

"오 달러짜리 지폐는 어떻게 되었지?"

데이는 참으로 기가 막혔다.

"부인, 정신을 차리시오. 저는 오 달러짜리 지폐는 모릅니다. 두 장 쫓을 여유가 제겐 없었으니까요."

그 부인은 의심스러운 눈초리로 그의 얼굴을 다시금 빠히 쳐다보고 있었다. 그 여자는 지금도 아마 또 한 장의 지폐를 데이가 포켓 안에 집어넣었다고 의심하는 게 분명했다.

의심까지 한 이 여자는 얼빠진 사람이다.

모자라는 사람은 자기 생각만 하고 자신의 행실과 말이 타인에게 어떠한 영향을 주는가를 생각지 않는 경우가 허다하다.

체스터필드 경(卿)은 〈아들에게 보내는 편지〉란 글 가운데에서 이렇게 말하고 있다.

"나는 과거 사십 년간 타인에 대해서 좋을지 나쁠지를 생각하지 않고서 얘기하거나 글을 쓰거나 한 일이 없다."

광고업자로서 전 미국에 그 이름을 날리던 레비리는 나에게 다음과 같은 이야기를 들려주었다.

세계대전이 일어난 후 나는 찰스 슈와브가 경영하는 베들레헴 제강회사의 일을 하게 되었다. 난생처음 하는 일이라 처음에는 여간 힘이 드는 것이

아니었다.

사 개월 동안은 무엇인지를 분간할 겨를도 없었기 때문에 급료를 청구하는 것마저 잊어 버리고 있었다.

그러자 어느 날 슈와브가 나를 불러,

"자네는 반찬 가게의 외상값을 어떻게 하고 있는가?"

라고 물었다. 처음에 나는 그 뜻을 알아차리지 못하고,

"때때로 친구들의 호주머니 신세를 지고 있지요."

하고 농담조로 대답했다. 그러자 슈와브는,

"아니, 내가 말하는 것은 자네의 보수에 대해서야. 자네한테는 대단히 수고를 끼치고 있는데, 그 보답을 신중히 생각하고 있으나, 자네 희망도 한번 들어보고 싶어서 말일세. 얼마가량이면 좋겠는가?"

"제 입으로 금액을 말하고 싶지는 않으니 당신 쪽에서 적당히 정해 주십시오."

하고 대답하였더니 슈와브는,

"아니, 자네가 얼마 소요되는지 이쪽에서 알 수가 없잖나. 자네가 말해 보게."

한다. 나는,

"당신 측에서도, 어느 정도라는 예산이 있을 것이고 당신이 정하신 것을 이 메모지에 써 주십시오. 저도 쓰겠습니다. 펴 보고 큰 차액이 있다면 그 중간으로 정합시다."

라고 제의했다.

나는 연봉(年俸) 일만 달러라고 썼다. 슈와브는 이만 달러라 썼다. 슈와

브는,

"좋아. 자네는 오천 달러 손해, 나는 오천 달러 이익이네. 오천 달러만 자네에게 빌리는 것으로 하지."

이리하여 나의 연봉은 일만오천 달러로 정해졌다.

레비리는 그후 수년 동안 슈와브와 베들레헴 제강회사의 선전 고문 일을 계속하여 고정적인 연봉 이외에도 막대한 특별 보너스까지 받았다.

누군가가 포도주를 부어 주려고 하면 단단히 컵을 붙들고 있어야 한다. 그 사람은 그대를 시험해 보려는 것이다.

그 잔(盞)으로 가득 마시고 싶거든 팔십 퍼센트쯤만 요구하라. 그러면 그는 잔이 넘치도록 가득 부어 줄 것이다.

목적을 이루려는 사람의 기지(機智)

존 록펠러는 그의 선친이 기지(機智)에 넘치는 이야기를 많이 들려주었는데 그중 이런 이야기가 있다.

J. P. 모건은 중국 도자기 수집광으로 그의 수집품은 박물관에 진열되어 있었다.

그런데 모건이 죽고 이 수집품이 팔리게 되자, 당시 록펠러 일가(一家)의 젊은 도련님이었던 존 록펠러는 특별히 이 수집품이 경매되기 전에 마음에 든 도자기만 골라서 살 수 있는 편의를 얻게 되었다.

그 도자기의 매수액은 미술기자들의 소문에 의하면 혹자는 삼백만 달러라고 하고 혹자는 오백만 달러가 될 것이라고 하는 막대한 금액이었다.

젊은 존 록펠러는 이 매수금을 아버지인 선대(先代) 록펠러에게 꾸어서 내려 하였는데, 그의 부친은 중국 도자기의 미술적 가치 같은 것은 몰랐기 때문에 거기에 돈 쓰는 것을 터무니없는 낭비라고 생각하여 돈을 빌려 주지 않았다.

그래서 존은 정중한 편지를 아버지에게 보내었다. 자기가 지금 사려고 하는 중국 도자기는 인류 문명의 소산 가운데에서도 드물게 보는 훌륭한 예술품이며, 미술 가치로 따져도 말할 수 없을 만큼 고귀할 뿐 아니라 학문상으로나 교양상으로도 다시 얻기 어려운 귀중한 물건이라는 것을 그럴듯하게 설명했다.

선대(先代) 록펠러는 이 편지를 읽고서 이번만은 매수금을 빌려 주기로 승낙했다. 그리고 그 돈을 빌려줄 때 다음과 같이 말하여 그의 아들을 놀라게 하였다.

"존, 너의 편지를 보고 아버지는 매우 기뻤다. 나는 너에게 이 돈을 빌려 주는 것이 아니라, 너에게 그 중국 도자기를 선물로 보내는 것이다."

자기의 희망하는 바를 타인이 반대하거든 목적에 벗어나지 않으면서 가장 정중하고 성의 있는 태도로 될 수 있는 한 인상 깊게, 그리고 조리에 맞도록 그 이유를 설명하는 것이 목적을 이루려는 사람의 기지(機智)인 것이다.

교묘한 회화술(會話術)

위리 고리어의 연극에 나오는 명문구로 '입은 하나인데 귀가 둘 있는 것은 무슨 까닭인가?'라는 말이 있다. 즉, '말하기는 쉬워도 듣는 것은 어렵다. 입 놀리는 데만 열심일 뿐이 아니라 듣는 것도 열심히 들어야 한다'는 뜻일 게다.

영국의 논설가 W. F. 조지가 흥미 있는 말을 했다.

"이야기를 잘하는 사람은 존경을 받지만 잘 듣는 사람은 더욱 존경을 받는다. 나는 여러 사람들과 마찬가지로 자아(自我)가 강하기 때문에 남의 얘기를 듣는 것이 서툴다. 그러나 상대편의 말이 듣고 싶으면 내 입을 놀리는 속도를 반으로 줄이고 있다."

이것은 매우 슬기로운 방법이다. 말하는 속도가 절반이 되면, 상대편의 말하는 기회를 그만큼 더 주게 된다. 그리고 상대가 떠들고 있는 동안에 자기는 생각할 수 있는 여유가 있다.

그러나 남이 말하게 하고 자기는 듣는 편이 된다는 것은 슬기로운 회화술임에는 틀림없으나, 실제로 닥쳐 보면 그것의 실행은 곤란한 경우가 있고 또한 위험한 경우도 있다.

상대는 이쪽에서 생각하고 있는 것만큼 저 잘난 체도 하지 않고, 자기 본심을 털어놓지 않을지도 모르는, 그쪽에서 말하도록 만들고 있음을 알아차려 그쪽도 똑같은 태도로 나올지도 모른다.

사람에 따라서는 그러한 계략에 반감을 가질지도 모른다. 건방진 자식이라고 당신을 싫어할지도 모른다.

상대편이 말하게 하여 흥이 나게 만들어 놓은 다음 계약서에 도장이나 찍게 하려는 따위는 풋내기 외판원들이나 하는 짓이고 조금이라도 머리를 쓰는 상대편이라면 그 수단에 넘어가지 않으려고 오히려 이쪽을 경계하게 마련이다.

거래상으로나 사교상으로나 책략을 쓰는 것은 위험한 짓이다. 남은 결코 호감을 갖지 않으며, 뒤에 쓴 입맛을 남기게 한다. 한사코 피해야만 될 일이다.

사람을 진실로 설복하려면 책략을 부리지 말고, 솔직하게 자기의 생각을 털어 놓아야 한다. 자기를 자기의 진가(眞價) 이상으로 팔려고 하면, 실패하는 것은 뻔한 노릇이다.

자기의 생각을 말할 때는 어디까지나 공손하고 정중하여야 하며, 또한 상대방의 말에 흥미를 끌도록 하는 것이 중요하다.

그러기 위해서는 독서나 견문으로 얻은 풍부한 화제를 가지고 있어야 하고, 그때그때의 지식을 가지고 있으면 더욱 요긴하게 써먹게 되는 것은 물론이다.

상대의 의견과 자기의 생각이 어긋날 때, 조용히 자기의 견해를 말할 수 있게 되면 더욱 좋은 일이다. 경우에 따라서는 상대가 말하고 있는 도중에 이쪽 말을 끄집어 내는 것도 무방하다. 적당할 때에 적당한 질문이나 의견을 말하면 상대는 자신의 말에 관심을 갖고 잘 듣고 있었음을 알고 호감을 느끼게 되며, 얘기에 재미를 붙일 것이다.

그렇지만 결코 계략적으로 이것을 하여서는 안 된다. 당신의 입에서 자연스럽게 나오는 질문이 아니면 상대는 결코 좋아하지 않는다. 상대를 어리석게 보는 것은 결코 친구를 얻는 길이 아니다.

소박함의 승리

제아무리 교묘한 계교를 부린다 해도 책략적인 기교는 상대방에게 불쾌한 반감을 일으켜서 실패하는 수가 많다. 이러한 기교에서 기대할 수 있는 것은 성실성 있는 소박함의 효과에 미치지 못한다.

나는 헨리 포드와의 인터뷰에서 귀중한 체험을 얻은 일이 있다. 포드 옹(翁)을 만나 보자고 하는 사람에는 두 부류가 있다. 하나는 포드에게서 경제상의 의견이나 포부를 들으려는 사람, 또 하나는 포드의 독특한 처세론이나 인생 철학을 들으려는 사람들이다. 나는 이 후자의 목적으로 디아본에 소재한 포드의 사무소를 방문하였다.

마침 그때는 포드 형의 차가 구식이 되어서 폐지되고 새로운 A형 차가 판매되기 시작할 무렵이었다.

이것은 세상이 다 아는 사실이며, 나도 물론 잘 알고 있었다. 그런데 내가 직접 그 새 차의 판매 때문에 눈코 뜰 새 없이 분주한 포드에게 '잠깐 동안만 일체의 번거로운 일을 잊어버리고 나를 위하여 당신의 그 흥미진진한 인생관을 들려주십시오' 따위의 소리를 한다는 것은 아무리 뻔뻔하여도 거북한 노릇이었다.

맨 처음 짧은 면회 시간 때문에 후일 다시 틈이 있을 때 조용히 만나뵙기를 청할 터이니, 며칠 머물러 있게 해 달라고 하여 가까스로 포드의 허락을 받았다.

이리하여 매일 사무소 건물의 안팎을 기웃거리다가 포드 씨와 사무실 복도에서 두서너 번 만나뵐 수 있는 기회가 있었지만 그럴 적마다 그에게는 쉴 사이 없이 전화가 걸려오고 사람이 드나들고 하여 번번히 이야기할 도리가 없었다.

참다 못하여 나는 포드에게서 한가한 시간을 쪼갤 수 있다는 것은 불가능한 노릇이라고 단념할 수밖에 없었다.

나는 지금까지 그에게 방해되었음을 사과하고, 뉴욕에 돌아가기 위하여 디트로이트 역에 나가겠다고 고한 후 마지막으로,

"대단히 무례한 질문으로 죄송하지만 잠깐만 여쭈어 볼 말이 있다."
고 말했다.

"염려 말고 말씀하시오."

"저희 집에 십 년 동안 쓰고 있는 낡은 자동차가 있습니다. 타는 맛고 괜찮고, 또 구식의 포드차는 아니지만 가족들이 새 차로 바꾸고 싶다 하기에 자동차 시장에 가 보았더니, 포드의 A형 차가 있었습니다. 그래서 가족들과 시험해 보려고 타 보니, 어딘지 불편하고 쾌적한 기분이 안 들어서 사지 않았습니다. 저는 그때 이상하게 생각했었는데 당신은 왜 더 나은 차를 만들지 않습니까?"

내가 이렇게 묻자, 포드는 허리를 잡고 한바탕 크게 웃어댔다. 아주 마음에 든다는 듯이 웃어댄다. 얼굴을 찌푸리지나 않을까 하고 걱정했던 내가 도

리어 의아해졌다. 포드는 두 다리를 쭉 뻗어 책상 위에 얹으면서,

"근사한 말일세. 자, 더 들려주게. 그대는 말할 것이 더 많을 줄로 아는데……."

하고 그냥 웃음이 끊이지 않았다.

그리고 그는 우리가 A형 차를 좋아하지 않는다는 점에 있어서 어디가 마음에 들지 않는가, 차의 길이가 짧아서인가, 가벼워서인가, 또는 발동기의 힘이 충분하지 못해서인가, 모양이 아름답지 못하단 말인가? 등등…… 여러 가지로 물어 왔다. 나는 정직하게 그리고 될 수 있는 대로 자세히 대답하였다. 그는 전문가도 아닌 나의 의견을 일일이 그리고 열심히 흥미 깊게 들어 주었다.

나중에 A형 차는 폐차가 되었지만, 포드는 이때 그 차에 대한 나의 비판을 어디까지나 귀 기울여 들은 후에 독특한 유머러스하고 다정스러운 말투로 다음과 같이 말하였다.

"지금 가지고 있는 헌 차를 버리지 말고 움직이지 않을 때까지 가지고 계시오. A형 차도 그간에는 팔기통으로 성장할 것이야. 나도 지금의 칠기통엔 불만이오. 나의 기분은 언제나 인생의 첫걸음을 내디딘 청년과 마찬가지라오. 좀 더 나은 차가 만들어질 수 있다면 하는 희망을 나는 아직 버리지 않고 있다네."

이것이야말로 내가 구하고자 했던 말이 아닐 수 없었다. 나는 이 기회를 놓치지 않고 직업적인 일에 착수하였다.

"지장이 없으시다면 또 한 가지 질문을 하는 허물을 용서하십시오. 오늘 젊은 청년이 이 자리에 당신을 찾아와서 지금으로부터 인생을 새출발하려

는 데 있어서 가장 명심해야 할 중요한 몇 가지를 말씀해 달라고 하면 당신은 어떻게 대답하시겠습니까?"

이렇게 질문을 하자, 포드는 책상 위에서 발을 내리고 일어나더니,

"나와 함께 갑시다. 아무도 방해하지 않는 조용한 곳에 가서 이야기를 합시다. 이것은 중대한 문제이니 조용히 이야길 해야 되네."

라고 말했다.

다른 방으로 나를 안내하고 그는 젊은 사람들을 위한 처세론을 한 시간 남짓이나 이야기해 주었다.

이 인터뷰 기사가 〈포드 옹, 청년에게 말하다〉라는 표제어로 신문지상에 전파되자 전 미국에 걸쳐서 수많은 신문과 잡지에 실리게 되었다. 그 요점을 추려서 쓴 것이 제6장 현명한 직업 선택 편에서 〈지도자가 되기 위한 다섯 가지 조건〉에 수록한 포드의 다섯 가지 훈계라는 것이다.

나의 이 조그만 성공은 나의 기교로 이루어진 것이 아니다. 그때 나는 방문 기자로서의 모든 수단과 방법이 아무 소용없게 되어 단념하여 돌아가려던 참이었다. 다만 나는 포드와 같은 천재적인 대사업가가 '어째서 A형 차보다도 더 나은 차를 만들어 내지 않는가'라는 소박한 의심을 솔직히 말했을 뿐이다. 그저 포드를 공격함이 없도록 조심하여 정중히 질문하였던 것이다.

이것이 이 성공을 가져오게 해 주었으며, 이런 일이 있은 후로 방문 기자로서의 나는 항상 이 체험을 일에 종종 응용하였다.

포드의 눈으로 보면 나도 사회의 일부를 대표한 자이다. 나의 솔직한 의견을 듣고 그는 사회의 비판을 직접 듣고자 한 것이다.

이 세상에서 참으로 훌륭하다고 할 만한 사람들치고 타인의 의견이나 생

각을 듣는 것을 좋아하지 않는 사람은 한 사람도 없다.

자기의 의견을 내밀기만 하고 남의 의견을 받아들이지 못하는 따위의 일방적인 거래는 하지 않는다. 들어둘 만한 가치 있는 신선한 의견이라면 말을 잘하고 못하고를 떠나 그들은 열심히 귀를 기울인다. 그리고 이쪽에서 한 주먹만큼 내 놓으면 그 대신에 열 배 백 배 정도의 보답을 해 준다.

DALE CARNEGIE

13
자기 자신의
개성(個性)을 살려라

- 일에 대한 계획표를 만들어라
- 독창성과 창의력을 산다
- 부지런하고 꾸밈없는 탐구 욕구
- 일에 대한 열성과 창의성
- 기억력을 높이려면
- 정확한 관찰과 판단력
- 남의 의견에 귀 기울여라
- 마음을 열어야 출세한다
- 솔직함이 더욱 빛난다
- 솔직한 고백과 신뢰받는 사람
- 솔직한 용기가 높이 평가된다

13. 자기 자신의 개성(個性)을 살려라

자신의 잘못을 전적으로 책임지고, 자기에게는 불명예스럽고 부끄러운 일을 거짓 없이 사실 그대로 정직하게 말할 수 있는 사람이야말로 신뢰받을 수 있는 인간이다.

이 장에서는 당신의 일의 효율성을 높여 주는 근면(勤勉)·창의력(創意力)·기억력(記憶力)·적응력(適應力)·신뢰성(信賴性) 등에 대하여 살펴보기로 한다.

일에 대한 계획표를 만들어라

하리 필립은 서른 살 안팎의 젊은이였다. 최근 결혼 생활을 막 시작하였고 어떤 가구점의 부지배인으로 있었다.

아내의 재산이 다소 있었기 때문에 그 일부를 회사에 출자하고 있었다. 그래서 하리는 별로 일에 힘들이지 않아도 될 것으로 생각하고 있었다.

어느 날 그는 자기가 맡아서 하는 장부 정리의 일이 늦어진 데 대해서 사장에게 해명하는데 사장은 손을 내저으면서,

"자네가 무슨 말을 하려는지는 알고 있네. 먼젓번에도 여러 번 같은 소릴 들었어. 오늘은 내가 자네에게 듣기 싫은 소릴 한마디 하려네. 자네가 지금 생활하는 방식대로 계속한다면 자네는 십 년 이내에 완전히 실패하고 말 것일세. 자네의 가족들은 거리에 내몰려 쪽박을 차고 말 것이란 말일세. 무슨 뜻인지 알겠는가? 현재의 태도를 고치지 않는 한 자네는 머지않아서 〈하리 부인의 남편〉이라고 사람들한테 불리게 될 것일세. 〈처가 것을 뜯어먹고 있는 산송장〉이란 뜻일세. 그런 모욕을 당하고도 일에 열성을 다하는 것이 자기를 구(求)하는 유일한 길이라는 것을 깨닫지 못하면 가까운 장래에 인생의 낙오자가 될 것은 자명하다는 걸 명심하게."

사장은 하리의 장래를 위하여 가차없이 혹평하였다. 여러 가지 사례를 들어서 더욱 설명하고, 이래도 모른다면 구할 길 없는 불쌍한 인간이라고 늘어놓았다. 아니나 다를까, 하리는 분개한 나머지 당장 회사를 그만두겠다고 새파랗게 질려서 말했다.

"안 돼, 그것은 안 되네. 오늘은 자네의 사직서를 받을 수가 없어, 그러나 열흘 동안만 휴가를 줄 터이니 천천히 잘 생각해서 결정하게. 그래도 자네가 퇴사하고 싶다는 의지가 있으면, 그땐 자네의 희망에 맡기겠네."

일주일도 채 못 되어 하리는 다시 회사에 나왔다. 그리고 사장 앞에 단정히 서서 자기의 잘못을 사과하고 난 뒤, 사장의 교훈을 깊이 명심하여 마음을 새로이 하겠는데, 그러기 위하여는 어떤 좋은 방법이 없겠느냐고 겸손한 태도로 물어 보았다.

사장은 잠시 동안 생각을 하고 나서 다음의 네 가지 조항을 내 보였다.

❶ 출근 시간은 아홉 시 정각이다. 그런데 자네는 현재까지 십 분이나 이십 분 늦게 출근하였다. 앞으로 한 달 동안은 아홉 시보다 십 분 빨리 출근할 것. 십 분이라는 시간이 회사에서 필요로 하는 것이 아니라 자네를 위하여 그럴 필요가 있다는 것이다.

❷ 회사를 위하여 자네가 하여야 할 모든 일을 조목 별로 만들어, 이삼 일만에 한 번씩 꺼내 보고, 과연 모든 일이 예정대로 끝을 맺었는가 어떤가를 반성할 것.

❸ 점심 시간에 동료들과 놀지 말고, 금후 한 달 동안은 휴식 시간을 삼십 분간으로 줄일 것. 회사를 위해서가 아니라 자네를 위하여 그러는 것이 좋다.

❹ 현재 자네가 맡은 일 가운데서 가장 중요한 것이 회사의 장부를 정리하는 일이다. 나의 생각으로는 삼 개월이면 이것을 충분히 해낼 수 있다고 본다. 삼 개월 이내에 끝마치도록 예정표를 만들어, 매주일 안에 완수하여야 할 할당 분량을 명백히 하여 이것을 충분히 이행할 것.

하리는 이상의 것을 메모해 두고, 이 교훈에 충실하였다. 그리하여 지금에는 사장의 완전한 신용을 얻어 중요한 일을 맡아 보고 있는 중이다.

"경험 많으신 사장님의 실지 체험으로 얻어진 이 교훈은, 나를 분명히 깨닫게 하였다. 예정과 할당표를 가지는 것은 해이해진 정신을 졸라매는 데 큰 도움이 되는 것을 알았다. 그 후로부터 나는 일에 대한 계획표를 만들어 그것을 실행하고 있다."

라고 하리는 말했다. 게으름은 자기도 모르는 일이 많아서 남으로부터 이러한 것을 지적당하면 자기 일이 아닌 것처럼 뜻밖의 일로 생각한다.

이것은 자기 성미에 맞지 않는 일로 자연히 게을리하기가 쉽기 때문에 그런 것인데 그다지 좋아하지 않는 일도 부지런히 충실하게 마친다는 것을 타인이 인정토록 하는 것이 중요하다. 하리 필립의 경우와 마찬가지로, 인생을 새로이 고쳐 나가야 할 사람은 적지 않을 것이다.

그러한 사람은, 하리의 사장이 준 것과 같은 교훈 프로그램을 자기 경우에 비추어서 만들어 보는 것이 매우 유익할 것이다. 그리고 그것은 반드시 실천해야만 효율성을 높일 수 있다.

독창성과 창의력을 산다

현재 로저 밥슨은 경제학자로, 또 재정(財政) 방면의 권위 있는 전문가로 유명하지만 젊은 시절에는 공업기사가 될 교육을 받고 메사추세츠의 공과대학을 졸업하였다. 그런데 그는 대학을 졸업하자 갑자기 은행에 들어가서 일해 보고 싶어졌다.

어느 날 신문 광고에서 보스턴의 어떤 큰 은행에서 사원을 모집한다는 카피를 보았다. 광고문에는, 지망자는 편지로 신청하라고만 하고, 은행의 이름은 내세우지 않고 있었다. 다만 우체국의 사서함 번호만 밝히고 있을 뿐이었다.

로저는 이 모집에 응해 보려고 생각했다. 그래서 보스턴 우체국에 찾아가 광고에 쓰여 있던 사서함 번호의 소유자가 누구인가를 물어 보았다. 우체국에서는 규칙에 위반되는 일이라고 알려 주지를 않았다.

로저는 잠시 동안 그곳에 서서 궁리를 해 보았다. 그러자 갑자기 단순하고 확실한 하나의 방법이 떠올랐다. 다름 아니라 사서함 옆에서 기다리다 사서함을 열려고 오는 사람을 붙드는 것이다.

그날은 시간이 너무 늦었기 때문에 이튿날 아침부터, 우체국 문이 열리자마자 사서함 옆에서 지키고 있었다. 반 시간쯤 지나자, 은행의 직원이 나타났다.

손에는 편지를 집어 넣는 행낭을 걸치고 있었다. 그 행낭에는 뚜렷하게 은행의 이름이 쓰여 있었다. 일부러 물어볼 필요도 없이 그것을 읽어봄으로써 목적은 이루어졌던 것이다.

적당한 시간을 맞추어 로저는 은행에 가서, 사원 모집 일을 맡아 보는 사람에게 면회를 청하였다.

"사원을 모집하고 있다는 것을 그대는 어떻게 알았는가?"

담당자가 수상하다는 듯이 바라보았다.

"신문 광고를 보았습니다."

"신문에는 은행 이름이 없었을 터인데?"

그래서 로저는 자기가 취한 방법과 그리고 왜 그리하였는가를 설명하였다. 이 말을 다 듣고 나자, 그 담당자는 매우 유쾌하다는 듯이 크게 껄껄 웃었다.

그는 옆에 있는 책상 위에 산더미같이 쌓인 편지 뭉치를 가리키면서,

"이 편지 더미가 무엇인지 알겠나? 백여 통은 족히 넘을 것일세. 나는 아직 이 편지를 하나도 읽어 보지 않았네, 이제는 읽어 볼 필요도 없어졌지. 자네를 채용(採用)하기로 함세."

은행은 로저에게 자리를 주었다.

그것은 적어도 이 청년에게는 창의력(創意力)이 있음을 인정했기 때문이다.

취직을 지원하는 사람들은 저마다 자기의 독창성(獨創性)을 나타내는 것처럼, 그를 사용하고자 하는 사람에게 흥미를 돋우어 줄 자기 PR이 중요하다. 새로 취직하려는 사람이나 현재의 지위에서 승진을 원하는 사람이나, 창의력이 있고 없음이 그 고용주의 공통된 절실한 흥미 유발이며 관심과 기대라는 것을 알아야 한다.

"창의라는 것이 무엇인가? 어떻게 하면 그것을 발휘할 수 있는가?"
라고 어떤 친구가 물었을 때 나는 다음과 같이 대답하였다.

"지금 이 미국에서 가장 바쁜 사람을 하나 지적해 보게. 그러면 그 사람의 내력이 충분히 그것을 설명하여 줄 것일세."
라고.

그랬더니 수일 후 그 친구가 다시 와서,

"미국에서 지금 제일 바쁜 사업가는 프랭크 플로프라는 월가(街)의 인물이네."
라고 말했다.

"그는 헨리 도하테의 파트너이자 도하테의 모든 사업에 관계하고 있으며, 백사십일 개 회사의 사장, 또는 부사장 또는 현역 중역(重役)을 맡아 보고

있네. 또한 전 미국에 걸쳐 이백이 넘는 지방단체의 공공사업회사의 중역을 겸임하고도 있다네. 이 사람이야말로 제일 바쁜 사람이 아니고 무엇이겠는가.”

그것은 사실 옳은 말이었다.

부지런하고 꾸밈없는 탐구 욕구

프랭크 플로프는 덴버에서 자라났다. 그는 일곱 살 때 아버지를 여의고, 여덟 살 때 집안 살림을 돕기 위하여 고생하는 어머니의 수고를 덜어 줄 생각으로 학교를 그만두고 일을 하겠다고 말하였다. 어머니는 조용히 달래서 말했다.

“너의 마음 씀씀이는 고맙지만 어머니는 조금도 고생이라고는 생각지 않고 있으니 아무 걱정 말아라. 너는 너의 공부만 열심히 하여 중학교를 훌륭히 마치도록 하는 것이 좋겠다.”

“그래도 토요일 같은 때 노는 시간을 이용해서 일하는 것은 괜찮지 않아요?”

“정 그렇다면, 그리해 보아라.”

이리하여 프랭크는 토요일에만 어떤 보험업자의 마부 노릇을 하여 주인이 딴 곳을 방문하여 이야기하고 있는 동안 말의 고삐를 잡고 기다리는 일을 하였다. 일당은 오십일 센트였다.

이외의 시간에 틈이 생기면 신문도 팔았다.

중학교에 다니면서도 여러 가지 방법으로 돈 버는 일에 열중하였고, 졸업하기 전부터 벌써 졸업 후 직업에 대비하는 마음을 길렀다. 중학교를 마치자 곧 덴버 합동 전기회사의 미터기 검침원이 되었다.

한 달에 오십 달러의 급료인데 일 년 동안 근무한 성적이 좋으면 승진시켜 준다는 약속이었다.

그는 마음속으로 대학에 들어가서 더 공부하고 싶었다. 그러나 그의 창의성(創意性)은, 대학에 가는 것보다 오히려 이 기회에 사업적으로 그대로 정진하는 것이 좋을 것이라고 생각했다.

후일 전기업계에서 일어설 기회가 얻어지리라는 특별한 의식은 없었지만, 전기 회사원으로서의 자기 일을 재미있게 하기 위하여 이 사업에 대하여 열심히 연구하였다.

자기에게 맡겨진 일은 무엇이고 열심히 하였다.

어떠한 것이라도 그것을 잘 안다는 것은 이 사업에 통달하는 데 중요한 의미가 있다고 생각했기 때문이다. 명령받은 일을 끝마치고는 그 외에도 자기가 할 수 있는 일은 없는가고 살펴보았다.

미터기의 검침을 하기 위하여 밖에 나다니는 일 외에도 회사 안에 있을 때에는 끊어진 전구를 바꾸러 오는 손님들에게 새 전구를 내어 주는 것이 그의 일과였다. 그래서 그는 장래에 출세하려면 될 수 있는 대로 많은 사람들과 사귀어 두는 것이 필요하다고 생각하여 전구를 교환하러 오는 손님들의 이름과 얼굴을 기억하는 데 노력하였다.

한 번 왔던 손님이 두 번째 올 때에는 곧 이쪽에서 손님의 이름을 불러서 그 용건을 듣기도 하였다. 회사의 사무실에서 매일 하고 있는 일에 항상 주의를 하여, 자기가 할 수 있는 일이면 무엇이든지 도와주었다. 이러는 동안에 그는 회사의 회계사무를 담당해 보겠다는 결심을 품게 되었다.

덴버 전기회사는 오래된 회사였으므로 나이 많은 동료들이 여럿 있었다. 하루속히 퇴직금이라도 받아서 그만두었으면 하는 사람들이었다. 그들은 젊고 정력 있는 자들에게 일을 떠맡기고 싶어했다.

프랭크는 이러한 사람들이 일을 부탁할 때면 무엇이고 떠맡아서 해 주었다. 이리하여 그는 자기 일 외에도 여러 가지 일을 배우는 기회를 얻을 수 있었다.

그의 흥미는 여기에 그치지 않았다. 현장의 감독이나 그 밖의 장소에서 일하고 있는 사람들이 사무실에 자주 드나들 때마다 그들을 붙들고, 그들에게서 기술 방면에 대하여도 이것저것 물어 보았다.

또 틈나는 대로 발전소나 배전소(配電所)에 가서 실지로 견학을 하였다. 이렇듯 그간에 일 년 반이라는 세월이 흘렀다. 그는 승진을 하여도 좋을 때가 아닌가고 생각했다. 그러나 회사에서는 아무런 소식이 없었다. 그래서 그는 책임자에게 조용히 말했다. 그 책임자는,

"자네는 일에 대해서 불만이 있는가?"

라고 물었다.

"아닙니다. 일은 매우 좋아합니다. 그러나 저는 월급이 좀 더 필요한 것입니다."

라고 프랭크는 대답했다.

책임자는 생각해 보겠다고 하였다. 그러나 그 달의 그믐이 되어서 회사

에서는 깜짝 놀랄 만한 소식이 있었다. '이거 내가 회사에 잘못 들어왔나'싶을 정도로 좀 어리둥절해질 정도로, 다음 날 육십 달러로 승급한다는 사령(辭令)을 받았다.

얼마 후 그의 성실함과 근면성이 인정되어 검침원에서 서기로 승진하였다. 처음에는 전표를 정리하여 그것을 장부에 기입하는 일이었는데, 이 일이 앞으로는 자기의 희망인 회계를 맡아 보는 일의 첫단계이라는 것을 자각하여 시간을 가리지 않고 일에 몰두하였다. 그날에 못 마친 일이 있으면 밤중에라도 다시 회사에 나와 남은 일을 다 마치고 마는 정성이 있었다.

그 근면함과 꾸밈이 없는 탐구의욕(探求意慾)은 회사 내 중역들에게도 정평이 나게 되었고, 이 때문에 프랭크는 지배인의 한 팔이라는 칭찬과 평판을 얻게 되었다.

관청에 내야 할 보고는 지배인을 대신하여 그가 서류를 작성하였다. 이 결과로 자연히 그는 지배인만큼이나 덴버 전기회사의 모든 사업에 정통하게 되었다.

이즈음 덴버 전기회사와 덴버 가스회사의 합병설이 일어나서 발명가이며 기술자인 동시에 인재(人材)를 발견하는 데 특수한 재능이 있는 것으로 알려진 헨리 도하테가 이 합병의 실행이 가능한가 어떤가를 조사하기 위하여 덴버를 찾아왔다.

그리하여 덴버에서 그 누구보다도 전기사업에 정통하고 있는 전문가인 프랭크를 발견하였다.

뉴욕에 돌아가서 그는 합병해도 좋다는 것을 자본가들에게 권고했다. 그리고 합병 후의 새 회사에는 현재 프랭크의 지배인으로 있는 사람을 새 지배인으로 하고 프랭크를 그의 비서 겸 회계 책임자로 할 것을 건의하였다.

여기에 대해서 자본가들 가운데에는,

"프랭크 플로프는 너무 젊다. 겨우 스물다섯 살이 아닌가. 전기회사의 지배인을 새로 합병하는 회사의 지배인으로 앉히는 것은 좋으나, 그 비서 겸 회계 책임자는 가스회사에 그대로 앉히는 것이 좋을 것 같다."

라는 의견이 있었다.

그런데 프랭크 플로프의 지배인은 합병되는 새 회사의 지배인이 될 것을 제의받자 곧 조건을 붙여 말했다.

"새 회사의 지배인이 되어도 좋지만 플로프와 같이 있지 않으면 안 됩니다. 일에 대해서 나는 전적으로 그를 신뢰하고 있습니다. 그가 젊어서 걱정이라니 천만의 말씀입니다. 덴버의 일에 관한 한 그와 겨눌 사람은 없을 것입니다. 그를 비서 겸 회계 책임자로 해 주지 않으면 저 역시 지배인 자리를 사양하지 않을 수 없습니다."

이리하여 프랭크 플로프는 새 회사 지배인의 비서 겸 회계 책임자가 되었던 것이다.

일에 대한 열성과 창의성

플로프가 이러한 자기의 경험담을 이야기할 때 다음과 같은 말을 첨언하였다.

66 나는 이렇듯 윗사람의 믿음을 받고 승진하였다. 그것은 왜

냐? 어떻게 하였는가? 나는 항상 윗사람의 일을 조금이라도 편안

히 덜어 주기 위하여 내가 할 수 있는 일이면, 무엇이고 자진하여 해냈

다. 나의 목적은 오직 하나, 그것은 그 일을 알기 위함이었다."

이러한 행위의 결과로 어떻게 보답받을 것인가에 대하여는 전혀 생각하
지 않았을 뿐만 아니라 이것이 나의 창의력을 기르는 방도였다는 것도 그때
는 알지 못하였다. 내가 이렇게 하면 상대방이 이렇게 하여 주리라는 타산
은 생각할 필요가 없는 것이다. 하나의 조직 속에 들어가면 결과를 타산하
는 생각을 집어치우고 무엇이고 자기 힘이 닿는 데까지 즐겨 감당해 내는
것이 중요하다.

이것은 곧 창의성을 실제로 활용한다는 것을 배우는 비결이다. 어떤 요
긴한 결과를 기대할 수 있는 일에만 손을 대려고 하면 결코 이 창의라는 것
이 나타나지 않으며 또 나타날 수도 없다. 윗사람한테 신용을 얻고 뽑혀 올
라갈 수 있는 가장 좋은 방법이란, 낮은 지위에 있는 자기의 창의력을 충분
히 발휘함으로써 윗사람에게 좋은 인상을 주도록 하는 것이다.

새로운 회사에서 중요한 위치에 오르게 된 프랭크 플로프는 먼젓번 전기
회사에 있을 때와 마찬가지로, 이번에는 가스사업에 대한 연구를 열심히 하
였다. 여러 가지 모든 기회를 놓치지 않고, 다른 도시에 있는 회사들이 하고
있는 경영 방침을 연구하였으며 이 때문에 견문을 넓히기 위하여 종종 견학
을 위한 여행을 하기도 하였다.

이러한 연구의 결과 전기·가스사업이라는 것은 반 년쯤 전에 벌써 수입과 지출을 정확히 예상할 수 있는 경영 방법을 쓰지 않으면 안 된다는 생각을 가지게 되었다.

이리하여 그는, 이미 지나가 버린 수지의 계산은 염두에 두지도 않고, 수개월 후의 수입과 지출을 예상하여 이것을 정확한 예산으로 짜 가지고 사업을 운영하는 데 적절히 이용하였다.

이 결과로 빚어진 것이 오늘날 〈예상 경리법(豫想經理法)〉이라고 불리어 일반에게 널리 알려진 경리 방법인 것이다.

이 방법에 의하여 회사는 육 개월 이전에 육 개월 이후의 지출과 수입을 정확하게 알 수가 있었던 것이다. 오늘날 전기회사나 가스회사에서는 대부분 이 플로프의 방법이 널리 쓰이고 있다.

그런데 얼마 후에 덴버 전기·가스회사가 매우 위급한 상태에 빠지게 되어 플로프의 창의력과 전기가스에 대한 지식이 시련을 받을 때가 있었다.

그것은 뜻하지 않게도 유력한 동업(同業)의 경쟁자가 나타나서 격렬한 경쟁이 벌어지고 회사는 일 년 동안 수입보다도 지출이 더 많은 상태가 계속되었다. 경쟁에 이기기 위한 부득이한 지출의 증가 때문이었다.

플로프는 〈예상 경리법〉의 효력을 최대한으로 활용하면서, 대량 수요자의 사업을 연구 조사하여 그 발전 방법을 강구하여 주는 등, 직접 간접으로 고객을 놓치지 않으려고 경쟁에 수단과 방법을 가리지 않았다. 이때에 전기가스회사의 직원 재교육 목적으로 설립한 학교는, 그후 더욱 확장해 공익사업의 간부 후보생을 양성하는 곳으로 유명해졌으며, 설립자인 플로프의 공적을 높이 찬양하고 있었다.

1905년 도하테는 플로프와 공동 출자(出資)하여 〈시티 서비스〉 회사를 새로 창립하였다. 처음 일 년간의 수입은 일백만 달러에 불과하던 것이 십오 년 후에는 그것의 백 배 되는 수입을 자랑할 수 있게 되었다.

내가 플로프를 다시 만났을 때, 〈시티 서비스〉회사는 이만구천 명의 사원과 일만팔천 명의 숙련 노무자를 고용하고 있었다. 그 당시에 프랭크 플로프가 하는 주요한 일은 인재(人材)를 발굴하여 적재적소에 앉히는 일이었다.

그는 어떻게 창의성 있는 인물을 발굴하여 그들을 적소에다 등용시키는 가에 대하여 나에게 들려주었다.

그 방법이라는 것은 오늘날 기타의 큰 사업에서도 응용되고 있다시피,

"평생 직장에서 생활한 간부(幹部)들도 때로는 잘 모르는 문제에 부닥치는 경우가 종종 있게 마련이다. 옳고 그름을 가려야 할 문제가 종종 일어나는 법이다. 그렇기 때문에 매일매일의 일에 따르는 모든 일에 대해서 될 수 있는 한 많은 지식을 준비해 두어야 한다. 이렇게 함으로써 결재를 빨리 하고, 조언(助言)을 받아들이고, 당면한 문제에 대해서 적당히 조력할 수 있는 사람을 가까이 두고 일이 생기면 곧 그 인물을 불러서 도움이 되는 의견을 듣고, 자기의 책임 아래서 결재를 내릴 수 있도록 하지 않으면 안 된다. 소경이 도장 찍듯 하는 독단적인 처사는 위험천만인 것이다."

최고 간부의 결재서류는 밑에서부터 순차적으로 밟아 올라오는 결과이므로 한 조직 내에 있어서 창의성을 발휘하는 자가 승진의 기회를 얻을 수 있는 것이다.

지배인이나 비서가 또는 어떤 부서의 책임자가 나를 찾아와서

"이번에 이런 것을 하려는데 어떻겠습니까?"

하고 나의 의견을 묻는 일이 있다면, 그 사람은 나의 머리를 빌려 쓰려고 하는 자이다.

그러나 "이러한 것을 하여야 합니다."
라고 말하는 사람은 자기의 머리를 쓰고 있는 자인 것이다.

편지나 혹은 보고서 같은 것을 보아도 그것을 쓴 사람의 성품을 잘 알 수가 있는 법이다. 만나서 이야기해 보면 역시 편지나 보고서를 보고 상상했던 것과 마찬가지로,

"이런 것을 하면 어떻겠습니까?"라는 사람과 "이렇게 해야 되겠습니다"라는 사람의 성격이 역력히 구별되는 것이다.

가장 중요한 것은 열성과 창의성이다. 비평을 두려워하지 않는 사람은 듣는 것을 부끄럽게 여기지 않고 얼마든지 남에게 배우고자 한다. 즐겨 일에 몰두하고, 자기의 머리를 써서 문제를 처리해 내는 사람은 반드시 뽑혀 올라가기 마련이다.

우리들은 자기의 책임을 회피하려는 자나, 마음과 생각이 좁고 독선적이거나 실천 없는 말뿐인 자, 그리고 타인을 험담하기 좋아하는 자들을 채용하고 싶지는 않을 것이다. 그리고 조금만 사정이 달라져도 어쩔 줄 몰라서 우왕좌왕하는 자나 곤란을 당하면 곧 쓰러지고 손을 드는 자들 또한 쓸모없기는 마찬가지다.

플로프는 어떤 부문의 책임자나 대표가 죽든가 그만두거나, 또는 딴 곳으로 전근되었을 때에 곧 그 뒤를 인계받아 일할 수 있는 사람들을 언제나 준비하고 마련하는 제도 기구를 강구해 놓았다.

그 제도 기구는 '능률 부서'로서, 회사 내 상세한 기록을 토대로 하여 운

용하던 기구인데, 이 능률 부서의 원본 외에도 여러 가지 많은 사본(寫本)을 만들어서 이것을 각 부장이나 감독관 같은 간부들에게 미리 배부(配付)하여 주었다. 간부들은 자기 부하들의 능력에 대하여 관찰한 것을 그 신상명세서에 기록하는 것이다. 거기에는 창의력과 관계가 있는 다섯 가지의 조사 항목이 있다.

이러한 항목은 아마 누구라도 사원들을 통솔하는 입장에 있는 중역이라면 그 부하들에 대하여 알고 싶어 하는 점일 것이다. 또 위에 있는 간부들이 자기 능력의 어떠한 부문에 주의를 가지고 있는가를 알기 위해서는 자기 자신이 다섯 가지 항목에 대해서 대답을 해 보는 것 또한 좋은 방법이 될 것이다.

❶ 일에 대한 태도

㉮ 일에 대하여 열심인가.

㉯ 특히 열심히 하는가.

㉰ 시키지 않으면 일을 하지 않는가.

㉱ 자발적으로 일을 하는 가운데 정확한 일을 하는가.

❷ 자기 혼자 의견을 낼 수 있을 만큼 훈련되어 있는가.

❸ 신중한 판단력을 가졌으며, 익숙지 않은 새로운 방법이라도 해낼 수 있다는 자신감이 있는가.

❹ 능력과 야심의 성숙기에 달했다고 판단할 수 있는가.

❺ 현재보다 더 큰 책임 있는 지위를 떠맡겨도 전혀 위태롭지 않을 정도의 역량은 충분한가.

자기가 맡은 일을 끝마쳤으면, 반드시 또 해야 할 일을 찾아보아야 한다. 자기가 아직 모르는 일에 대해서는 조금도 주저치 말고 이것을 아는 사람에게 물어보아야 한다.

자기 윗사람의 수고를 덜기 위해 힘자라는 데까지 일을 하라. 현재 맡아 행하는 일을 검토하고 연구하여 더욱 좋은 방법을 생각해 내고 발전시켜라.

어떻게 되리라는 결과를 미리 예측하고, 그 결과가 올바르게 이루어지도록 전력을 다할 것을 결심하라. 이러한 것을 수행(遂行)하는 데에 자기의 창의성을 최대한 발휘하라.

기억력을 높이려면

아이크 히긴스는 뉴욕 경시청의 경관이다.

〈카메라 눈의 사나이〉라는 별명으로 불리울 만큼 한 번 본 사람은 결코 잊어버리지 않을 정도로 기억력이 비범(非凡)하였다.

이 유명한 〈카메라 눈〉 덕분으로 경시청을 퇴직한 후 좋은 직업에 종사하게 되었다. 규모가 큰 국제적인 도둑을 추적하기 위하여 은행가와 보석상이 합해서 만든 사립 탐정국(探偵局)에 들어갔던 것이다.

맨 처음의 일은 남아프리카로 달아난 어떤 도둑을 추적하는 일이었다. 그 범인의 얼굴을 한 번도 본 일이 없었으나, 단지 그의 사진 하나만을 호주머니에 달랑 넣고 가서 무난히 붙들어 온 것이다.

15년 후, 그는 또 탐정국의 용무를 띠고, 네바다주에 간 일이 있었다. 이때 샌프란시스코의 경찰에서 그에게 조력을 부탁하는 전보가 왔다.

내용인즉, 범인 혐의자를 찾아 내었는데, 확실한 증거를 얻지 못하여 체포하지 못하고 있으니 확증을 잡아달라는 것이었다.

히긴스는 곧 그 혐의자가 있는 캘리포니아주로 달려갔다. 그리고 그 범인이 사용하던 여러 가지의 가명 열 개 중에서 여섯 개나 즉석에서 들추어 내어 그의 정체를 폭로해 버렸다.

이리하여 그 혐의자가 진범이었다는 것이 확인되었다. 그 범인은 히긴스가 십오 년 전에 뉴욕 경시청에서 단 한 번 만나 본 일이 있었을 뿐이었던 것이다. 사람의 이름과 얼굴을 기억하는 이 놀라운 기억력의 비밀에 대해서 히긴스에게 물어본 일이 있는데, 그는 그때 이렇게 대답하였다.

"나는 젊었을 때 오랫동안 경관 노릇을 하고 있었는데, 탐정이 되고 싶어서 매우 노력하였다. 탐정이 되면 보수도 좋고, 일도 퍽 재미있을 것이라고 생각했기 때문이다. 나는 전과자의 사진들을 연구하고, 또 매일 아침 교도소에서 점호(點呼)하는 시간에는 수감되어 있는 사람들의 얼굴을 연구하였다. 별로 어려운 방법이 있는 것은 아니다. 그저 그 얼굴을 머릿속에 사진을 찍듯이 한참 응시하면서 '이것이 이 사나이다. 이름은 아무개, 별명은 무엇, 이 얼굴과 이 별명은 어떠한 일이 있어도 잊지 않겠다' 하고 다짐하고 결심할 뿐이었다. 무엇 때문에 그랬는가 하면, 물론 탐정으로서 성공하기 위해서이며 탐정으로 성공하려면 사람의 이름과 얼굴을 따로 외워두지 않으면 안 되기 때문이다.

이것이 기억하기 위하여 내가 쓴 유일한 비법이라면 비법이었으며, 따로 기억하는 방법 같은 것은 배우지를 않았다. 배운 것이란 그저 외우고자 하는 것을 잘 머릿속에 사진을 찍듯이 새겨 두는 것뿐이었다. 이것은 누구나 다 할 수 있는 간단한 방법이다. 이것을 생각해 내는 데 무슨 속임수나 마술이 있는 것은 아니다."

이 말을 듣고 나는 그에게 얼굴과 이름을 기억하는 데 일반 사람에게도 무슨 참고가 될 만한 것은 없는가 하고 물어보았다. 그러자 그는,

"물론 그것은 있다. 그리고 누구나 그것을 쉽게 할 수 있는 것이다. 중요한 것은, 그저 그렇게 하겠는가 안 하겠는가의 마음에 달렸을 뿐이고, 올바른 암기법만 마음먹고 한다면 사람의 얼굴과 이름을 잊어버리는 일이 없을 것이다."

라고 말하면서, 다음과 같은 열 가지의 사항을 가르쳐 주었다.

기억력을 높이기 위한 10개 항

❶ 초면인 사람의 이름을 들으면 곧 그것을 자기 입속에서 되풀이해 본다. 그 인물에 흥미를 가지고, 다시 만날 것을 기대한다. 이 사람을 잊으면 후에 대단히 난처한 일이 닥쳐올 것이라고 각오하여, 결코 이 이름과 얼굴을 잊지 않겠다고 결심한다. 그런데 이것을 곤란한 일이라고 생각하지 않아야 한다.

❷ 한 번 기억한 사람의 이름을 기회가 있는 대로 되풀이하여 써 볼 것이며, 애매하게 하지 말고 명료하고 정확하게 말하여 본다.

❸ 그 사람과 대면하였을 때도 똑똑한 발음으로 그 이름을 부른다. 이야

기하면서도 몇 번이고 그 이름을 부르고, 헤어질 때에 다시 한 번 그 이름을 불러본다.

❹ 이름을 부를 때, 그 사람의 얼굴을 똑바로 들여다본다. 그리하여 그 특징을 기억한다. 부분적인 특징과 동시에, 전체로서의 그 인상을 머릿속에 새겨 넣도록 하는 것이 중요하다.

❺ 어떠한 장소에서든지 그 사람을 만나면 곧 그의 이름을 부른다. 혹은 신문 같은 데에서 그 사람의 사진을 보는 일이 있으면 곧 그의 이름을 외워 본다. 이렇게 하면, 이름은 똑바로 기억될 것이며 결코 잊어버리는 일이 없을 것이다.

❻ 연습을 해 보는 데는 다음과 같은 방법이 있다.

㉠ 사람들이 많이 모이는 곳에 가서 알지 못하는 사람들과 접촉한다. 그리고 초면의 사람에게는 이상과 같은 방법을 시험해 본다. 이름을 알려주지 않고 소개받으면 일부러라도 그 이름을 물어 보도록 한다. 그리고 그 이름을 정확하게 부르면 상대편도 결코 나쁜 기분을 가지지 않을 것이다.

㉡ 이 연습을 시험 삼아 시작할 시초에는 수월한 기분으로 하는 것이 좋다. 삼사 명을 알게 되면 일단 그 사람들로부터 떨어져서 그 삼사 명의 이름과 얼굴을 서로 맞추어 몇 번이고 그 이름을 되풀이하여 불러 본다. 생각이 나지 않으면 또다시 그곳에 가서 그 이름을 정확하게 알아본다. 그러면 이번에는 확실하게 그 이름이 머릿속에 새겨진다.

❼ 자리에 누워 잠들기 전에, 그날 만난 사람들의 이름을 전부 적어 본

다. 그리고 그 이름 밑에 만났던 장소, 이야기한 요점·복장 등에 대해서 기입해 둔다.

❽ 자기가 빌리고 있는 아파트의 사용인의 이름을 전부 외워 본다. 혹은 자기가 자주 가는 상점의 점원 이름을 외워 본다. 이러한 방식으로 새로운 이름과 얼굴을 찾아서, 그 얼굴과 이름이 마치 수하물과 거기 딸린 꼬리표 모양으로 정확하게 자기 기억에 새겨지도록 한다.

❾ 일주일 동안에 만난 새로운 이름과 얼굴을 될 수 있는 대로 많이 써 본다. 그리고 그 주일의 마지막 날에는 쓰여진 그 표를 다시 보고서 얼마 만큼이나 그 표에 있는 인물에 대하여 자기가 기억하고 있는가 그 사람과 만났을 때의 전경은 어떠하였으며, 무슨 이야기를 했던가를 생각하여 본다. 일주일간에 오십 명의 이름과 얼굴을 기억할 수 있다면 그 기억력은 상당한 것이라고 할 수 있다.

❿ '얼굴은 생각이 나지만 이름은 그만 잊어버려서……'라고 단념해 버리는 것은 좋지 못한 버릇이다. 사람의 이름과 얼굴, 그 사람과 만났을 때의 용건과 장소 등을 기억한다는 것은 자기의 재능을 효과적으로 나타내는 데 매우 중요한 도움이 되는 것이다.

히긴스가 말하는 이상과 같은 방법은 단시일의 연습으로도 대단히 큰 효과를 얻을 것이다.

정확한 관찰과 판단력

무릇 중요한 위치에 있는 사람들은 그의 협력자 또는 부하의 기억력에 매우 큰 가치를 두는 법이다. 광고업자로서 유명한 아이비리는 다음과 같이 그의 체험을 말하고 있다.

나는 휴가 중에는 여태껏 보지 못한 먼 곳으로 여행하는 것을 즐기는 취미가 있는데, 1960년에는 당시 운하(運河)의 대공사가 진행 중이던 파나마로 여행하였다. 그런데 그곳에 머물러 있을 예정의 절반도 못 되어서 뉴욕의 사무실에서 전보가 왔다.

펜실베이니아 철도회사의 사장인 카사 씨가 나에게 홍보를 부탁하겠다는 연락이 있으니, 속히 돌아와서 카사 씨와 만나 보라는 것이었다.

카사 씨는 물론 나의 일솜씨를 잘 알아본 연후에 일을 부탁하여 온 것이 틀림없겠지만 나는 펜실베이니아 철도에 관해서는 전혀 아는 바가 없었다. 그래서 즉시 돌아간다 하더라도 펜실베이니아 철도의 홍보 방법에 대하여 카사 씨에게 이야기할 만한 아무런 예비 지식도 가지고 있지 않았다.

사무실에서 온 전보에는 곧 돌아오는 대로 카사 씨와 만나 보아야 한다고 하였으니 펜실베이니아에 가서 실지 현장을 조사하여 볼 여유도 없고 또 파나마에서 타고 갈 배에서는 서류 정리와 보고서 작성 때문에 공부할 도리도 없었다. 나는 카사 씨와 만나서 우선 홍보 방법에 대한 질문을 받을 것인데 그때의 어색한 장면을 생각하고 매우 우울하였다.

어쨌든 뉴욕에 도착하는 대로 나는 카사 씨를 방문하였다. 그러자 카사 씨는 친절하게 나를 자기 방으로 안내한 후,

"어떠셨습니까, 파나마 여행은?"

하고 물었다. 나는 여행 도중에서 보고 들고 한 것을 여러 가지로 이야기하였다.

"마라리아는 어때요?"

그는 또 물어 왔다. 여기에 대해서도 내가 알고 있는 한도 내에서 대답하였다.

다음에 카사 씨는,

"철도 공사는 어떻게 진행되고 있습니까?"

라고 묻는다. 거기에 대해서도 나는 내가 본 그대로, 철도 공사는 지금 한창이어서 많은 부설 공사를 보았으며, 또 새로 부설된 철로를 따라 많이 걸어도 보았고 철도를 공사하는 기사(技士)와도 만나서 대화했다는 등 여러 가지 생각나는 대로 자세히 이야기하였다.

이러한 문답이 약 반 시간가량 있은 뒤에 면접은 끝났다. 카사 씨는 나를 바래다주면서 이렇게 말했다.

"대단히 재미있는 얘기를 들었습니다. 모쪼록 저희 회사의 홍보 일을 잘 부탁합니다. 당신에게도 반드시 흥미 있는 일거리가 될 것입니다."

나는 밖으로 나왔으나 마치 여우에게 홀린 것 같은 기분이었다. '거, 참 이상야릇한 면접이었다'고 생각하였다. 그러나 지금에 와서는 그것이 조금도 이상한 것이라고 생각하지 않는다.

카사 씨는 펜실베이니아 철도에 대하여 내가 미리 아는 바가 있는가 없

는가라는 것도 조금도 문제될 것이 없었던 것이다. 그가 알고자 한 문제는 내가 실지로 다녀 본 일에 대해서 그것을 만족하게 보고(報告)할 수 있는가 없는가 하는 것이다.

카사 사장은 자신의 경험에 비추어서 어떤 복잡한 정황(情況)이라도 잘 살피고 그 요점을 잘 파악하여 정확한 판단을 내릴 수 있는 인물은 다른 경우에 있어서도 대체로 믿고 부탁할 수 있는 인물이라는 것을 알고 있었던 것이다.

어떤 문제의 요점을 잘 기억하여 이것을 명확하게 말할 수 있는 사람이란, 동시에 그 문제를 이해하고 파악할 수 있는 인물이라는 것을 의미한다. 또한 이렇듯 문제를 이해하고 파악하여 그 요점을 잘 기억한 후 자세하게 이것을 말할 줄 알고 동시에 그 문제의 처리에 대해서도 정확한 판단을 내릴 수 있는 인물이라는 것을 의미한다.

사업가이든 상인이든 또는 기술자나 금융인 또는 기타 어떠한 직업에 종사하는 사람을 막론하고 크게 성공하는 사람은 반드시 이 두 가지 면을 가지고 있는 법이다.

즉 다시 말하면, 첫째는 정확한 관찰이요, 둘째는 적절한 판단이다. 이것은 두 개의 위대한 주춧돌이다. 정확한 관찰은 반드시 적절한 판단을 낳고, 적절한 판단은 정확한 관찰 없이는 이루어지지 않는 법이다. 더욱이 알아 두어야 할 것은 이 두 가지가 기억력 없이는 존재하지 못한다는 것이다.

훌륭한 기억력을 지닌 사람이란 반드시 사물(事物)을 주의 깊게 정확하게 관찰하고 있는 사람이며, 또한 그 관찰에 의하여 틀림없는 판단을 끄집어 낼 수 있는 사람인 것이다.

기억력이라는 것은 결코 머릿속에서 독립적인 존재가 아니다. 그것은 사고(思考)하는 것을 돕는 보조 기관의 하나임에 틀림이 없다. 회사 일이든 집안 일이든 오락이든 취미이든 당면한 문제에 대해서 주의를 집중할 때에 기억력은 활동하는 것이다.

히긴스 탐정은 사람의 이름과 얼굴을 기억하는 데에는 그 이름과 얼굴을 잘 외우는 것이 중요한 일이라고 말했다. 이것은 어떠한 사물을 기억할 때에도 똑같이 통용되는 진리이다.

어떤 사물에 대해서도 열심히 그것을 알려고 하면 할수록 그 사물이 잘 기억되는 법이다. 잘 알아본다는 것, 잘 아는 것 이외에 별다른 특별한 기억 방법이라고는 없는 것이다.

남의 의견에 귀 기울여라

피츠부르크 대학교 인사과장으로 있는 존 해록에게,

"실력에는 그다지 차이가 있어 보이지 않는데 어떤 사람은 많은 수입을 얻고, 또 어떤 사람은 그렇지가 못하니 이것은 무슨 까닭입니까?"

라고 물어 보았을 때, 해록은 다음과 같이 대답하였다.

"많은 수입을 얻는 사람에게는 두 가지의 특징이 있습니다. 그 하나는 타인과의 대담(對談)이나 회의(會議) 같은 데에서 타인의 의견을 잘 받아들이는 것입니다. 그들은 타인의 이야기를 편견 없이 이해합니다. 자기의 견해를 주장하는 것보다 타인의 의견을 열심히 듣습니다. 또 한 가지는 자기의 의견을 말할 때 확신을 가지고 분명하게 이야기합니다."

당신은 남보다 더 깊이 생각하며, 더 좋은 견해가 있을지 모른다. 그러나 당신이 그 견해를 명료하게 표현하지 못한다면 그 깊은 사색(思索)도 그다지 실제적인 효과를 거두지 못한다.

타인에 대하여 무엇을 제안(提案)하려 할 때 한 점의 흐릿함도 남기지 않도록, 그 제안의 내용을 충분히 다시 한번 검토해 보고, 직접 친구들이나 동료의 비판을 들어 보는 것이 좋다.

먼저 타인의 의견을 듣는 것이 중요하며 자기의 생각을 떠맡기다시피 내밀어서 고집하는 것은 실패의 원인이 된다. 타인의 의견을 자기 안(案)에다 플러스하여 쓸 수가 있으면 그 안을 실행할 때 그 사람을 좋은 협력자로 인정할 수도 있다.

록펠러는 고용인에 대해서 그 적응성(適應性) 여부를 관찰하는 눈이 매우 날카로웠다. 그로부터 연봉(年俸) 오만 달러를 받고 있던 사람이 다음과 같이 이야기해 준 일이 있다.

어느 때 나는 오래전부터 마음에 품고 있던 어떤 사업 계획을 록펠러에게 제안한 일이 있었다. 나는 이 사업에 충분한 자신과 열의를 가지고 있었으며 오랜 시일을 두고 세 번 네 번 검토하고 생각해 낸 계획인 만큼 어떠한 경우에도 결코 실패할 염려는 없다고 확신하고 있었다.

록펠러는 나의 설명을 삼십 분 이상이나 열심히 듣고 있었다. 설명을 다 마치고 난 뒤에 나는 이것으로써 충분히 납득되었으리라고 생각했다. 그런데 록펠러는 조용히 되물었다.

"그런데 그 계획안의 단점에 대해서도 자네의 견해를 듣고 싶은데."

나는 여기에 대하여 생각할 수 있는 가능한 범위에서 상세히 이야기하였다. 그러자 록펠러는 칼로 베어내는 듯한 분명한 어조로,

"자네의 설명은 이 계획안의 좋은 점을 단점보다 상당히 과대 평가하고 있다고 생각하네. 그러나 쌍방이 모두 잘 고려되었다고 보네. 생각해 보기로 하지."

이리하여 얼마 후에는, 단점을 수정해서 그 계획안이 채택되었다.

마음을 열어야 출세한다

어떤 가정용 전기기구 회사에서 수천 명을 관리하고 있는 기술자이자 지배인이 다음과 같이 강조하고 있었다.

나는 사원을 새로 채용하면, 먼저 타인의 의견을 모을 필요가 있는 부서로 발령을 낸다. 동시에 다른 한편으로는 타인이 그에게 와서 의견을 물어 보아야 하는 어떤 책임 있는 일을 그에게 시켜 보는 것이다.

만약에 그가 유용한 인물이 될 수 있는 사람이라면 몇 주일이 못 되어서 맡은 일을 순조롭게 진행하고 있을 것이다. 그가 겸손하고 친절하며, 그리고 자기 주위 사람과 잘 조화(調和)가 되고, 타인의 의견을 재빨리 이해할 수

있는 성격의 소유자라면, 금세 사람들이 그와 친해져서 그에게 의논하며 협력하게 될 것이다.

그런데 이러한 성격이 없다면, 사람들은 그와 같이 일하는 것을 좋아하지 않게 될 것이며, 그의 일은 날이 갈수록 줄어들 것이다. 이런 자가 이삼 주일 후에 나를 찾아와서, 일이 한가로워서 답답하다고 호소하였다 해 보자.

나는 이 자에게는 장래성이 없다고 판단한다. 가령 한 번만 더 기회를 줄 양으로 그 자의 중심되는 사람에게 말하여 한 번 더 그자에게 일을 주더라도 얼마 못 가서 그는 또다시 빈둥거리는 상태에 놓이게 될 것이다.

그래서 결국은, 그에게 타인과 상의하거나 협력할 필요도 없는 기계적인 일을 시키든가, 그렇지 않으면 회사를 그만두랄 수밖에 도리가 없다.

큰 사업에 있어서는 그곳에서 일하는 사람 모두 자기가 일을 만들어서 하고 있는 것이다. 조금이라도 사람들 위에 설 수 있는 성격의 소유자에게는 일이 저절로 모여드는 법이다.

여러 가지 조그마한 일들이 그를 필요로 하여 모여드는 것이다. 그래서 우리는 그의 월급을 높여 보조자를 붙여 주지 않으면 안 되겠다고 생각한다. 먼저 자기가 일을 만들고 그러고 나서 승진한다는 것이 원칙인 것이다. 승진은 두말할 것도 없이 그 일함에 대한 명예인 것이다.

한 가지 예를 들어 말해 보기로 하겠다.

머리가 매우 우수한 기술자가 있었다. 우리는 그 사람의 재능을 높이 평가하고 있었다. 그런데 우리는 그 기술자에게 좋은 지위도 많은 급료도 주시 않았다. 왜냐하면 그는 '숨쉬는 기계'에 지나지 않았기 때문이다.

그는 문제를 깊이 파고드는 재능을 가지고 있었다. 그러나 꼼꼼히 자기의 일에만 몰두할 뿐이고 그 외의 일은 거들떠보지도 않으려 하였기 때문에 우리가 아무리 그 구멍에서 끄집어내려고 애써도, 고슴도치와 같이 그는 더욱더 좁은 구멍으로만 기어들어갈 뿐이었다.

왜냐하면, 그는 주위와의 조화성을 잃고 있기 때문이다. 바꾸어 말하자면 타인, 즉 공동체적인 관계에서 조화시킬 능력이 없는 까닭이다.

그는 또 자기와 의견이 다른 타인과 의논할 때에는 신경질적으로 핏대를 올리며 성내는 것이었다.

그의 의견이 옳을 때가 적지 않으며 우리 의견이 결국에 가서 그에게 지고 마는 경우도 종종 있다. 어찌 보면 그의 재능이 뛰어나 높은 지위를 차지하여도 좋을 것으로 생각되지만 그의 사귀기 어려운 기질(氣質)과 타인을 설득하는 능력이 결여되어 있는 성격으로 인해서 우리는 그를 그러한 지위에 앉힐 수가 없었던 것이다.

당신이 타인의 의견을 잘 받아들이는 인물인가 어떤가는, 다음의 예로써 즉시 알 수가 있다. 즉 당신은 타인이 어떤 착상(着想)이나 안을 내보여 주었을 때 그 안이나 착상의 좋은 점을 찾아보겠다는 마음씨를 먼저 갖게 된다면, 당신은 조화성을 가지고 있는 사람이라 할 것이다. 여기에 반하여,

'이게 뭐야, 쓸데없는 이러한 엉터리 일은 귀담아들을 필요가 없어.'

하고 속으로 외치며 타인의 의견을 잘 새겨듣고 판단할 여유도 없이 그저 자기 의견을 내세울 생각만 하는 사람이라면 당신은 확실히 조화롭지 못한 사람인 것이다. 이것은 반드시 고쳐야 할 필요가 있다.

그 방법은 타인이 당신에게 어떤 의견을 제시하였을 때, 지금까지 당신이 취하여 온 태도를 그 반대의 방향으로 돌리면 될 것이다. 다음과 같은 점

을 주의하는 것이 좋다.

❶ 타인의 이야기를 공손히 잘 들을 것.

❷ 질문을 할 것.

❸ 부정적(否定的)인 태도는 피할 것.

❹ 비평을 내리기 전에 먼저 그 사람에게 충분히 그 안을 발전시킬 수 있
   도록 당신의 생각을 빌려 줄 것.

❺ 타인에게 쾌활한 기분을 주는 솜씨가 이때엔 많은 도움이 된다. 타인
   이 그 안에 대하여 생각하고 있는 것보다 더 나은 생각이 발견될 수
   있도록 너그러운 분위기를 조성하여 주도록 마음 쓸 것.

솔직함이 더욱 빛난다

펜실베이니아 철도회사의 중역회의에서 일어난 일이다.

한 중역이 용지 매수에 따르는 지주들의 요구서를 읽었다. 중역은 천천
히 이것을 읽어 가며, 중요한 것에는 객관적인 평가를 덧붙이면서 대체적으
로 지주들의 요구는 무리한 것이 아니라는 것을 밝히고 난 뒤 그 서류를 책
상 위에 놓으면서,

"이 요구서는 대체적으로 이치에 맞는 말입니다. 그러나 제가 그와 만
나 이야기하였을 때의 인상으로 말할 것 같으면, 이 요구서의 내용이 그대

로 믿어지지가 않습니다. 그는 어딘지 솔직하지 못한 사람으로 생각되는 까닭이오."

라고 말하였다.

바꾸어 말하면 지주는 직접 면담하였을 때 준 인상보다도 좋은 인상을 이 요구서에서 밝힌 것이 된다.

적어도 펜실베이니아 철도회사와의 교섭에 관한 한 그 지주가 회사의 한 중역에게 준 나쁜 인상은 결정적인 것으로 상담(商談)에 있어서 신뢰성이 중요한 위치를 차지한다는 것을 뜻한다.

큰 회사의 책임 있는 위치에 있을 정도의 위인이라면 자기가 솔직 간명하게 일을 처리하는 것을 즐기고 있을 터이니, 타인의 우물쭈물하는 임시변통 같은 속임수의 태도에는 날카로운 비판을 하기 때문에 그러한 사람을 절대로 신용하지 않는다.

록펠러 부자(父子)도 솔직함을 최고의 가치로 여기고 있었다.

그 당시, 세계적으로 불경기가 더욱더 깊어만 가고 있다는 것이 누구에게나 확실히 보이던 해였다.

어떤 신문사의 사주가, 해가 바뀌면 호경기(好景氣)가 될 것이라는 낙관적인 희망을 선대(先代)의 록펠러에게서 듣고 오라고 기자에게 명하였다.

그 기자는 그러한 희망을 가지고 간다손 치더라도 록펠러가 자기도 믿지 않는 그러한 이야기를 할 리가 없다고 충고했다. 그러나 사주는,

"그렇게 솔직할 필요는 없는 거야. 록펠러는 우리들의 마음을 알아줄 것일세."

하면서 기어이 기자를 보냈던 것이다. 그러자 록펠러는 종이에 자필로 다음

과 같이 적어 보내왔다.

"나는 언제나 내 자신의 과오(過誤)에 대해서는 모든 책임을 질 결심으로 있다. 나의 부질없는 농담으로 여러 사람에게 손해를 끼치게 하는 것을 나는 좋아하지 않는 바이다."

록펠러 회사에서 연금 이만오천 달러를 받고 은퇴한 상담역의 아이비리는 록펠러 이세(二世)에게 그동안 경험한 것을 다음과 같이 말하였다.

1914년에 나는 처음으로 아들이 되는 이세(二世) 록펠러를 만났다. 그때는 콜로라도 석탄 철강회사에서 노동자 파업이 한창 확대되어가던 중이었다. 그리고 록펠러 부자의 태도와 회사와의 관계에 있어서 세상 사람들이 대단히 오해하고 있었다.

이 오해로 인한 세상의 비난은 소홀히 여길 수 없는, 매우 중대한 사태로까지 발전하려는 기세를 보이고 있었다.

존 록펠러는,

"나와 아버지는 언론과 세상 사람들로부터 대단한 오해를 받고 있는데, 우리의 딱한 이 입장을 밝히려면 어떻게 하면 좋을지 의견을 듣고 싶소."

라고 말했다. 이에 대해서 나는,

"저의 생각으로 할 수 있는 방법이라고는 단 한 가지 길밖에 없습니다. 그것은 탄광(炭鑛) 책임자의 의견이 절대로 옳다는 사실과 책임을 지고서 일체의 진상을 신문 지상에 밝히는 것뿐입니다."

하였다.

록펠러는 잠시 생각에 잠기더니 이어,

"이 문제에 대해서 여러 가지 조언(助言)도 많이 들어왔오. 신문 광고를 크게 매수하여 성명을 내라느니, 자기의 기관 신문(機關新聞)에 내보라는 등의 조언이 많았소. 그러나 그러한 복잡한 방법이란 어쩐지 나의 성미에 맞지가 않소. 쓸데없는 복잡한 수단을 집어던진 방법이란 당신의 입에서 처음 들었소. 간명하고 솔직한 당신의 의견에 나도 찬성합니다."

지금까지 다년간 나는 존 록펠러의 상담역을 큰 실수없이 해왔는데, 그때 만약 내가 딴 어떤 모략적인 방법을 말했다면 이렇게 관계를 맺지 못했을 것이다.

솔직한 고백과 신뢰받는 사람

존 록펠러가 난처한 사태에 직면하였을 때, 몹시 솔직하게 그 사실을 아버지에게 고백한 결과 아버지 또한 순수한 마음으로 이것을 허용하였다는 한 가지 이야기가 있다.

존 록펠러는 대학에 다닐 때, 사업에 대하여는 아직도 아무런 방향을 정하지 않고 있었다.

대학을 마친 것은 스물세 살 때였는데, 여기서 그가 취할 수 있는 길은 세 가지가 있었다.

그 하나는 사업가의 바탕을 키우기 위하여 대학원의 법과(法科)에 들어가 공부를 더하는 것이고, 또 하나의 길은 학우(學友)들과 같이 외국 여행을 떠나서 견문을 넓히는 것이고, 나머지 길이란 것은 곧장 이 길로 아버지 밑에 들어가서 사원으로서 종사하는 것이었다.

어떤 길을 택하는가는 일체 그의 의사에 맡겼다.

그가 생각하기를 아버지는 벌써 육십에 가깝고, 후계자가 될 자기로서는 더 이상 대학원에 들어가거나 해외에 놀러다닐 여유가 없는 것으로 판단하였다. 그래서 그는 여름 방학이 끝나자 곧 부친의 사무실로 출근하기로 하였다.

아버지는 아들에게 아무런 일거리를 맡기지 않았다. 아들은 사무실에서 자기가 할 일을 찾아서 하지 않으면 안 되었다. 아들은 그 당시에는 아직 몰랐지만 틀림없이 아버지는 아들을 시험해 보려고 했던 것이다.

록펠러 일가(一家)의 엄청난 재산과 사업들을 맡기에 충분한 소질과 자격이 있는가 없는가를 보려고 했을 터이다.

존 록펠러는 아버지의 사무실에 들어가서 얼마 안 되어 자기 힘으로 증권(證券)을 매매하여 보려는 호기심을 갖게 되었다. 금융과 투자가치의 지식을 얻는 데 가장 빠른 방법이라 생각했기 때문이다.

그래서 누이 중 한 사람과 합작하여 증권 투자업을 열고 그 자금은 차입금(借入金)에서 대기로 하였다. 이리하여 그 후 어떻게 되었는가? 록펠러는 나에게 다음과 같이 이야기하였다.

당시에 별로 신통치 않은 브로커 한 사람이 나를 찾아왔다. 우리 사무실 직원이 그를 소개하였던 것이다. 그는 말하기를, 지금 월가의 어떤 유력한 증권거래소가 노리고 있는 어느 주식(株式)을 사지 않겠는가, 사면 반드시 많은 이윤을 보게 된다는 것이었다.

그래서 우리 사무실에서는 이 브로커와 공동 재산으로 그 주식을 사고 그 소유권을 절반씩 나누기로 하였다. 그 주식은 머지않아서 크게 오를 것이라는 그의 열성적인 주장에 따라 우리는 그 주식을 더 많이 사들였다.

이 까닭에 우리들의 차입금은 굉장한 액수로 불어갔다. 그런데 후에야 비로소 알게 되었지만 우리들이 그 브로커의 권유에 따라 공동 재산으로 주식의 매점(買占)을 계속하고 있는 동안 그 브로커는 자기가 소유하고 있는 주(株)를 우리들이 매점(買占)으로 등귀(騰貴)한 시장 가격으로 몰래 팔러 다니고 있었던 것이다.

우리들은 더 이상 묵과할 수 없어 그 브로커를 불러서, 공동 재산으로 사들인 주(株)의 반수를 맡아 가도록 말했다. 그는 이러쿵저러쿵 여러 구실을 붙이면서 찾아가는 것을 차일피일하였다. 그간에 그는 일체 사무실에 나타나지 않았다. 참다 못하여 나는 기한부로 딱 잘라서 만약에 며칠 몇 시까지 오지 않으면 좋지 못하다는 엄중한 통고를 하였다.

그가 그날 그 시간에도 오지 않았지만 약속한 시간을 훨씬 넘겨서야 그가 비로소 나타났다. 그 얼굴을 보자마자 즉각적으로 나는 속았다는 것을 알았다. 그는 무엇이라 변명을 하며, 자기가 책임을 지겠노라고 약속하였지만 결국 우리는 막대한 손해를 보고 만 것이다.

"그래서 당신은 어떻게 하셨습니까?"
라고 나는 다급하게 물었다.

우리는 빚을 갚을 돈이 없었다. 아버지의 신세를 끼칠 도리밖에 없었다. 나의 스스로의 실패와 어리석음을 아버지에게 고백하는 것이 괴로웠지만 눈을 딱 감고 일체의 사실을 있는 그대로 숨김없이 털어 놓으리라 결심하였다.

아버지는 나의 고백을 주의 깊게 듣고 계셨지만, 잔소리나 책망은 한마디도 없었다. 그저 중요한 점에 가서는 상세하게 질문하면서 거래의 전말(顚末)을 더 자세히 물어 보는 것이었다. 나의 설명과 아버지의 질문이 모두 끝난 다음에 아버지는 그저 간단하게,

"투기(投機)라는 것은 부질없는 짓이야. 염려 마라. 내가 뒤처리를 해주마."

라고 말할 뿐이었다.

아버지 록펠러는 그날의 속내를 아들에게 알리지는 않았지만, 그날 그것이야말로 중대한 운명의 점이 찍힌 날이었다.

아들은 이때에 비로소 커다란 시험에 통과한 것이었다. 자기로서 불명예스럽고 부끄러운 일을 거짓없이 사실 그대로 정직하게 말할 수 있는 사람이야말로 신뢰할 수 있는 인간이라는 것을 아버지는 이미 알고 있었다.

그후 얼마 안 되어서 젊은 존 록펠러는 늙은 아버지에게서

"존, 너는 이제는 책임을 질 수 있다. 지금부터 너는 나의 뒤를 인계받는 것이 좋을 것이다."

라는 분부를 받았던 것이다.

솔직한 용기가 높이 평가된다

큰 사업의 지도적 위치에 있는 사람들은 항상 관리 사원들 중에서 진실을 말하는 자를 찾으려 하고 있다. 그들은 관리 직원을 통해서 무엇이든 알고자 하는 사실을 알게 되는 경향이 있다.

자기 자신이 사업에 관한 일체의 것을 전부 안다는 것은 불가능한 일이다. 어떠한 경우를 막론하고 진실을 주는 부하 직원이 필요한 것이다.

어떤 대전기회사(大電氣會社)의 사장이 다음과 같이 말하였다.

"나는 최근에 대학교 인사과의 졸업생 가운데서 아주 정직한 사람 일곱 명을 주선해 달라고 부탁하였다. 물론 나도 재주 있는 자를 원하지만, 재주보다는 진실을 말하는 자면 쓸 길이 있는 것이다."

그것을 좀더 자세히 이야기해 달라고 나는 청했다. 사장은 계속하여,

"지난번에 대학은 졸업하지 못하였으나 화학과 공학을 하는 젊은 남자를 채용해 본 일이 있다. 그에게 맡긴 일은, 타다가 남은 석탄(石炭) 찌꺼기의 견본을 분석해서, 우리 회사가 정말 경제적으로 연료(燃料)를 사용하고 있는가를 연구하는 일이었다.

분석해 본 결과, 그 찌꺼기 가운데에는 아직도 십 퍼센트의 가연성(可燃性) 물질이 포함되어 있다는 사실을 알게 되었다.

그럼에도 불구하고 그는 자기의 기술에 자신이 없어서 남은 찌꺼기 속에 십 퍼센트 이상의 타다가 남은 것이 있으면 좋지 못하다는 것을 알고 있었기 때문에 이것을 정직하게 십 퍼센트라고 보고하지 않고 대충 팔 퍼센트라고

속여서 보고를 했다. 즉 그는 우리 비위에 맞도록 적당히 보고했던 것이다,

우리는 그 보고에 따라서 공장을 운영하였는데 사 개월이 지나서 이것을 정확하게 확인하기 위하여 다시 견본을 어느 전문가에게 보내어 심도 있는 분석을 의뢰하였다.

그러자 이 전문가는 십 퍼센트의 타다 남은 것이 있다는 것을 보고하여 왔었다.

우리가 채용한 청년 기사는 사 개월의 급료를 그냥 먹어치운 셈이 되었을 뿐만 아니라 칠천 달러가량의 가치가 있는 연료를 손실했던 것이다.

그가 정직하게만 보고해 주었던들 손실을 막을 수가 있었던 것이었다. 설사 그의 정직한 보고를 우리가 믿지 않더라도 이 의심을 푸는 것은 용이한 일이었다. 다소간의 분석 차이는 결코 그에 대한 결정적 불신이 될 수는 없는 것이다. 그럼에도 불구하고 그는 거짓을 말하였기 때문에 우리는 그를 더 이상 고용할 수가 없었던 것이다."

이와 반대되는 한 가지 예를 들기로 한다. 어떤 전력회사의 중앙 배전소(配電所)에 디크 와트슨이라는 청년이 있었다. 이 배전소에는 나이프 스위치라는 것과 또 하나의 서키트 브레이크라고 불리는 큰 스위치가 설치되어 있었다.

이 두 번째 것의 스위치는 한 개의 안전 장치이며, 전류가 한꺼번에 많이 흐르게 되면, 자동적으로 끊어지게 되어 있었다. 이 자동 스위치가 끊어져 나가면, 다시 제자리로 되돌리기 전에 먼저 나이프 스위치를 내려 놓는 것이 절대적인 규칙으로 되어 있었다.

만약 이러한 규칙을 지키지 않으면, 전류에 이상이 생겨 여러 대의 값비

싼 설비가 폭발을 면치 못하게 된다.

어느 날 전류가 갑자기 높아지자 배전소의 서키트 브레이크 스위치가 자동적으로 끊어져 나갔다. 와트슨은 곧 나이프 스위치를 내리려고 하였다.

그런데 이때에 전류의 고장은 순간적인 것이어서 곧 평상 전류로 돌아갔다고 느꼈기 때문에, 나이프 스위치를 내리지 않고 그냥 그대로 자동 스위치를 되돌렸다. 그러자 숨돌릴 사이도 없이 몇 천 개의 가정과 공장과 회사 등의 전등은 꺼지고 배전소의 값비싼 변압기가 폭발하고 말았다.

오 분도 채 못 되어서 배전소의 주임이 달려왔다. 그리고,

"서키트 스위치를 도로 돌리기 전에 나이프 스위치를 제꼈는가?"라고 물었다.

"제끼지 않았습니다. 괜찮을 것 같아서 그냥 서키트 스위치를 넣었습니다."

여기에 대해서 주임이 무어라 했는가는 말할 필요도 없다. 이것은 틀림없는 와트슨의 불찰이요 실수였다. 이런 어처구니 없는 실수가 좋은 일이라고 하는 것은 결코 아니다. 그저 이러한 실수를 저질렀을 때에도, 와트슨과 같이 솔직하라고 말하고 싶을 뿐이다.

와트슨의 진퇴 문제에 이상한 일이 생겼다. 그의 사장은 조금도 주저함이 없이, 와트슨은 자기가 모든 책임을 짊어질 줄 아는 정직한 사람이라는 것을 알았다.

또한 배전소의 책임자들도 거짓말을 안 하는 사람이라는 점에서 와트슨에 대한 의견이 일치하였다.

사장은 이것을 알고 와트슨이야말로 내가 찾고 있던 사원이라고 느꼈다.

사장은 인사 문제의 조사에 대한 책임자를 구하고 있었던 것이다.

인사 문제의 조사라는 일의 성격에 비추어 보아, 회사 내의 동료나 위의 간부급들을 막론하고, 모든 여러 인사 문제에 관하여 진실을 말하여 줄 수 있는 사람이 아니면 안 된다. 와트슨에게 이것이 맡겨졌다. 물론 이것은 그 실수 때문이 아니고, 실수를 솔직히 자백한 도덕적인 그의 용기가 높이 평가된 까닭이다.

DALE CARNEGIE

14
자기 교양(敎養)의 가치

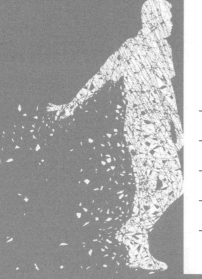

- 예술과 생활의 공존성

- 자기 작품의 진가(眞價)는

- 쉬지 말고 무엇이든 배워라

- 프랑스 중세 미술품을 얻다

- 여행에서 얻은 고미술품

14. 자기 교양(敎養)의 가치

> 쉬지 말고 무엇이든 배워라, 그러기 위해 무엇이든 해야 한다. 세월을 허비
> 하지 말라. 건강을 해롭게 하지 않을 범위에서 경쟁자보다 일찍 일어나 더
> 많이 일하는 사람은 승리자가 된다.

조지 버나드는 장로교회의 목사(牧師) 아들이었다. 어려서 일리노이주의 캔커키에서 살고 있을 때 바로 이웃집에는 선장(船長)이었던 늙은 영국 사람이 살고 있었다.

이 늙은 선장은 박물학에 관심을 가지고 오랜 항해 생활 가운데 세계 각지에서 수집한 새(鳥)와 새의 알(卵) 그리고 곤충·광석 등의 표본을 많이 가지고 있어서 어린 버나드에게 이러한 동물이나 광물 등을 보여 주고, 세계 각지의 재미난 이야기를 들려주곤 하였다. 버나드는 이 늙은 선장의 이야기를 듣는 것이 무엇보다도 즐거운 일이었다.

이 노선장에게 끌려서 어느 날 캔커키에서 사십 마일이나 떨어진 곳에 있는 큰 소택지에 동물 탐험을 하러 갔었다.

그때에 버나드는 한 마리의 새를 잡았다. 집에 가지고 와서 박제(剝製)를

하기 위해 가죽을 벗겼다. 그런데 그는 가죽 속에다 솜을 틀어넣는 것만으로는 부족하게 여겨서 진흙을 빚어서 새의 모양을 만들고 그 위에 아교로 가죽을 붙였다.

이것은 일곱 살 때의 일이었는데 그 후에도 그는 이 방법으로 기회만 있으면 새의 박제를 만들고, 열두 살 때에는 누구에게 만들어 주었거나 자기가 보존한 박제의 수가 무려 일천이백 개에 달했다.

그를 사랑하는 노선장은 어떤 일을 하든지 그것은 바로 일을 알아가는 과정이라고 가르쳐 주었다. 버나드는 이 교훈을 마음에 간직하여 싫증도 모른 채 박제에 열중하여 틈만 있으면 자기의 작업방에 들어앉아서 박제만 만들고 있었다.

집은 그 후 캔커키에서 오하이오주의 마스커틴으로 옮겼다. 어느 날 시카고에서 아버지의 친구가 찾아왔다.

이 사람은 과거에 미국 사절(使節)로서 로마에 간 일도 있는 매우 견식이 높은 사람인데 버나드가 만든 박제의 그 가죽 밑에 있는 진흙 세공을 자세히 들여다보곤 놀라서 눈을 크게 뜨고 아버지에게 말하였다.

"당신의 아드님은 천부적인 조각가요. 박제의 새도 훌륭한 것이지만 그 밑의 진흙 세공이 훨씬 더 아름답소."

그 사람은 시카고에 돌아가서, 버나드에게 로마 검사(檢士)의 청동상을 선물하였다. 이 청동상이 운명의 전기(轉機)를 열었던 것이다. 버나드는 흙으로 열심히 청동상을 모방하였다. 이제는 새의 박제 따위는 돌아보지도 않게 되어 오직 사람의 상(像)을 만드는 데에만 열중하였다. 누이동생을 모델로 하여서 반신상을 만들어도 보았다.

진흙으로 사람의 모양을 만드는 것이 소조라면, 그는 장래에 조각가가 되리라 염원하였다. 그러나 아버지는 조각가로는 먹고살 수가 없다 하여 이를 반대하였다. 그러는 사이 어떤 금속상한테서, 그는 조각(彫刻)을 배웠다. 그리고 다시 시카고에서 어떤 조각 제작소의 심부름꾼 겸 그의 제자가 되었다.

여기서 그는 활자(活字) 자모(字母)를 주조하였는데 나이 어린 그에게는 과중할 만큼 중요한 일을 맡아 보게 되었다. 그는 이미 형(型)이 짜인 자모를 복제(複製)하는 것을 좋아하지 않았으므로 제작소에서도 새로운 활자를 창작하는 일을 맡아 보게 해 주었던 것이다.

이 일로 하여 제작소에 적지 않은 이익을 가져오게 하였으므로 제작소에서는, 삼 년의 견습기간을 이 년 반으로 줄일 수 있었다.

예술과 생활의 공존성

여기서 활자주조의 기술자가 된 그는 한 회사로부터 막대한 급료를 보장받고 초빙받았다. 삼 년 동안 자모 창작(創作)의 일을 보아 주면 오천 달러의 보수와 그 밖에 이익 중에서 상여금을 준다는 것이었다. 그러나 그는 이 초빙을 거절하였다. 그것은 어떻게 해서라도 조각가가 되고 싶었기 때문이어서 그동안 저축한 돈으로 시카고의 미술학교에 들어가 아홉 달 동안 정상적인 데생 교육을 배웠다.

틈나는 대로 일요일에는 진흙으로 조각을 만들었다. 이 시작품(試作品)을 우연히 보게 된 시카고의 어떤 돈 많은 신사가 감탄하여 자기 집 어린 딸의 반신상(半身像) 대리석 조각을 부탁하였다.

대리석 반신상을 두 개 만들고, 그 사례금으로 오백 달러를 받기도 하였다. 재료값과 그간의 생활비를 제하고도 삼백 달러가량이 남았다. 그 돈을 가지고 꿈에도 그리던 미술의 나라, 프랑스 파리로 건너갔다.

파리에 도착한 것은 1884년 10월 15일이었는데, 삼 개월 후 입학시험에 합격해서 국립 미술학교에 들어갔다.

학교에 들어가서 교실에서만 아니라 자연 속에서 배움을 얻으려고, 학교에서 몇 마일이나 떨어진 곳까지 걸어다녔다. 점심 시간(절약하기 위하여 점심은 먹지 않기도 하고 있었지만) 이후에는 고전 작품의 모작(模作)을 하고 밤에는 다시 야간학교에 다녔다.

삼백 달러의 돈은 이 년이 지나서 없어지고 말았다. 그 후부터는 한 푼 없이 살아 나가지 않으면 안 되었다.

그때 그는 〈소년〉이라고 제목을 붙인 조각을 만들고 있었다. 그것은 책을 읽고 깊은 생각에 잠겨 있는 소년의 모습으로, 작가의 내부적인 고민이 담겨 있었다. 예술로는 도저히 먹고 살 수가 없다는 생각이 그의 마음을 괴롭혔다. 그러나 예술과 생활은 버릴 수가 없었다. 그것은 시련의 겨울이었다.

그는 작업복 위에다 외투를 뒤집어쓰고 얼음같이 찬 방에서 밤을 새우기 일쑤였다. 조각의 진흙이 얼지 않도록 그것을 담요로 둘러 주었다.

자기 작품의 진가(眞價)는

이러한 처지에 빠지면 대부분은 두 번 다시는 일어서지 못하는 것이 보통이건만 때마침 찾아온 행운에 의하여 버나드는 홀연히 이 곤경을 벗어나곤 했다.

미국 사람으로 파리에 머물러 있던 미술 수집가 크라크라는 사람이 버나드의 작품을 본 사람한테서 얘기를 듣고 버나드가 외출 중인 하숙집에 찾아왔었다.

크라크는 하숙집 주인한테 부탁하여 버나드의 〈소년〉상을 구경한 후, '이 작품이 대단히 마음에 드니, 돌아오거든 자신이 머무는 호텔까지 찾아와 주도록 전해 달라'는 말을 하고 돌아왔다. 버나드는 기쁨에 눈물을 흘릴 지경이었다. 그러나 자기의 누추한 꼴을 생각하니 좀처럼 그 호화스러운 호텔로 찾아갈 용기가 나지 않았다. 그대로 일주일가량 지내고 나서 버나드는 한 장의 전보를 받았다.

"오늘 밤 여섯 시에 꼭 와 주면 좋겠소. 오늘 밤으로 파리를 떠날 터이니."
하는 내용이었다. 그것은 일요일이었다. 지정된 시간 여섯 시에 그는 용기를 내어 리츠 호텔로 찾아갔다. 그의 남루한 복장을 보고 호텔의 문지기는 그를 문간에서 쫓아내려고 하였다.

버나드는 전문을 보여 주고 겨우 크라크의 방을 방문할 수 있었다. 객실에서 불빛에 멈칫멈칫 서 있는 그의 앞에, 후리후리하고 온화한 미소를 띤 신사가 나타나서,

"기다리고 있었네. 나는 자네의 작품 〈소년〉상을 사고 싶어 그런다네."
하고 말했다.

버나드는 자기의 귀를 위심하였다. 그러자 크라크가 계속하여,

"그 〈소년〉 상을 꼭 대리석으로 조각하여 주었으면 좋겠네. 얼마를 드리
면 좋을지……."

"대리석으로요! 대리석으로 만들 수 있는 재료값만 주시면 족합니다."
버나드는 소리쳤다.

"대단히 고마우이. 천천히 거기에 대해서 의논을 하겠지만 우선 저녁 식
사를 같이합시다."

저녁 식사를 같이하면서 크라크는 버나드에게 그가 품고 있는 이상이나,
희망 그리고 일에 대해서 여러 가지를 물어 보았다. 식사를 마치고 크라크는
별실에서 붉은 가죽끈으로 뚤뚤 만 돈지갑을 가지고 나왔다.

"자아, 자네의 돈지갑을 내놓게."

"돈지갑을 갖고 있지 않습니다."

"그러면, 호주머니에 넣어 주지."

버나드는 윗도리의 호주머니에 두 손을 넣어서 뒤집어 보였다. 주먹이
드나들 만한 큰 구멍이 뚫린 호주머니였다. 바지의 양쪽 주머니도 뒤집어서
보였다. 이것도 구멍 천지다.

"이거 큰일났군. 정말 몹시 곤란하였던 모양이군. 그러나 이제는 염려
말게."

크라크는 웃으면서 버나드의 어깨를 툭툭 쳤다.

그리고 테이블 위의 냅킨을 펼쳐서 돈지갑을 거꾸로 쏟아 놓았다. 프랑

스의 금화(金貨)로 천오백 프랑, 그리고 미국의 금화로 삼백 달러라는 거금이 누런 황금 폭포처럼 흘러내렸다.

"이 돈을 가지고 자네가 지금 살고 있는 곳으로 가면 위험할 것일세. 어디 딴 곳에 작업장을 만들도록 하게."

하고 크라크는 충고하였다.

"오늘 밤은 어디서 잘 생각인가?"

"오늘 밤은 우선 친구의 집에 가서 자도록 하겠습니다."

버나드는 냅킨에 금화를 싸 가지고 호주머니에 틀어 넣고는 리츠 호텔을 나왔다.

버나드에게 넓고 밝은 세계가 열렸다. 대리석의 〈소년〉이 완성되었다. 개인적으로나 정부에서도 연이어 제작 의뢰가 들어왔다. '전람회(展覽會)'에 출품하라'고 친구들이 외쳤다. 가을의 전람회에 작품을 열 개 출품하여 열 개가 모조리 입선(入選)되었다.

프랑스 신문들은 이십 세의 청년이 제작한 〈소년〉, 로댕이 만든 큐피트와 어깨를 겨눌 수 있는 것이라고 격찬하였다.

쉬지 말고 무엇이든 배워라

버나드는 세계적으로 이름을 떨치게 되었다. 그의 명작품은 백여 점을 헤아리며 미국은 말할 것 없고 유럽의 미술관이나 대건축물에도 장식하고 있다.

예술가, 꿈만 그리며 실제의 것은 아무것도 모르고 인생을 놀며 보내는 사람들이라고 당신은 생각하는가. 그러나 이 버나드를 보라!

얼마나 그가 공부하고 노력하였는가. 그리고 얼마나 강인한 참을성을 가지고 모든 곤란을 극복하였는가. 얼마나 끊임없이 실천하였는가를 버나드 자신의 말로 듣기로 하자.

나는 역사와 전기(傳記)를 읽으며 여가를 잘 살려서 본래의 직업 이외의 것으로 명성을 떨친 사람들이 많다는 사실을 감명 깊게 생각하였다. 스펜서는 아일랜드 귀족의 비서역(秘書役)을 하는 틈틈이 공부하여 대학자가 되었고, 링컨은 점원으로 가게를 지키면서 그 여가에 법률을 공부했다.

나는 나의 어린 시절의 친구였던 노선장에게서 배운 교훈을 지금도 똑똑하게 외울 수 있다. '쉬지 말고 무엇이든 배워라. 그러기 위해 무엇이든 해야 한다. 세월을 허비하지 말라. 청춘은 금세 지나간다.'

나는 공부할 시절엔 일주일에 삼사 일은 의복을 벗어 본 일이 없고 매일 밤 여섯 시간 이상 잠을 자 본 일이 없다. 그렇다고 물론 이것을 남에게 권하는 것은 아니다.

휴식과 위안은 필요한 것이니까. 그저 나는 '건강을 해롭게 하지 않을 범위에서 경쟁자보다 일찍 일어나 더 많이 일하는 사람은 승리자가 된다'는 필드의 금언(金言)을 사랑하였다.

승리라는 것은 무엇인가. 나는 그것을 경쟁자한테 이기는 것이 아니고 무의미한 것에 시간을 허비하는 자기의 습관을 이기는 것이라고 해석한다.

우리들은 하루 한 시간 동안 얼마만 한 일을 할 수 있을까? 하루에 한 시간씩 십 년을 계속하면 아무것도 배우지 못한 문맹자도 높은 지식을 갖게 될 것이다. 한 시간이 있으면 적어도 우리는 책을 열 페이지는 잘 읽어 볼 수가 있다. 일 년이면 적어도 삼천육백오십 페이지를 읽을 수 있는 셈이 된다. 하루 한 시간은 무의미하고 무가치한 인생과 가치 있는 행복한 인생관을 구별한다.

어느 책에서 읽은 이야기지만 초등학교만 나온 사람이 십사 세부터 일하기 시작하여 삼십 세 때에 최고 수입에 달한 금액이 연수(年收) 일천이백 달러이며 십사 세부터 육십 세가 될 때까지 죽도록 일을 계속하여도 그 총수입은 사만 달러밖에 되지 않는다.

최초의 사 년간에 버는 돈은 이천 달러 정도이며 이 최초의 사 년간은, 즉 중학교의 통학 연령이다.

그런데 중학교 졸업자가 십팔 세부터 일을 시작하는 경우에는 그 수입은 칠 년간으로서 학교 졸업자의 그것을 따라 넘기고 사십 세 때의 최고 수입은 연수 이천이백 달러이며, 이 연수(年收)를 육십 세까지 계속했다면 십팔 세에 시작하여 육십 세까지의 총수입은 약 칠만팔천 달러가 된다. 즉 초등학교만을 졸업한 사람보다 총계로서 삼만팔천 달러가 더 많다. 이것이 사 년 동안 중학교를 다녔는가 안 다녔는가의 차이(差異)인 것이다.

다시 전문 대학교의 졸업자를 이렇게 따져 본다면 이십이 세에서 일을 시작한다치고 이십팔 세에는 벌써 중학교 졸업자의 사십 세 때의 최고 수입과 같은 수준에 도달하며 육십 세까지 일한다면 그 총수입은 약 십오만 달러가 된다.

중학 졸업자보다도 칠만이천 달러가 더 많은 셈이 되는데 전문 대학교의 수업 기간의 현금 가치는 이 금액으로 나타나는 것이다.

바꾸어 말하자면 수년간 더 공부한다는 것은 수천 달러를 미리 은행에 예금하는 것보다 더 큰 가치가 있다는 것이다.

대략으로 계산해 본다면 젊었을 때 공부에 소비한 시간은 하루 십이 달러 오십 센트의 가치가 있는 것으로 나타난다.

프랑스 중세 미술품을 얻다

버나드가 그의 파리 시절의 이야기를 들려주었다.

12~13세기 프랑스의 유서 깊은 사원(寺院), 즉 대성당이나 수도원들은 혁명 와중에 대부분 파괴되고 말았다. 혁명이 끝난 뒤에도 이 사원들은 재건되지 않고 방치되어 있었는데, 농민들이 조각(彫刻)이 새겨져 있는 기둥과 담벼락(壁)들을 자기 마음대로 옮겨서 헐어빠진 집을 수선하는 데 쓴다거나 논밭을 경계(境界)하는 기둥으로 썼으며 심지어는 외양간의 담벼락으로 갖다 세우기까지 하였다.

버나드는 파리 시절에 여가를 이용하여서 각 지방을 두루 돌아다니며 이러한 중세기 시원의 옛 디진에 남아 있는 고아(古雅)한 석소(石彫)를 감상하였다. 당시에는 아무도 이러한 것에 마음을 두는 사람이 없었지만 버나드는 이러한 것들을 살피는 과정에서 예술성에 심취했다.

이 조그마한 감상 여행 도중에 그는 종종 농민들이 밭에서 주워 온 아름다운 기둥의 토막을 밥상 대신으로 사용하고 있거나, 훌륭한 석관(石棺)을 마구간의 밥통으로 쓰고 있거나 조각한 기둥머리를 발디딤돌로 사용하고 있는 것들을 보았었다.

버나드의 이름이 높아지고 나서 펜실베이니아주에서 그에게 이십오만 달러를 약속하며, 두 개로 한 짝이 되는 대군상(大群像)을 만들어 달라는 의뢰가 있었다.

그것은 현재 펜실베이니아 주의회의사당의 정면 현관을 장식하고 있는 대조각인데 이 주문을 의뢰한 후에 어떤 정치적 추문(醜聞) 사건이 일어나서 펜실베이니아 주정부에서 버나드에게 보내 주어야 할 돈의 지불이 늦어지게 되었다.

그것은 1907년의 일이었다. 버나드는 그간 재료비와 모델 비용 등으로 오만 달러에 가까운 빚을 짊어지게 되었다. 주정부에서 송금이 없는 까닭에 그는 전혀 일을 계속할 수가 없을 뿐만 아니라 큰 빚을 지고서 겨우 식생활을 유지하기도 어려울 지경이었다. 그때 버나드는 어떻게 하였을까? 하는 것 없이 팔짱만 끼고 송금만 기다렸을까? 그렇지가 않았다. 그는 시골을 돌아다니며 본 중세기 미술품들에 대해서 번뜩이는 아이디어를 생각했던 것이다.

여행에서 얻은 고미술품

당시 세상에서는 돌아보지도 않았지만 그는 중세기 프랑스의 조각이나 소상(塑像)은 희랍의 그것과 비교해서 결코 손색이 없는 것이라는 견해를 가지고 있었다. 그는 이 미술품들을 시골에서 찾아내어 파리의 미술 상인에게 팔고 그것으로 생활비를 얻으며 빚을 갚으려고 결심하였다.

황폐한 사원 옛터의 부근을 찾아서 조각과 소상을 발견하여 일 년 동안에 걸쳐 매주일마다 칠팔 점(點)에서 열 점씩을 파리의 미술상으로 가지고 갔다. 이 달러나 삼 달러로 산 것이 이십 달러에서 오십 달러까지도 팔렸다.

때로는 아주 훌륭한 작품을 손에 넣어 특별한 고가(高價)로 팔리는 일도 있었다. 그러나 대체로 세월이 흐른 뒤에도 시가(市價)는 별로 오르지 않았다.

그는 이 일을 미국인 성격답게 면밀하게 해냈다. 도서관에 가서 낡은 지도를 조사하여 유명한 사원이나 수도원이 있던 장소를 눈여겨보고서 프랑스 전국에 걸쳐 방방곡곡을 찾아다녔다.

혁명이 일어나서 그 소동 틈에 늙은 노인들과 지방의 애국자들은 사원과 수도원을 습격하여 성모상(聖母像)과 그리스도의 상(像)을 약탈하여 혁명의 기운이 잠잠해질 때까지 집에다 감추어 두었다가 혁명 소동이 끝나자, 이것을 꺼내서 자기 집안의 분묘(墳墓) 같은 것을 장식하였으나, 그것도 나중에는 그냥 지붕 밑에 방치해둔 것들이 수없이 많았다.

버나드는 이리하여 지붕 밑이나 낡은 헛간을 넝마장수처럼 훑고 다녔다. 어느 날은 어수선한 농가 지붕 밑에서 한 개의 나무로 새긴 그리스도의 상(像)

을 발견하였다. 이 집에서는 이것을 봄이 되면 꺼내서 아이들이 의복을 입혀서 장난감으로 삼는다든가 허수아비 대신 세워 두곤 하였다.

버나드는 이것을 불과 몇 푼 안 되는 헐값으로 사들였으나, 훗날에 이것은 일만 달러의 값으로 팔렸다.

이러한 예는 얼마든지 있어서 불과 사오 달러에 산 것이 후에는 이만 달러의 가격을 낳은 예도 있었다.

버나드는 이리하여 수집한 미술품 중에서 삼 분의 일은 자기 손으로 보관해 두었다가 후에 뉴욕으로 가지고 돌아왔다.

그것은 프랑스가 아직도 고미술품의 국외 반출을 금지하기 전이었기 때문에 가능했었다.

뉴욕에 돌아온 그는 맨해튼의 한모퉁이에 프랑스 중세기 수도원 풍의 아담한 사립 미술관을 만들고 거기에 가지고 온 미술품들을 진열하였다.

이 미술관의 개관은 1914년이었다. 소문은 재빨리 퍼져서 〈수도원〉이라는 이름으로 유명하게 되었고 세계에서도 가장 아름다운 미술관의 하나로 손꼽히고 있다.

그런데 얼마 전 메트로폴리탄 미술관이 버나드의 〈수도원〉을 육십만 달러에 매수(買收)하였는데, 그 돈은 존 록펠러가 제공하였다.

버나드가 젊은 시절에 자기 혼자서 중세 미술을 공부하고 취미로 모은 미술품이 이러한 결과를 가져오게 하였던 것이다.

이처럼 버나드가 자기 수양을 위하여 몇 시간을 사용했는가는 물론 분명하지 않다. 그러나 가령 쉽게 연수로 따져서 육백 년간을 소비하였다고 하면, 그 한 시간은 일천 달러의 가치가 있었던 것이 된다.

이와 같이 자기 교양을 위하여 쓰는 시간은 미리 예측하거나 계산할 수 없는 이익을 장래에 가져오게 하는 것이다.

DALE CARNEGIE

15
뜨거운 열정과
노력으로

- 참고 견디는 자만이 마음을 얻는다

- 뜨거운 열정과 노력으로

- 천재의 일곱 가지 특징

- 우리가 나아갈 길

15. 뜨거운 열정과 노력으로

> 천재는 그 뛰어난 천부적 기질에도 불구하고 마치 뒤떨어져서 출발한 사람이 앞선 사람을 따돌리려는 것과 같이 쉬지 않고 노력하는 사람을 말한다.

그동안 인생에서 소중한 대가를 치르고 명성을 떨치며 성공의 월계관(月桂冠)을 쓴 사람들을 여러 실례를 들어가며 이 책에서 이야기하였다.

여기까지 이 책을 읽은 독자 여러분들은 그렇게 성공한 사람들이 얼마만큼의 일을 하였는가, 어떻게 해서 그 일을 완성하게 되었는가, 또한 그 성공 획득의 단계(段階), 그리고 그들이 인생에서 얻은 귀중한 교훈들을 보았을 것이다.

이러한 성공한 사람들의 생애는 우리에게 무엇을 말하여 주는가? 만약에 우리들의 모습에 그들의 모습을 하나로 겹칠 수가 있다면 한 장의 이중사진(寫眞) 같은 것이 될 것이다.

과연 그것은 어떠한 모습을 나타낼 것인가, 어떠한 것을 우리들에게 가르쳐 줄 것인가?

성공했다고 볼 수 있는 사업(事業)의 달성에는 그 배후에 반드시 그 일에 가장 적합했던 사람을 볼 수가 있다. 일생을 말하여, 초기에든 만년(晚年)이 되어서든 그 사람에 꼭 들어맞는 일에 마주치고 있는 것이다. 이러한 사실에서 다음과 같이 해석할 수가 있을 것이다.

즉 어떤 특정한 일에 적합한 천부적 능력을 가지고 있는 사람은 그 일을 하고 싶어 하는 마음이 있고, 따라서 그 일에 심혈을 기울일 것이다. 거꾸로 표현하면 어떤 일을 훌륭히 이룩하려고 노력하는 사람에게는 그 일에 적합한 천부적 능력이 있다.

자기를 위해, 또는 이 세상을 위해 보람 있는 일을 다른 사람보다도 더 많이 하려고 노력하고 큰 성공을 이뤄낸 사람으로, 그 천부적 능력을 현저(顯著)하게 발휘한 사람들을 보통 우리들은 천재라고 부른다. 그런데 이러한 천재라는 사람들은 우리들 범인(凡人)에게는 도대체 어떤 의미를 지니고 있는가?

참고 견디는 자만이 마음을 얻는다

나폴레옹이나 비스마르크, 괴테 등 세계적 위인 전기의 연구가로 유명한 에밀 루도피와 인터뷰하는 동안, 루도피는 다음과 같은 말을 들려주었다.

"괴테의 타고난 재간이라는 것은, 괴테와 같은 시대의 오륙 명의 독일 시인(詩人)의 그것과 별 차이가 없었으며 대략 같은 수준이었다. 그러나 괴테 이외의 시인들은 신(神)이 최초에 그들에게 준 것보다도 더 크게 일을 하려는 열성과 신념이 부족했던 것이다. 이와는 달리 괴테는 성서에 나오는 부지런한 사람처럼, 자신의 천부적 기질을 남김없이 발휘하여 활용하였던 것이다."

계속해서 루도피는 다음과 사실을 지적하며 나의 주의를 가다듬게 하였다.

괴테는 벌써 이십 세 때에 손쉽게 명성을 떨치는 천부적 기질을 보여 주었지만 그는 결코 이 명성에 도취하거나 만족하지 않고, 더욱 가치 있는 일을 이루어 보겠다고 생각하였다. 그리하여 이십삼 세 때에 〈파우스트〉의 저작에 착수하였다.

당시 독일에는 괴테 이외에 천재적 시인이라 불리는 이름 높은 사람으로 위랜드와 렌스 두 사람이 있었다. 그러나 오늘에 와서는 이 두 사람의 이름을 아는 사람은 독일 문학 연구가 중에서도 극히 드문 형편이다.

위랜드와 렌스의 천부적 기질은 괴테에 뒤떨어지지 않았었다. 그럼에도 두 사람은 어찌하여 그 이름을 후세에 떨치지 못하게 된 것일까?

그것은 그들이 괴테만큼 진지하지 못하였고 열심히도 하지 않았으며, 또한 괴테가 바라던 것을 그들은 바라지 않았기 때문이다. 적어도 괴테처럼 최선을 다해 바라지 않았을 뿐만 아니라 그들은 그 목적에서 먼 거리로 비켜 서 있었다.

한 사람은 연애사건에 빠지고, 또 한 사람은 사업으로 전향하였다. 그러나 괴테는 초지일관의 심정으로 뚫고 굳건히 참아내며, 마침내 그 보람을 얻을 수 있었다. 그는 그 천부적 재능을 자기 교양에 의하여 발전시켰으며, 꾸준히 노력을 거듭하여 각종의 문제에 사색(思索)을 깊이 하고, 가진 바 전부를 기울여서 문학과 다시 나아가 더 큰 문제, 즉 인간과 자연과학의 연구에 힘썼던 것이다.

천재라는 사람들은 그 뛰어난 천부적 기질에도 불구하고 마치 뒤떨어져서 출발한 사람이 앞선 사람을 따르려는 것과 같이 쉬지 않고 노력하는 사람을 말하는 것이다.

굳게 참고 견디는 힘, 이것이 천재의 참뜻이다. 여하한 천재의 사업을 보더라도 그 배후에는 그 사업을 달성하는 데 필요한 능력을 연마하기 위한 필사의 노력이 쌓이고 연구를 거듭하는 가운데 결실을 맺는 것이다.

뜨거운 열정과 노력으로

나는 종종 뉴저지의 멘로파크에 있는 토머스 에디슨의 연구실을 들러본다. 어느 날 조수 한 사람이 나에게, 에디슨이 처음의 원통형 축음반(蓄音盤) 발명에 몰두하고 있을 무렵 잠잘 때에 사용하던 침대를 보여 주었다.

그는 이 침대야말로 에디슨의 성격과 일하는 태도의 상징이라고 설명하였다. 에디슨은 밤과 낮을 가리지 않고 연구하다가 피곤해지면, 이 침대에 드러누워 잠시 눈을 붙여 피로를 풀고 또 일에 매달린다는 것이었다.

그러나 이것은 예사의 일하는 태도가 아니다. 어느 사람은 피곤하면 일을 일단 그치고 집에 돌아가서 여덟 시간이나 혹은 그 이상의 수면을 취한다.

그러나 에디슨은 이런 방법을 취할 정도로 강렬하게 전심전력을 다하여 그 일에 몰두하였던 것이다. 이러한 강렬한 행동이 있음으로 해서, 천재는 어느 정도 광인(狂人)에 가깝다고 세상 사람들은 말한다. 그러나 나는 이러한 형용으로 나타내고자 하는 내용을 다른 말로 표현하고자 한다.

천재는 성장하는 과정에서 비범한 정신 집중력을 갖게 된다. 이 비범한 집중력과 일의 목적에 대한 열성에 의해서 천재는 하루라도, 또는 일 년·십 년이라도 곁눈질하지 않고 오직 한 가지의 목적에 열중한다. 즉 신들린 사람의 상태에까지 이르는 것이다. 이것은 보통 사람의 눈에는 어딘가 미친 것처럼 보이지만, 실상은 미친 것도 아무것도 아닌 것이다. 매우 건전한 정신 작용 이외의 아무것도 아니다.

위인(偉人)에 대한 특이하고 신비로운 면을 부정하려는 사람들이 간혹 있다. 곧, 뉴턴이 사과가 떨어지는 것을 보고 영감을 얻었다는 이야기 같은 것을 현대에 와서는 부정하려는 사람들이 있다는 것이다.

뉴턴의 이 이야기는 역사적으로는 아마도 하나의 신비적인 전설로서 받아들인 것일지는 몰라도, 심리학적(心理學的)으로 판단하더라도 이 이야기는 진실한 것으로 인정할 수 있을 것이다. 즉, 이 전설은 하나의 커다란 정신 작용을 말하고 있는 것이다. 어떠한 암시를 지닌 일들이 우리 주변에서 종종 일어나고 있지만, 어떤 일정한 목적을 가지고 지적(智的) 준비를 한 사람이 아니라면 그 암시를 제대로 해독할 수가 없는 것이다.

정신이 어떤 하나의 목적을 향하여 집중되어 있으면 때때로 통찰력의 신비한 영감을 경험하게 된다. 이것은 누구에게나 있는 일이다. 똑같은 일이 천재의 사업 가운데에도 나타나는 것이며, 그것이 큰 결과를 남기기 때문에 영감이라는 이름이 적합해지는 것이다.

이와 같이 천재는 마음을 빼앗기지 않는 인내심과 뜨거운 열정 그리고 집중력 외에, 굳센 신념을 지니고 있다. 자기의 사명과 굳센 신념은 천재의 특징이라 할 수 있다.

어찌 보면 천재라는 것은, 공상을 실현하는 사람이다. 자기에게 맡겨진 숙명을 바라보고, 천부적인 재능을 더욱 연마하여 발전시키는 데 정진(精進)한다. 그리고 발달과 변천의 여러 단계를 거쳐 마침내 그 공상을 현실화하는 능력을 발휘하는 것이다.

천재라고 해서 두뇌가 딴 사람과 별다른 작용을 하는 괴물 같은 존재는 아니다. 마술사가 모자 속에서 비둘기나 토끼를 튀어나오게 하는 식으로, 아무 때나 대사업이고, 대발명·대예술품·대사상·대전술·대정책 등을 홀연히 끄집어낼 수 있는 것은 아니다.

그러나 다른 면으로 보아서 천재의 공통적인 특징으로, 다른 사람들에게는 그다지 많이 보이지 않는 것이 있다고 한다면 그것이야말로 천재로서의 구실을 하게 하는 것이라고 할 수 있을 것이다.

천재의 생애를 가만히 잘 살펴보면 그것을 발견할 수가 있다. 그들은 자기로서의 뜻이 있는 목표를 항상 갈구한다. 그리고 그 목표에 도달하기 위하여 배우며 노력한다. 쉬지 않고 꾸준히 나아가 실패와 승리의 외로운 싸움을 거듭하는 가운데 자신의 내부에 있는 힘을 단련한다.

건강할 때나 그렇지 못할 때에나 또는 슬픔에 싸였을 때나 기쁨 가운데에서나 용감하게 나서서 일을 밀아들어 자기의 꿈을 현실로 만드는 힘이 자기 스스로의 내부에 있는 것이며, 이것을 단련함으로써 반드시 그 힘을 자기의 것으로 할 수 있는 신념을 잃지 않는 것이다.

천재의 일곱 가지 특징

천재의 특징 일곱 가지를 들어 본다면 다음과 같다.

첫째, 천재는 우리들과 마찬가지로 천부적인 재능을 가지고 있다. 다만 그것이 처음부터 현저하게 나타날 뿐이다.

둘째, 천재는 그 성품에 알맞은 실체를 자기 자신이 발견하는 것이다. 우리들 보통 사람은 일찍이 혹은 늦게 이것을 발견할 뿐이다.

셋째, 천재는 그 성격의 경향과 성능을 단련하여 최고도로 발전시킨다.

넷째, 천재는 그 능력을 활용하는 데 끊임없는 노력을 꾀한다.

다섯째, 천재는 어떠한 경우에도 그 열정을 잃지 않는다.

여섯째, 천재는 직감적인 통찰력, 즉 번뜩이는 영감을 얻을 수 있을 만큼의 정력과 두뇌를 집중적으로 활용한다.

일곱째, 천재는 그 목표 달성에 필요한 대가를 읽고 이 대가를 치르면 반드시 목적은 이루어질 수 있다는 신념을 잃지 않는다.

이 일곱 가지 특징은 모든 위인에게 공통되고 있다. 다만 볼 수 있는 차이의 정도와 강도의 차이에 지나지 않는다.

우리들은 천재의 뛰어난 재능을 바랄 수 없다손 치더라도 각자가 자기의 환경과 능력의 범위 내에서 천재들이 사용한 방법을 사용할 수는 있다. 그들이 사용한 것을 우리라고 해서 활용하지 못할 리 없다. 하나하나 꾸준한 인내심과 뜨거운 열정으로 최선을 다해 보자.

우리가 나아갈 길

천부적으로 타고난 능력이 없기 때문에 자신이 정당한 목적을 이루지 못한다는 것은 잘못된 경우이다. 대개의 경우, 앞에서 이야기한 대로 그것을 이겨 나가는 참을성과 노력이 없기 때문에 실패하는 것이다.

평범하기를 좋아하는 우리들은 항상 안일한 항구에 머물러 있거나 가는 길이 험난하다고 그냥 그대로 주저앉아 편안한 길을 찾아 정지해 버리기 일쑤다. 이러한 결과로 어찌하여 그 사람에게 승리가 있을 수 있겠는가?

역사를 보아 알 수 있듯이 대제국 건설의 꿈을 실현한 사람도, 거부(巨富) 획득의 꿈을 실현한 사람도, 또는 대기업(大企業)·대예술의 꿈을 실현한 사람도 혹은 벽촌의 물방앗간 옆에다 물고기 양식장을 경영하는 사람도 모두가 그만한 대가, 험난한 인고(忍苦)의 행로를 개척하고 돌파하며 또한 극복하지 않고서는 그 꿈을 실현할 수가 없었던 것이다.

공상을 현실로 이끌어 내는 일은 모험의 과정인 동시에 일에 대한 여러 깊은 사고(思考)의 과정이다. 이러한 일련의 과정을 그동안 쌓아올린 지식과 훈련과 기술을 가지고 인생 관리(管理)의 올바른 방법에 따라서 수행할 때 당신의 일상(日常)은 항상 유쾌한 놀라움과 만족한 보수를 받아 즐거운 가운데 행운과 행복을 누릴 수 있게 된다.

이것은 누가 옆에서 도와 준다기보디 당신의 힘으로 능히 이룩할 수 있는 일이다.

DOROTHY CARNEGIE

16
가정의
행복을 위하여

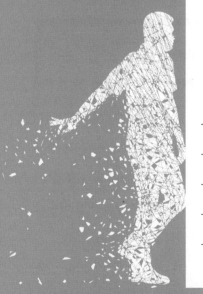

- 마음씨 고운 여인

- 남편과 취미 생활을 같이 하라

- 남자도 때론 혼자 있고 싶어 한다

- 가정 이외의 일에도 관심을 갖자

- 즐겁고 안락한 우리 집

16. 가정의 행복을 위하여

> 당신은 남편의 좋은 반려자가 되기 위한 마음의 준비를 하고 있는가를 당신 스스로 반성해 볼 일이다. 남편이 안정된 휴식을 취한 후 심기일전하여 활기찬 모습으로 자기 업무에 충실하는 것을 상상해 보라.

마음씨 고운 여인

언제가 나는 E. J. 하디의 작품을 읽은 적이 있는데 그 내용은 이러했다.

뉴질랜드의 어느 묘지 한구석에 여자 이름의 낡은 묘비가 하나 서 있는데, 그 묘비에는 '그녀는 마음씨 고운 여인이었다'라고 새겨져 있다고 한다. 다른 사람들은 어떻게 여길지 모르지만, 나는 그 묘비명보다 가장 잘 어울리고 더 적절한 내용의 비명(碑銘)은 있을 것 같지 않다고 생각한다.

그 말을 죽은 아내의 비명으로 선택한 남편의 마음에는 온갖 지나온 과거가 뇌리를 스치며 오직 단 한 구절 '내 아내, 그녀는 마음씨 고운 여인이었다'였을 것이며 갖가지 추억이 아로새겨졌으리라 — 남편이 돌아오면 언제나 밝은 미소를 띠며 맞아 주던 얼굴, 식탁 위의 따뜻한 식사, 남편의 하찮은 농담에도 즐겁게 웃어 주던 아내, 그리고 사랑과 만족감이 가득 넘치던 순간들.

'마음씨 고운 아내'라는 것과 남편을 성공시킨다는 것, 그 둘 사이에는 어떤 밀접한 관계가 있는 것 같이 생각된다. 그 방면 전문가의 말에 의하면 남편을 행복하게 해 주는 아내를 가진 사람은 성공의 기회도 많다는 것이다.

남편을 사랑하면서도 '어떻게 하면 남편을 기쁘게 할 수 있을까'에 관해서는 전혀 아는 바 없는 부인들이 많다는 것은 뜻밖의 현상이다. 그러한 아내들은 남편에게 잘해 주려고 하면서도 사실은 그릇된 짓만을 하고 있는 것이다.

남편이 외출할 때 이것저것을 물어보며 따진다든지, 조용히 있어야 할 때도 푼수처럼 재잘거린다든지, 졸병을 훈련시키듯 가족들을 못살게 군다든지 하는 것 등이다.

남성을 즐겁게 해 준다는 것은 어려운 일이 아니지만, 적어도 파티를 계획할 때처럼 고심과 노력은 필요하다.

현명하게 처신하기 위한 노력이 필요하다. 또한 여성들이 화장하는 만큼의 시간도 필요한 것이다.

현명한 비서라면 주인, 즉 고용주를 기쁘게 할 수 있는 방법을 깨닫고 있다. 그녀들은 고용주가 하는 방식을 연구하여 좋아하는 것과 싫어하는 것을 알고 있으며 또 어떻게 하면 고용주의 사업이 발전되는가 하는 것까지도 터득하고 있다. 만약 고용주의 성미에 맞지 않다면 그녀가 좋아하는 손톱의 빨간 매니큐어도 서슴지 않고 지워 버린다. 고용주가 조금이라도 즐겁게 일을 하게 하기 위해서는 자기의 취미쯤은 희생되더라도 상관하지 않는다.

아내도 이와 같은 〈비서의 근무 요령〉에서 자신을 위한 교훈을 찾아낼 수 있을 것이다. 비서가 고용주를 위해서 희생하는 만큼 아내는 남편을 성심껏 대할 수가 있을 것이다. 특히 행복한 결혼 생활은 남편을 기쁘게 해 주는 테크닉을 배우고 그것을 실행하는 아내의 능력에 큰 힘이 된다.

언젠가 엘리너 루스벨트 부인과 인터뷰했을 때의 일이다. 그때 부인은 이렇게 말해 주었다. 그녀의 남편은 지방 출장갈 때에는 자녀 가운데서 한 아이를 데리고 가는 것을 좋아한다는 것이었다.

그렇게 하는 것이 루스벨트 씨를 즐겁게 했고 분주한 일정(日程)에서 오는 긴장을 풀어 준다고 했다. 그러나 아이들이 너무 오랫동안 여행할 수가 없어서 대개 주일마다 번갈아 교대하기로 되어 있었다.

"이런 여행 중에는 식구들이 모두 즐거워할 일이 여러 가지 일어난답니다. 우리는 매우 유쾌하게 이야기하고 잘 웃었지요. 그렇게 해서 우리 그이가 업무 스트레스에서 벗어날 수 있었답니다."

또 다른 대통령 아이젠하워 부인은,

"남편이 즐거워하는 조그마한 일이라도 기억해 두었다가 그것을 다시 해 주는 것이 여자가 할 수 있는 가장 중요한 일이라고 생각해요."
라고 말한 적이 있다. 그런 조그만 일이라도 그것이 쌓이면 결코 조그맣게 되지 않는 것이다.

"좋은 습관은 조그만 희생을 견디어내는 데서 얻어진다."
라고 말한 체스터필드 경도 같은 의미를 포함한 게 아닐까?

어쨌든 행복한 결혼 생활을 보내는 비결은 여기에 있는 것 같다. 자기가 좋아하는 일이라도 기꺼이 희생할 줄 아는 아내는 그 희생과는 비교도 안 될 만큼의 보람으로 그동안의 노고에 보상을 받게 되는 것이다.

뉴욕 시 81번가 219번지에 사는 올가 카파블랑카 부인도 이 말을 굳게 믿고 있다. 그녀는 쿠바의 외교가이며 체스 세계 선수권 보유자인 고(故) 호세 라울 카파블랑카 씨의 미망인이었다. 카파블랑카 씨는 이름난 명사였지만 그런 사람들에게 흔히 있는 편집병적인 완고한 성격의 소유자였다.

그러나 두 사람은 결혼 생활을 로맨틱한 무드와 애정을 배경으로 해서, 원만히 꾸려 나갔다. 올가 카파블랑카는 남편을 매우 행복스럽게 해 주었으므로 남편은 지금까지 고집해오던 의견의 일부를 포기하면서까지 보답했다. 그러면 어떻게 해서 그녀는 그런 기적을 이룰 수 있었을까?

그것이야말로 조그만 희생을 참아낸 보람이었다. 예컨대 카파블랑카 씨가 기분이 언짢아서 우울해 있으면 아내는 조용한 분위기를 만들어 주곤 했다. 아내는 무척이나 파티를 좋아했지만 남편은 집에 있기를 좋아했기 때문에 꼭 참석하고 싶은 파티도 거절하곤 했다. 또 그녀가 입고 있는 드레스를 남편이 싫어하는 눈치이면 자기 의사에 아랑곳없이 이내 남편이 좋아하는 것으로 갈아입었다.

올가는 단순한 소설책이라든가 간단한 읽을거리를 즐겨 봤지만, 남편은 철학이니 역사니 하는 것을 즐겨 읽는 지식인이었으므로, 그녀 자신의 표현처럼 아내도 또한 '남편의 생각을 따라가고 남성의 말 상대가 될 수 있기' 위해서, 남편이 읽는 책을 주의 깊게 읽어 보게 되었다. 카파블랑가 씨는 이와 같은 아내에게 감사함을 어떻게 표시했을까?

처음에는 '남에게 선물을 하다니 그따위 어리석고 센티멘털한 짓이 어디

있느냐' 하고 생각한 그였지만, 어느 성(聖) 발렌타인 축제일에 어린 소년처럼 얼굴을 붉히며 지금까지 어떤 친구 혹은 애인에게도 보내지 않았을 법한 엄청나게 크고 훌륭한 초콜릿 상자를 부인에게 선물했던 것이다.

평소에는 완고하고 합리적인 남편이 뜻밖에 보낸 이 비합리적인 선물을 받고 아내는 한없이 좋아했다. 그러고 보니 이런 아내의 행복한 모습이 또한 카파블랑카 씨를 기쁘게 했던 것이다.

그런 일이 있은 후 아내에게 선물 보내는 것이 그에게는 큰 즐거움이 되었다. 어떤 때는 아내가 그것을 받고 뚜껑을 열어 볼 때의 놀라는 얼굴이 보고 싶어서 여러 가지 크기의 상자에 조그마한 향수병을 넣느라고 두 시간이나 애쓴 일도 있을 정도였다.

사실 카파블랑카 부인은 남편을 행복하게 해 주기 위하여 항상 세심한 주의를 해왔고, 남편 또한 아내를 기쁘게 해 주는 데에서 즐거움을 발견하게 된 것이었다.

남편을 행복하게 해 주는 아내 카파블랑카 부인처럼,

"남편이 친절하게 해 주었기 때문에 저의 인생은 행복의 연속이었답니다."

라고 친구에게 말하던 저 유명한 디즈렐리 부인과 같이 자신에게도 그러한 행복이 돌아오게 된다.

남편을 행복하게 해 주려고 한다면 어떻게 할 것인가?

그것을 요약해 보면, 남편이 언제나 마음 편히 쉴 수 있게 하고, 남편이 하고자 하는 일을 언제든지 할 수 있게끔 그의 마음이 번잡한 것에 동요되지 않는 분위기를 마련해 주는 것뿐이다. 바꾸어 말하면 자기의 개성을 남편의 개성에 순응시킨다는 것이요, 남편의 휴식이나 기분 전환에 자진해서 협력해 준다는 뜻이 된다.

아무튼 남편을 행복하게 해 줌으로써, 당신은 남편의 성공에 크게 힘쓰고 있다는 점을 잊지 말라. 그리하여 사십 년이나 오십 년이 지난 후 '그녀는 마음씨 고운 여인이었다'라고 남편으로 하여금 말하게 할 수 있다면 그 얼마나 훌륭하고 멋진 일인가.

남편과 취미 생활을 같이 하라

각기 남남으로 만나 부부로서 살아갈 때 일상생활이나 사상이나 그 무엇인가 서로 공통점을 갖는다는 것은 두 사람을 한층 더 가깝고 친밀하게 해준다. 사랑하는 사람과 함께 생각하고 취미를 같이 한다는 것은 두 사람이 행복해지기 위한 첫 지름길이다.

이것은 그 방면의 전문가들도 한결같이 지적한 바이다. C. G. 우두하우스 씨의 연구 결과로도 알 수 있다. 그것은 행복한 결혼 생활을 하는 이백오십 쌍의 부부를 대상으로 연구한 것인데, 그들의 결혼이 원만한 첫째 원인은 서로의 뜻이 맞는다는 것이다. 그러면 여기에서 말한 '뜻이 맞는다'는 말의 근원이 되는 것은 무엇일까? 공통된 것 ─ 공통의 취미, 공통의 사고방식(思考方式) ─ 이러한 것들이 인간과 인간을 밀접하게 해주는 연결고리인 것이다.

여기에 그 실례를 들어 보이겠다.

맨 처음으로 말하고자 하는 것은 어느 유명한 부부의 경우이다. 아더 마레와 그의 아내인 캐슬린은 댄스교사로서 활동 당시에는 유사 이래 가장 많은 제자를 둔 사람이었다. 그들의 결혼 생활은 이십팔 년간 계속되었고, 그 기간 동안 두 사람은 계속 파트너로서 같이 일해 왔던 것이다.

나는 캐슬린에게 이렇게 물어 본 적이 있다.

"두 분께서는 가까이 일하면서 틀에 박혀 버린 생활이 되지 않게 하기 위해서 어떤 방법을 쓰시는지요? 두 분의 일에 관한 세계와 남편과 아내로서의 사적(私的)인 생활과를 구별하기란 매우 어려운 일일 텐데요."

"천만에요. 그런 것쯤은 제가 조금만 신경 쓰면 될 일입니다. 한 예를 들어 보면, 저는 남의 눈에 드는 옷차림이나 화장을 하지 않고는 남편 앞에 나가지 않도록 조심하고 있어요. 하지만 그것보다 중요한 것은 우리 두 사람이 같은 취미를 가졌다는 거예요. 우리는 수영과 테니스를 좋아해서 시간이 허락하면 휴가를 받아서 같이 즐기도록 한답니다. 그렇게 서로가 즐거움을 나눔으로써 우리는 더욱더 긴밀해지고 생활에 변화와 흥미를 첨가시키는 것입니다."

마레 부인은 이렇게 말하는 것이었다. 일만을 계속하고 휴식을 취하지 않는 것은 결혼 생활을 불만스럽게 하는 원인이 되기도 한다. 남편과 즐거움을 나눌 줄 아는 아내는 남편의 반려(伴侶)가 되는 가장 중요한 조건임을 터득했다고 하겠다.

〈응용심리〉지(誌)라는 잡지에 하리 스타인메츠라는 사람이 다음과 같은 글을 썼다.

"행복한 결혼 생활을 하기 위해서는 취미나 성격이 서로 닮아가야 한다는 것보다도 상대방의 취미를 따라갈 수 있는 것이 가장 중요하다."

고대 이집트의 요희(妖嬉) 클레오파트라는 특별히 〈응용심리학〉 강의를 들은 것도 아닌데 사람을 다루는 방법, 특히 남자를 다루는 솜씨가 대단히 능란하고 교묘했다. 플루타르코스가 전하는 바에 의하면, 그녀는 두드러진 미녀도 아니었지만 자기와 이해관계가 있는 사람과 즐거움을 같이 하면서 그의 마음을 사로잡는 요령을 훌륭하게 터득하고 있었다는 것이다.

그녀는 자기 영토와 속국(屬國)의 여러 나라 말을 스스로 깨달아서 알고 있었는데, 일찍이 그녀의 조상들은 귀찮아서 아무도 그렇게 해 본 사람이 없었던 것이었다. 이곳저곳의 속국에서 사신이 왔을 때에도 클레오파트라만은 통역이 필요하지 않았다. 그녀는 그 사신들에게 직접 그들의 모국어로 말을 건네어 그들을 매우 감격시킨 것이다.

이집트를 정복한 로마의 장군 마르쿠스 안토니우스는 낚시질을 매우 좋아했다. 클레오파트라는 그와 뜻을 같이 하고 싶어서 평소의 사치를 버리고 안토니우스와 더불어 간혹 낚시질을 하러 다니곤 했다.

언제가는 몇 시간이 지나도록 안토니우스가 물고기를 한 마리도 낚지 못한 일이 있었다. 이때 클레오파트라는 심심풀이 삼아 노복을 시켜서 물속으로 헤엄쳐 들어가게 했다. 노예는 금으로 된 커다란 고기를 안토니우스의 낚시에다 매어 놓았다. 그것이 물렸을 때 안토니우스의 기분이 어떠했을까?

그녀는 또 안토니우스의 흥을 돋우기 위해서 때때로 평민으로 변장하고 알렉산드리아의 미을 요정에서 큰 잔치를 빌인 직도 있었다. 안토니우스가 기뻐하는 일은 클레오파트라로서도 기쁜 일이었던 것이다.

남편과 즐겁게 살기 위해서 우리 주위에서 몇이나 되는 아내가 무명옷을 입고, 물에 젖기도 하고 몸이 더럽혀지거나 추위에 떨면서 낚시에 미끼를 끼는 따위의 행동을 할 것인가?

이른바 골프 미망인이라는 아낙네들이 있다. 그녀들은 주말마다 골프장에 나가 있는 남편을 못마땅하게 여기며 늘 불만에 차 있다. 그녀들은 불평을 늘어놓기 전에 나의 친구이며 동료인 플로렌스 셰인메이커가 했던 일을 했으면 좋았을 것이다.

고인이 된 레온 셰인메이커는 유명한 기사(技士)로서 뉴욕 시의 여러 시가지와 다리를 설계한 사람이다. 그는 여가를 스포츠에 선용하기도 했다. 그는 펜싱 올림픽 대표 선수단의 한 사람이며 또한 골프 선수권 보유자이기도 했다.

그런데 그의 아내 플로렌스는 어떠했던가? 결혼 초에는 골프의 '골'자 또는 펜싱의 '펜'자도 모르고 있었다. 하지만 결혼 후에 그것을 배우기 시작하여 마침내는 골프 선수권 대회에 출전할 수 있는 관록을 지니고 있었다. 뿐만 아니라 세 번이나 국제 펜싱 여자 선수권을 획득했고, 올림픽 대표 선수단으로 선발되기에까지 이른 것이었다.

만약 그녀가 남편과 보조를 맞추기 위하여 노력을 하지 않았다면 남편이 자기 생활의 일부를 포기하든가 아니면 남편이 자기만의 취미에 열중하는 동안 아내는 쓸쓸히 혼자만의 생활을 보내든가 했을 것이다.

신비 소설이나 모험 소설의 작가로 유명한 에드거 와르러스가 있다. 그는 매우 노력하였지만 특히 경마만을 취미 삼으며 열중했다. 와르러스 부인은 경마에 특별한 관심도 없었지만 남편이 생활하고 있는 매일매일의 격심한 일에서 조금이나마 휴식을 취해야 한다고 생각했다. 그래서 남편과 더불어 경마장에 나가서 같이 경마를 즐기면서 남편에게 기분 전환을 하도록 권하곤 했다.

남편의 취미에 동화되어서 자신도 즐길 줄 아는 아내는 혼자 외톨이 신세가 되는 법이 좀처럼 없다. 당신의 남편은 당신을 내버려 두고 혼자서 자기만의 생활을 하고 있지는 않는가. 만약 그렇다면 그는 이기주의자이거나 혹은 당신 자신이 스스로의 가정을 행복하게 하려는 노력이 부족하기 때문에 그런 것이다.

뉴욕 시의 로란드로 508번지에 사는 프란시스 쇼트 부인의 경우가 있다. 그녀는 일찍 결혼을 했지만, 남편이 예전처럼 친구들과 어울려 다녔기 때문에 늘 우울한 생활을 했다. 그녀는 남편이 집에 있어 주기를 바랐지만 그렇다고 해서 잔소리를 하거나 친정으로 간다든가, 울면서 화풀이를 한다든가 남편의 시중을 소홀히 하지 않고 꾹 참고 지냈다. 또 참는 것뿐만이 아니라 그녀는 남편의 취미에 대해서도 연구했고, 또 어떻게 하면 남편의 취미에 부합할 수 있을까를 노력하기 시작했다. 쇼트 씨는 체스 경기를 좋아했고 그리고 상당한 명수(名手)이기도 했다. 그래서 쇼트 부인은 남편에게 체스하는 법을 배워서 얼마 후에는 제법 상대가 될 정도의 실력을 쌓았다.

쇼트 씨는 남들과 사귀기를 좋아했고 또 파티를 즐기기도 했으므로 쇼트 부인은 되도록이면 몸단장을 단정히 하고 집안도 깨끗이 했다.

그리하여 남편이 밖으로 나가는 대신 친구들을 데려오도록 권하고 자신은 성의를 다하여 내접했다. 그 방법은 매우 효과를 거두었다. 그들 부부가 결혼 한 지 사십 년이 되었지만 이때 이후로는 한 번도 친구들과 어울리는 데서 즐거움을 찾지 않았다.

"이제 와선 남편을 밖으로 끌어내기가 어려워서 큰일이에요."

쇼트 부인은 이렇게 말하고 나를 보면서 다시 말을 이었다.

"지금 생각해 보면 아내로서 남편에게 할 수 있는 최대의 봉사는 남편을 행복하게 해 주는 것이라고 생각해요. 지금까지 저의 소원은 될 수 있는 한 마음씨 곱고 상냥한 주부가 되는 것이었답니다."

쇼트 부인과 같은 여성이야말로 '그대의 남편과 취미를 같이 하라'는 남편의 좋은 반려가 되기 위한 방법을 잘 터득한 사람이라고 할 수 있겠다.

남자도 때론 혼자 있고 싶어 한다

남편과 취미를 같이 한다는 것은 남편을 행복하게 해 주는 하나의 방법이지만 그와 동시에 남편만의 특별한 도락(道樂)이나 취미를 갖게 하는 것도 중요한 일이다.

앙드레 모로아는 〈결혼의 기술〉이라는 책에다 이렇게 서술한 적이 있다.

"서로의 취미를 존중하지 않는 한 행복스러운 결혼 생활을 기대할 수는 없다. 다시 말하면 두 사람이 같은 의견과 희망을 갖기란 매우 어려운 일이므로 일부러 그렇게 할 수도 없고 그런 결과는 바랄 수도 없는 일이다."

간단하게 손으로 할 수 있는 목각(木刻) 같은 것이나 우표 수집 등 그 밖에 무엇이든지 오직 마음의 위로가 될 만한 도락을 갖도록 남편에게 권해 보라. 남편의 그와 같은 도락이 당신에겐 하잘것없는 짓으로 보일지라도 결코 그것에 대하여 냉담한 표정을 보인다거나 시비해서는 안 될 것이다. 그저 그가 하는 대로 버려두면 되는 것이다.

월 로저스의 전기(傳記)를 쓴 호머 크로우는 그에 대한 영화 시나리오를 쓰기 위해서 캘리포니아주 산타 모니카에 있는 로저스의 농장에서 장기간에 걸쳐 머무르곤 했다.

크로우 씨는 나에게 이렇게 말한 적이 있다.

크로우 씨가 그 농장에 머물던 어느 날의 일이었다. 월 로저스가 별안간 단검 한 자루가 있어야겠다고 말하였다고 한다. 그것도 남미의 토인들이 쓰는 그 무시무시하고 커다란 단검을 말이다. 로저스 부인은 남편에게 그 물건이 꼭 필요한 것인지 몰랐으므로, 처음에는 남편을 타일러서 되도록이면 그 생각을 버리게 하고자 하였다.

그러한 단검을 사들이다가 도대체 어쩌자는 것일까? 아마 잠깐 만지작거리다가 곧 팽개쳐 버린 뒤 그것을 깨끗이 잊어 버리지나 않을까? 여러 가지 생각해 보았다.

그러나 로저스 부인은 생각을 달리하기로 했다. 그래서 시가지로 나가 애를 쓰고 그 단검을 사 가지고 왔다. 월이 크리스마스 아침을 맞이한 어린 소년처럼 기뻐한 것은 두말할 나위도 없다.

그 농장 끝자리에는 숲이 우거진 곳이 있었는데, 월은 그곳을 여간 좋아하는 것이 아니었다. 그러자 월은 단검을 들고 그곳으로 가서는 수풀을 베어 내고 오솔길을 청소하며 몇 시간씩이나 혼자 지내다 돌아오곤 했다.

어떤 해결하지 못한 곤란한 일이 생겼을 때면 으레 단검을 가지고 그 수풀이 있는 곳으로 가서, 속이 풀릴 때까지 미친 듯이 단검을 휘두르곤 했다.

땀을 흘리며 돌아설 즈음이면 그 풀리지 않던 문제가 거의 해결되어 있기 마련이었다.

월은 지금까지 받은 어떤 선물도 그 단검만큼 마음에 드는 것이 없다고 입버릇처럼 말하고 있다. 처음에는 단순한 마음으로 얘기한 것인데 부인이 성의를 다하였기 때문에 월도 즐거워했고 부인 또한 대단히 만족하는 기색이었다.

월 로저스가 그 단검을 이용해서 시도한 것처럼 이런 기분 전환을 누가 착안할 수 있었을까? 기분을 일신(一新)해서 새로운 의욕을 가지고 일과 씨름할 수 있게끔 해 주는 것이야말로 도락의 공덕이라고 하겠다.

그러나 자기의 본 업무 이외에 어떤 취미를 가짐으로써 덕을 보는 것이 남성들에게만 한한 것은 아니다. 아내도 그 한몫을 볼 수 있는 것이다.

오클라호마주의 어드미럴 가 2831번지에 사는 나의 사촌 형제인 제임스 하리스 부인의 경우를 보자.

그녀는 어느 석유회사의 유전검사 사원과 결혼했다.

남편 제임스는 가구 수선이 취미여서 틈이 나는 대로 망가진 가구를 고치곤 했다. 남편의 솜씨가 좋은 것은 아내로서는 매우 흐뭇한 일이요, 또한 제임스 역시 취미도 살리고 집안도 깨끗하게 하는 결과가 되었던 것이다.

제임스에게는 사실 또 하나의 도락, 즉 취미가 있었는데 그것은 매우 우스꽝스러운 일이었다. 그것은 맥이라는 스코티쉬테리어 종의 검은 개에게 재롱을 피우게 하는 일이었으니 말이다.

맥이라는 그 개는 곡예가 매우 능했으며 구경꾼을 좋아하는 녀석이었다. 맥의 가장 능란한 곡예는 피아노를 치는 것이었는데, 그것이 또한 재미

있게도 우선 앞발을 치고 다음엔 뒷발로 치고, 때로는 네 발로 한꺼번에 치 곤 하는 것이었다.

생각해 보건대, 남편으로 하여금 취미를 갖게끔 권하려는 아내는 남편의 취미에 대해서는 너무 마음을 쓰지 않는 것이 좋을 것 같다. 자기 스스로 암 승냥이의 밥이 되는 남자란 어차피 보잘것없는 사내이니까. 다만 직업 심리 학의 전문가들은 다음의 위험 신호엔 조심하라고 타일러 주고 있다.

즉, 자기의 본 업무보다도 취미에 더 열중하기 시작하면 경계하라는 것 이다. 그것은 무엇인가, 자신이 하는 일이 잘 안 되어 간다는 증거인 것이다.

그러한 사람들은 그런 이유로 인하여 이미 흥미가 없어져 버린 본 업무 의 피난처로 취미를 이용하고 있는 것이다.

만일 그와 같은 현상이 일어났을 경우에는 남편과 더불어 그 원인을 분 석해서 무엇이 잘못되어 있는지를 발견하는 일이 선결 문제인 것이다.

취미의 참된 가치는 지금까지의 생활 속도를 바꾸며, 기분의 긴장을 풀 어 준다는 데에 있다. 취미란 그 사람 자신의 본 업무를 부정하는 것이 아니 라 본 업무에 대한 흥미를 새로이 해 주는 데에 의미가 깊은 것이다.

그런 의미의 취미란 것은 창조적이라 할 수가 있다. 그 가장 좋은 실례 는 제2차 세계대전 중, 일본의 포로 수용소에 있었던 에릭 클라크 부부의 체 험담이다.

중국 상하이 주식거래소의 회원이었던 클라크 씨와 그의 아내인 루스는 1941년에 억류되어 일천필백칠십사 명의 영국인 및 미국인 억류자들과 더 불어 삼십 개월간의 포로 생활을 보냈는데, 그것은 문자 그대로 고난과 굶주 림과 고통의 연속이었다.

〈크리스천 사이언스 모니터〉지의 인터뷰에 답하여 클라크 씨는 그때의 상황을 다음과 같이 진술했다.

"이 체험으로 우리는 깨달을 수 있었어요. 사람이란 사실 집이나 재산, 또는 직업을 빼앗기더라도 적이 파괴할 수 없는 일에 취미를 가지고 있는 한 그 정신마저 빼앗기는 법은 결코 없다는 것이지요. 여기서 말하는 취미란 물론 창조적인 취미이지요. 예를 들면 음악이나 문학 작품을 감상하는 능력 같은 것은 그 아무도 파괴할 수 없는 것이거든요."

클라크 부인은 중국 경옥(硬玉)과 직물에 관해서 조예가 퍽 깊었으므로, 동료 포로들을 모아 놓고 그에 관한 강의를 했다.

강의를 듣는 사람들은 귀중한 미술품에 관한 그녀의 지식에 감탄했고, 거기서 나오는 이야기에 귀를 기울여 들으면서 현재의 비참한 처지를 잊을 수 있었음은 물론이다.

한편 클라크 씨의 취미는 성악이었다. 그는 전쟁이 일어나기 전에 이미 성가대를 조직한 일이 있었으므로 현재의 처지로서는 포로 수용소 안에 합창대를 만들고 싶어졌다.

수용소 안으로 가지고 들어와도 좋다고 허용된 가재도구들 속에, 클라크 부인은 다행히 악보를 숨겨 가지고 들어오는 데 성공하였으므로 합창대는 클라크 씨의 지도 아래 '크리스마스 캐롤'부터 설리반 작곡의 '경가극(輕歌劇)'에 이르기까지 온갖 노래를 가르칠 수가 있었던 것이다.

이와 같은 실제의 경험을 지닌 클라크 씨였기에 취미 생활의 가치에 관하여 다음과 같은 권위 있는 충고를 할 수 있는 것이라고 생각된다.

"나는 남자나 여자나 누구에게나 취미를 가지라고 권합니다. 취미를 갖는다는 것은, 그것이 강제적이고 자발적이든 간에 아무것도 할 일이 없어졌을 경우에 매우 쓸모가 있습니다."

클라크 씨의 이러한 충고에 따라서 여러분들도 무엇인가 애쓴 보람을 찾을 수 있는 취미 생활을 갖도록 남편에게 권하면 어떨까?

남편에게 취미생활을 갖게 하는 데는 또 하나의 큰 이익이 있다. 그것은 남편이 가장 소중한 것이라고 할 수 있는 자기 시간을 가질 수 있다는 점이다.

이러한 것은 모든 사람에게 바람직한 일이요, 남편 또한 인간이라는 점을 고려해 주어야 하기 때문이다.

결혼을 앞둔 남자 한 사람이 나에게 고백한 일이 있다. 자기의 좋은 벗이 되어 주고, 또 자기가 원할 때는 언제든지 조용히 있어 줄 여성이 있다면 당장이라도 그녀와 결혼하겠다고 말했다.

가정주부는 언제나 혼자 있는 시간이 많으므로 남성의 독특한 심리, 즉 남자도 홀로 있고 싶을 때가 있다는 심리를 이해하지 못한다.

남자는 홀로 있다고 해서 결코 고독하지 않다. 그는 여성의 요구나 구속에서 해방되고 싶어 하고, 제 마음대로 사색하고 싶은 경우도 있으며, 적어도 나는 누구에게나 구속받고 있지 않다고 허세를 부리고 싶을 때가 있기 마련이다.

어떤 사람은 밤새도록 어린애들과 구슬치기를 해서 그런 기분을 맛볼 수도 있다. 또 어떤 사람들은 낚시질을 하러 간다, 또는 차를 고치거나 탐정 소설을 탐독하거나 한다.

홀로 자기의 시간을 즐긴다는 것은 남성의 경우, 제각기 다른 효과가 있는 것이겠지만, 어쨌든 남편이 홀로 자기의 시간을 가진다는 것을 아내로서는 기뻐해 주어야 마땅한 일이다.

나는 체험으로써 그것을 깨달았다.

나의 남편은 이십 년간이나 일요일 오후마다 옛 친구인 호머 클로우와 같이 시간을 보내는 습관이 있었다. 남편은 결혼했다고 해서 그 습관을 그만둘 필요가 있다고 생각지 않았다. 생각해 보니 우리 부부는 일주일의 나머지 시간은 같이 지낼 때가 대부분이었으므로, 나는 나중에는 남편 없이 일요일 오후를 보내는 방법을 연구하였다.

남편과 호머는 그동안 숲속을 거닐기도 하고 식당에 가서 엉뚱한 음식을 먹기도 했다.

긴장을 풀고 제멋대로 생활을 즐기며 일요일 오후를 보내곤 했다. 그렇게 실컷 휴식을 취한 후, 심기일전(心機一轉)하여 상쾌해진 모습으로 자기의 일에 착수하기도 했다.

남편에 대해서 간혹 고삐를 늦추어 준다는 것은 중요한 일이다. 그 점을 잊지 말기를 바란다.

우리가 스스로 권해서 남편으로 하여금 어떤 취미를 갖게 하고, 방종(放縱)에 흐르지 않을 정도, 남편이 기분 좋을 정도로 자유롭게 해 줄 수가 있다면 그것이야말로 남편을 행복하게 해 주는 최선의 방법이다.

가정 이외의 일에도 관심을 갖자

남편의 좋은 반려자가 되는 세 번째 방법은 아내도 가정 이외의 일에 관심을 갖는 것이다. 남편이 자신의 취미를 위한 시간을 즐긴 덕분으로 완전히 생기를 되찾고 새로운 마음으로 일에 임할 수 있듯이 아내도 또한 가정 밖의 일에 관심을 가지고 있을 경우에는 마음도 후련하게 자기 일을 즐겁게 할 수 있기 때문이다.

모든 가정주부는 어쩔 수 없이 오랜 시간을 홀로 있어야 한다. 그러고 보면 그런 기회에 남들과 접촉할 수 있는 기회, 즉 가사의 여가를 이용하여 자신의 일을 갖는다는 것은 더없이 즐거운 일이라고 하겠다.

예를 들면, 소비자 교육강좌나 음악감상 강좌에 출석한다든지, 매주 몇 시간씩은 자선단체를 도우러 가는 등 ― 그것은 여성에게 사물을 새롭게 볼 수 있는 눈을 뜨게 해 주고 또한 그녀의 개성을 키워 주는 구실을 하는 것이다.

텍사스주 상안토니오 시 테라 알타 가(街) 23번지에 사는 월터 핑크바이너 부인의 이야기이다.

그녀는 자녀들이 학교에 다니기 시작하자, 성(聖) 루가교회의 주일학교 선생이 되었다. 그 경험으로 그녀는 자신에게 아이들을 지도하는 재능이 있다는 것을 깨닫고 이번에는 그 교회의 유치원 아이들을 가르치기 시작했다.

핑크바이너 부인은 그동안의 사정을 이렇게 말했다.

이 일이 저에겐 놀라운 효과를 가져다주었습니다. 전 지금까지 살림살이에만 신경을 써왔기 때문에 사소하거나 자질구레한 일에도 신경이 쓰이곤 했어요. 하지만 지금은 만사를 보다 더 크게 생각하게끔 되었답니다.

저는 매일 아침 예전보다 한 시간 빨리 일어납니다. 그리고 나서는 집안일을 해치우고 아이들을 학교에 보내고 저도 학교에 갑니다. 제가 하는 일은 아이들의 보모 노릇이지요.

수요일 밤엔 남편이나 친구들과 어울려서 볼링게임을 하며 즐깁니다. 목요일 저녁에는 교회의 토론회에 출석하는데, 이것은 나의 정신 생활을 매우 풍부하게 해 줍니다. 그리고 나머지 사흘 동안은 학교에서 아이들을 가르치는 것으로 저의 한 주일 일정은 꽉 차 있는 셈이 되지요.

이와 같이 가정 이외의 일에 취미를 가진 경우의 커다란 이점으로는 저녁식사 때 가정의 단란한 분위기로 알 수 있습니다. 한 집안 식구가 전부 모일 수 있는 것은 하루 중에서 저녁식사 시간뿐인데 언제나 화제가 그치지 않고 이어진다는 것이 저를 매우 즐겁게 해 준답니다.

어느 정신병원의 환자에 관한 기사를 읽은 적이 있어요. 그 환자가 어렸을 때, 그의 부모들은 밥상 앞에서 돈 이야기나 살림살이에 관해서 또는 그밖의 가정 문제를 가지고 항상 말다툼을 했답니다. 그런 인상이 그 환자에게는 늘 강력하게 남아 있어서 그 후로는 아무리 밥을 먹으려고 해도, 무슨 음식이든 다 토해 버리곤 했다는 거예요.

저희 집의 경우에는 밥상을 앞에 놓은 자리에서는 유쾌한 화제 이외에는 꺼내지 않기로 규칙을 세웠답니다.

저녁식사 때는 그날 하루에 일어났던 일을 서로 주고받으며 즐거워하는 단란한 시간이지요. 제가 여가를 이용해서 시작한 지금의 일은 그런 시각에 식구들이 즐거워할 화제를 언제나 제공해 주기도 했답니다.

어쨌든 이런 기회로 인해서 차츰 저는 사물의 가치에 대해서 올바른 판단을 내릴 수 있게 되었어요. 저는 지금까지 저를 초조하게 하던 부질없는 일거리를 모두 무시하고, 우리 가정의 식구들을 위해서 평화롭고 사랑에 넘쳐 있는, 지내기에 편한 보금자리로 만들게 하려는, 보다 크고 중요한 일을 위해 마음 쓰기에 노력하고 있답니다.

이처럼 일이 핑크바이너 부인에게 가정 이외의 좋은 결과를 가져다준 것이다. 그리고 보면, 여러분이나 나 자신에게도 건전한 취미 생활은 똑같이 유용하게 도움을 줄 수 있지 않을까?

그러면 도대체 어떤 일, 또는 취미가 당신에게 도움을 줄 것인가? 그것은 우선 당신의 재능이나 취향에 따라 정해진다.

무엇보다도 우선적으로 할 것은 당신 스스로를 잘 분석해 볼 일이다. 평소에 좋아하던 일, 또는 어떤 일을 하고 싶다는 의욕적인 마음을 잘 생각해 보라. 구태여 돈을 들여야 한다는 것이 아니다.

어느 조그마한 도시를 새롭게 꾸며볼 만한 능력, 더구나 돈이 들지 않는 산더미같이 쌓여 있는 일을 발견한다면 누구나 놀라리라. 만약 당신이 해 보고 싶은 일거리가 발견되지 않을 경우에는 같은 뜻을 가진 사람끼리 클럽을 히니 만들면 된다.

개인적인 이야기를 예로 들어 볼까 한다.

나는 셰익스피어 클럽의 회원이 되어 커다란 기쁨을 느끼며 날마다 정해진 일과에서 마음의 휴식을 취하고 있다. 그것은 평소 내가 좋아하는 문제를 가지고 토론하는 것이며 그 단체는 뉴욕 시에 있다.

그 클럽에 가입한 나는 사백 년 전의 옛날로 돌아가서 사물을 생각해 봄으로써 오늘날 내 주위의 현실 문제를 보는 데 있어서도 새로운 판단의 능력을 가질 수 있게 된 것이다.

또한 남편과 이야기를 주고받을 때에도 언제나 '반찬값은 얼마였지?' 하는 시시콜콜한 이야기보다 이외에 다른 신선한 화제로 이야기를 이어갈 수 있었던 것이다.

나의 남편은 에이브러햄 링컨의 전기에 각별한 흥미를 느끼고 있었다. 나는 앞에서도 말했듯이 셰익스피어에 특별한 관심이 있었으므로 우리들은 각자의 연구 테마에 관해서 이제껏 몰랐던 여러 가지 것을 배울 수가 있었던 것이다.

우리는 자주 토론하며 크게 논쟁을 벌이기도 했으나 반면에 매우 유쾌한 일도 있었다.

그 경우는 두 사람이 같은 취미를 가졌을 때보다도 더 재미있다고 생각된다. 두 사람이 각기 다른 취미를 가졌으므로 우리는 서로 한 걸음씩 진일보하여 식견(識見)을 넓힐 수 있었다.

사무엘 클링과 에스터 클링 부부는 그들의 저서인 〈결혼 안내〉에서 다음과 같이 갈파하였다.

"결혼 생활을 영위하며 살아가는 사람들의 경우, 그들 사이는 매우 친밀하므로 때로는 무슨 일이든지 같이한다는 것이 오히려 서로의 사이를 언짢게 하는 수도 있답니다. 부부가 각기 다른 성향의 취미를 가졌다는 것은 결혼 생활을 언제나 신선하고 활기 있게 해 주는 데 효과가 있습니다."

이것은 내가 말하고자 한 것을 간결하게 요약한 말이다.

여러분의 결혼 생활이 만약 원만하지 않다고 생각되거든 어떤 것이든 좋으니, 가정 이외의 일에 취미를 붙여 보시라. 그리고 당신은 남편의 좋은 반려자가 되기 위한 마음의 준비를 하고 있는가를 당신 스스로 반성해 볼 일이다.

즐겁고 안락한 우리 집

당신의 남편은 어떠한 분위기라면, 바쁜 하루 일과를 끝마치고 집에 돌아와서 안락하게 쉴 수 있을까? 또 어떤 가정이라면 아침마다 새로운 마음가짐으로 일에 전력할 수 있을까? 이 질문의 대답 여부는 당신이 생각한 것보다도 남편을 성공시키는 데 훨씬 큰 비중을 차지한다. 크리포드 아랍스 박사는 〈레디스 홈저널〉의 〈결혼 상담〉란에서 다음과 같은 말을 했다.

> 66 당신의 남편이나 자녀들에게 있어서 가정이 보금자리로 여겨지는지 아닌지는, 오로지 아내인 당신 손에 달려 있습니다. 남편이나 아이들이 전혀 관계가 없다는 말은 아니지만 결정적인 역할을 하는 사람은 당신인 것입니다. 당신이 조성하는 가정의 질서와 분위기, 특히 당신이 행하는 행동 하나하나가 가정의 행복을 좌우하는 것입니다."

남성이 훌륭한 일을 할 수 있으려면, 가정에도 최소한 몇 가지의 기본적인 조건이 갖추어져 있어야 한다.

▮▮▮ 휴 식 ▮▮▮

어떤 사람이든지 진심으로 일하기를 즐겨 하는 사람일지라도 일에 임하게 되면 그에 따라 정신적 긴장이 생긴다. 가정에 돌아가서 이 긴장이 풀리면 그 사람은 정신과 육체와 감정의 전지(電池)를 새로 충전해서, 다음날 아침에는 새로운 기분으로 출근할 수가 있다.

대부분의 여성들은 좋은 가정주부가 되려고 하지만, 때로는 간섭이 지나친 탓으로 남편이 가정에서 전혀 휴식을 취할 수 없는 경우도 있다.

내가 어렸을 때, 이웃에는 이와 똑같은 성격의 주부가 있었다.

그 집 아이들은 친구들을 집에 초청할 수가 없었다. 깨끗이 닦아 놓은 마루를 장난꾸러기들이 더럽힐까 봐서 금지된 것이었다. 또 책이나 신문을 읽은 뒤에는 정확하게 제자리에 갖다 놓아야 했다. 이를테면 일종의 편집병적 신경성이랄 수도 있겠지만 그러나 이런 사람들이 세상에는 의외로 많이 있는 것이다.

제20회 가톨릭 국제 가족회의 때, 인사의 말로 미국 가톨릭 대학의 정신병학 교수인 로버트 오든월트 박사는 지적했다. 미국 가정주부의 '깨끗한 것을 좋아하는 극단적인 성벽(性癖)은 우리에게 강요되는 강제의 가장 지독한 것'이라고.

조지 케리의 〈크레이크의 아내〉는 수년 전에 퓰리처 상(賞)을 탄 희곡이다. 이 희곡이 널리 읽힌 원인의 하나는, 하리 크레이크와 같은 여주인공이 세상에는 많이 있다는 이유에서였다.

그녀는 쿠션이 조금만 삐뚤어져 있어도 참을 수 없어 했다. 집안이 어지럽혀질까 봐 친구들의 방문도 싫어했다. 그리고는 평범하고 언제나 마음이 태평스러운 남편을 아내가 만든 이 차가운 질서를 교란하는 방해꾼으로 취급하는 것이었다.

신문이나 담배꽁초 그 밖의 여러 가지를 아무렇게나 버리는 남편이 흔히 있다. 모처럼 깨끗이 정돈된 집안을 어지럽히므로 우리 아내들은 심술이 나서 투덜거리기가 일쑤다.

그러나 그게 아니다.

"참 딱한 양반이셔!"

라고 잔소리를 하기 전에, 가정이란 것은 남편이 휴식하고, 마음을 턱 놓고 깨끗한 기분으로 지낼 수 있는 오직 하나의 안락한 항구라는 사실을 고려해야 한다.

▌▌▌ 마음 편하게 지내도록 ▌▌▌

집안을 가꾸는 일은 대부분 주부의 손에 달려 있다. 마음 편하게 지낼 수 있어야 한다는 것, 그것을 남성이 절실히 바라고 있음을 주부로서는 기억해 둘 필요가 있다.

화사하게 만든 테이블이나 의자, 지나칠 만큼 멋을 부린 건축, 또는 조그만 가구 등을 함부로 여기저기 놓아 두는 것이 여자 눈엔 매력이 있을지 모르지만 남자에게는 반드시 그렇지도 않다.

피곤에 지쳐서 귀가한 남편이 발을 뻗쳐 올려놓거나, 무심히 재떨이나 신문 또는 파이프를 놓을 곳을 찾는 경우에는 그런 것은 오히려 귀찮은 존재인 것이다. 그렇다면 남자의 마음에 드는 집안 가꾸기는 어떤 것일까?

그것을 알기 위해서는 독신의 남성이 자기 방을 어떻게 처리해 놓고 지내는지를 연구해 보는 것이 가장 빠른 지름길이다.

우리가 단골로 다니는 병원의 의사인 루이 파크 박사는 최근에 자기 집의 일부였던 진찰실을 새로 꾸몄다.

내가 박사 댁을 찾아갔을 때에 마침 대기실에는 서너 명의 단골 환자가 기다리고 있었다. 가죽을 씌운 튼튼한 테이블, 널찍한 소파, 커다란 유리 램프, 너절하게 주름을 잡지 않고 곧바로 내리 처진 창의 커튼 ― 그러한 것들을 거기에 있던 환자들은 매우 부러워하는 눈치였다.

이러한 점에 관해서 잘해 나가는 독신자로는 스탠다드 석유회사의 지질학 주임으로 있는 월터링크라는 사나이였다. 일의 성질에 따라서 그는 지구 위의 아무리 외진 곳이라도 비행기를 타고 날아가야 하는 몸이었다. 그는 지금 뉴욕 시의 새튼 가(街) 60번지에 있는 초현대적인 아파트에서 살고 있다.

그의 방에 가 보면 정말 가관이다. 한마디로 말해서 그의 방은 밝고 넓직하고 어쩐지 마음 편하게 지낼 수 있을 뿐만 아니라 개성이 풍부한 그러한 방인 것이다.

이렇게 멋진 사나이가 지금껏 독신으로 지낸다고 해서 놀라운 일은 아니다. 그들이 손수 꾸민 살림살이만큼 마음 편하게 지낼 수 있고, 개성이 풍부한 그러한 방이니까.

집안을 가꾸는 경우, 우리는 마음 편하게 지내게 하는 데 대한 남성의 요구를 언제나 염두에 두고 있는 것은 아니다.

나는 언젠가 파리에서 동양적인 귀여운 재떨이를 사 가지고 온 일이 있었는데, 그에 대해서 나의 남편은 어떻게 하였는지 아는가? 그는 10센트 스토어에 가서 유리로 된 커다란 재떨이를 사들였다가 위층 아래층 할 것 없이 곳곳에 갖다 놓았다.

그리고 나서 손님이 왔을 때, 우린 언제나 남편이 사온 10센트짜리 싸구려를 쓴다. 손님들도 그것으로 충분히 만족했다. 내가 사온 프랑스제(製)의 조그만 미술품 따위는 전혀 써보는 사람이 없을 지경인 것이다.

당신이 애써 가며 고생해서 가꾸어 놓은 집안의 질서를 남편이 짓밟는 듯한 기색이 보이면 그것은 당신의 정돈 솜씨가 그릇되어 있기 때문이다.

읽은 신문을 방바닥에 내팽개친다면, 그 원인은 탁자가 너무 작은 때문인지, 아니면 여러 가지를 지저분하게 늘어놓음으로써 그렇게 할 수밖에 없기 때문일 것이다.

담뱃재를 여기저기에다 마구 흐트러뜨려서 당신을 화나게 하거든, 커다란 재떨이를 장만해서 곳곳에 갖다 놓도록 해 보라. 또 당신이 귀중하게 여기는 자수(刺繡)로 된 발받침 위에 함부로 발을 얹어 놓아서 골치를 썩이거든, 그런 귀한 발받이는 응접실로 옮겨 놓고서 남편을 위해서는 플라스틱 커버를 씌운 튼튼한 발받침을 사다 놓으면 좋을 것이다.

남편이 집안에서 푹 쉴 수 있게끔 해 준다는 것은, 남편의 마음을 항상 집에 붙들어 매 두는 가장 좋은 방법인 것이다.

▐▌▌ 정돈과 청결 ▐▌▌

대체로 남성은 난잡하게 흐트러진 대저택에서 지내느니보다는, 차라리 산뜻하게 정돈된 천막에서 지내기를 좋아할 것이다.

좀체로 시간 맞추어 할 수 없는 식사, 점심 때까지도 설거지통 속에 내팽개쳐진 접시, 지저분한 목욕탕, 손이 전혀 가지 않은 침대, 그런 것은 가사의 정리가 조금도 되어 있지 않은 증거인데 바로 그러한 것이 남편을 도박장이나 술집 또는 물장수 등 웃음을 파는 여자에게로 휘몰아 버리는 결과를 초래한다.

남성이라는 기묘한 동물은 자기가 한 일은 상관치 않고 남의 알뜰치 못하고 지저분한 것은 참을 줄 모르는 모양이다.

내 남편의 경우, 참으로 어이없을 만큼 놀라운 이야기가 있다.

젊은 시절 그는 어느 예쁜 소녀에게 구혼하려고 그녀의 아파트엘 갔다고 한다. 그런데 그녀의 방이란 것이 도대체 말이 아니었다는 것. 마치 군대가 통과한 뒤처럼 엉망으로 흩어져 있었다는 것이다. 그래서 구혼을 포기하고 돌아왔다는 것이다. 지금까지 말한 것은 한 해 동안을 언제나 어지럽게 흐트러뜨리고 지내는 경우를 말한다. 관대한 남편 같으면 간혹 난잡하게 흐트러졌더라도 그리 신경을 쓰지는 않을 것이다. 그런 남편이라면 아내가 바쁜 날에 먹다 남은 식은 밥이라도 기꺼이 먹어 줄 것이다.

특별한 일이 있을 적엔 — 그게 자주 있어서는 탈이지만 기꺼이 도와 주고 아내에게 수고를 끼치지 않으려고 사소한 일은 남편 스스로 하려고 할 것이다.

▐▌▌ 밝고 안정된 분위기 ▐▌▌

그 가정의 분위기는 그 집의 주부에게 책임이 있다. 남편이 하는 일의 성적도 당신이 만드는 가정의 환경으로 좌우되는 것이다.

〈포튤〉지는 샐러리맨의 생활에 관한 조사를 기술한 적이 있다. 그때 어느 중역 한 사람이 다음과 같이 말했다고 인용되었다.

"우리는 일에 관해서라면 그 사람의 환경을 잘 조절할 수 있지만, 그가 제 집의 문을 들어서는 동시에 그 조절 방법은 고스란히 잊어버리게 되는 것이다."

우리들 아내로서는 남편의 일을 위해 몸도 마음도 다 바치기를 즐겨 하지는 않지만 동시에 남편이 맡은 일을 잘해 주기를 원한다. 이 두 가지 소망은 남편이 집에 돌아왔을 때 행복하고 평화스러운 분위기를 만들어 줌으로써 동시에 달성되는 것이다.

로스앤젤레스 가정문제 연구소의 소장인 파울 포르테 박사는,

"남편의 입장에서 생각할 때 가정이란 것은 직장의 일에 관계된 골칫거리에서 잠시 몸을 피하는 피난처의 역할을 하는 곳이어야 한다."

이런 생각의 소유자이므로 그는 다음과 같이 말했다.

66 오늘날 회사 근무란 것은 결코 한가한 유람 같은 것이 아니다. 여러 가지 의미로 그것은 하루 종일에 걸친 전투의 연속이다.

그러므로 저녁 때 퇴근 시간의 벨이 울리는 순간부터 평화니 조화(調和)니, 또는 안식이나 애정 같은 것들이 그리워지는 것이다. 공장이나 사무실에서 사람들은 자신의 단점과 흠을 찾아내려고 애쓰지만, 집에 들어가면 자기의 좋은 점만을 보아 주는 천사가 있다는 생각을 누구나 하게 마련이다.

그녀는 제가 할 일을 남편에게 강요하거나, 새로운 일거리를 만들어 내서 남편에게 짐을 짊어지게 하지는 않는다. 오직 남편의 정력을 회복시켜 주고 기분을 안정시켜 주며 정신을 상쾌하게 해 주어서 다음 날 아침에 새로운 기분으로 일하러 나갈 수 있게 돌봐 주는 것이다.

가정 안에서 그와 같은 분위기를 잘 만들어 주는 아내는 자기 할 일을 잘 깨닫고 있는 아내라고 해야 할 것이다."

▌▌▌ 가정은 아내의 것인 동시에 남편의 것이기도 하다는 마음의 태도 ▌▌▌

남편이 집에 있을 때 아내로서는 남편을 어떻게 다룰까? 아름다운 여왕이 지배하는 왕국에 잘못 들어온 무뚝뚝한 사나이로 다룰 것이 아니라 남편으로 하여금 마치 국왕처럼 행동하도록 해도 아내로서는 결코 손해될 것이 없다.

새로운 가구를 사들이거나 방의 치장을 바꾸고자 할 때 남편에게 계산서를 내미는 대신 남편의 의견을 묻거나 도움을 청하라. 흔들의자를 사고 싶다는 남편의 주장에 양보하여 당신이 원하고 있었던 고풍(古風)의 소파를 단념하기란 마음속으로 퍽 싫을지도 모른다.

그러나 대부분의 경우는 남편의 생각과 당신의 생각이 일치하기 마련인 것이다.

만약 남편이 매우 솜씨 좋은 요리사로 자처하고 있거든 일요일 저녁 같은 때엔 남편에게 부엌일을 맡겨 보는 것도 좋을 것이다. 그 곁에서 당신은 냄비나 접시를 씻어 주는 것이다. 가정에 대한 남편의 관심은 결코 당신보다 적은 것이 아니다.

"여보, 당신이 안 계시니까 도무지 집안일을 혼자서는 할 수가 없네요."

남편은 이러한 말을 아내인 당신 입에서 듣고 싶어 할 것이다.

내가 아는 소녀의 예를 들어 보자.

그녀는 돈을 얼마 들이지 않고도 집안을 잘 가꿀 줄 아는 뛰어난 솜씨의 소유자다. 그녀의 집은 부드러운 색조와 섬세한 장식품, 교묘한 배합 등으로 그녀의 우아한 매력을 손색없이 두드러지게 해 놓은 것이다. 그런데 그녀가 결혼한 상대자는 너무나 엉뚱한 사나이였다. 덩치가 큰 털보인 데다가 한시도 입에서 파이프를 떼지 않는 행위라든가, 도대체 그녀의 더없이 여성적인 분위기와는 조화되지 않는 사나이였다. 그는 아내를 사랑하긴 했지만, 제 집에 있으면 어쩐지 불안해져서 마침내는 친구나 동료를 불러내어서 낚시질을 가는 등 제멋대로 할 수 있는 숲속의 오두막집에서 잠을 자곤 하는 생활을 하게 되어 버렸다.

아내는 남편의 그러한 점이 못마땅해 투덜거렸을 뿐이지, 집안을 제 구미에 맞게만 가꾸는 것을 고치려고는 하지 않았다는 것이다.

밑바닥을 모르는 늪 속으로 빠지는 바람에 우리의 영원한 반려자, 귀한 이를 위하여 사랑과 안정과 마음 편하게 지낼 수 있는 분위기를 만든다는 가정 본래의 목적을 잃는 일이 없도록 하라.

당신의 남편을 위해서 행복한 가정을 만들기 위한 다음 원칙을 정리해 보자.

❶ 가정을 휴식의 보금자리로 만들 것.

❷ 가정에선 마음 편히 지낼 수 있게 만들 것.

❸ 가정을 청결하고 정돈된 곳으로 만들 것.

❹ 가정을 평화롭고 명랑하게 할 것.

❺ 가정은 아내의 것인 동시에 남편의 것이기도 하다고 생각하게끔 할 것.